地域文化の再創造

文化とまちづくり叢書

暮らしのなかの表現空間

山﨑 功
新藤 浩伸
田所 祐史
飯塚 哲子 編

水曜社

本書で取り上げる実践

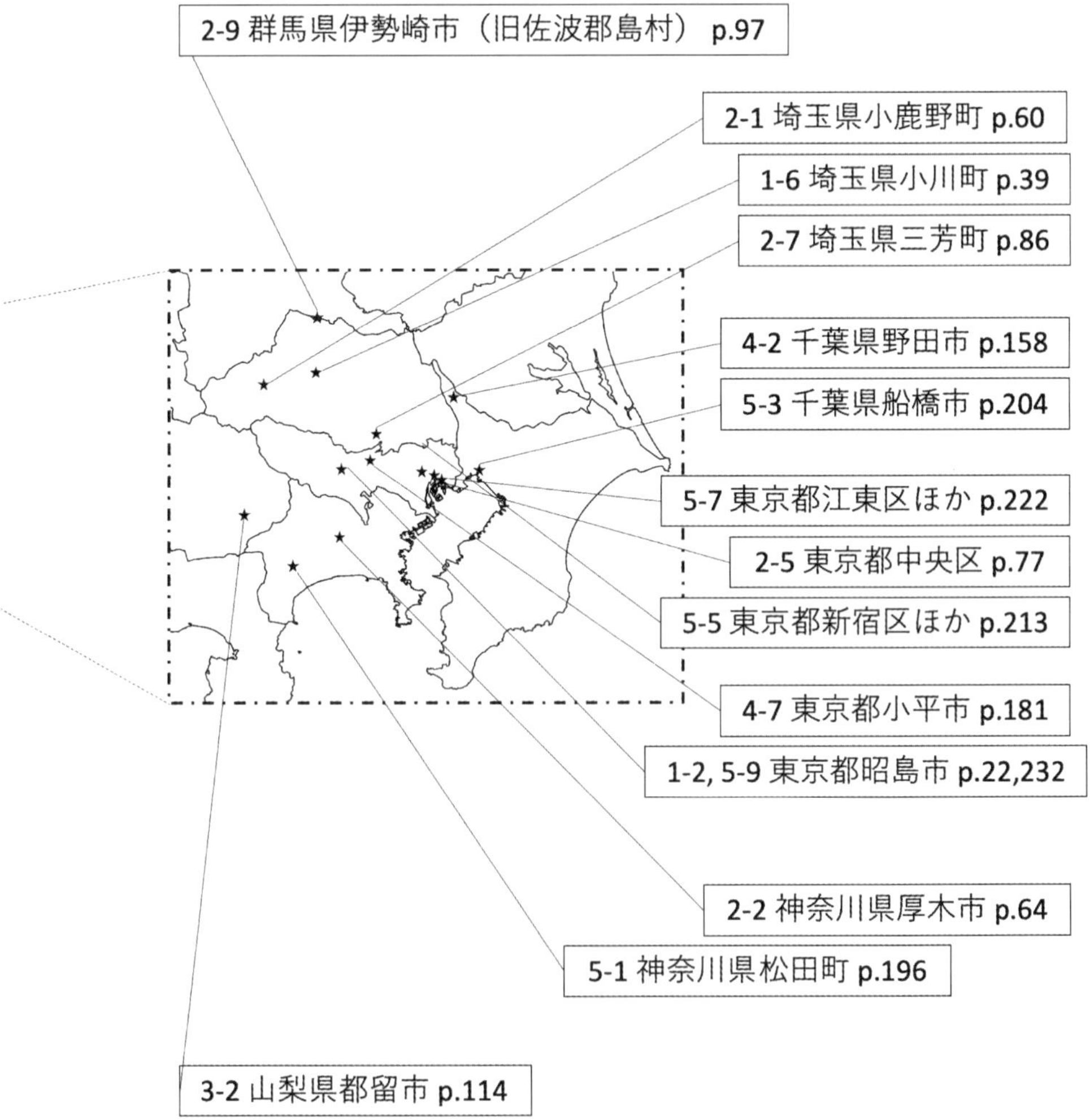

2-9 群馬県伊勢崎市（旧佐波郡島村） p.97
2-1 埼玉県小鹿野町 p.60
1-6 埼玉県小川町 p.39
2-7 埼玉県三芳町 p.86
4-2 千葉県野田市 p.158
5-3 千葉県船橋市 p.204
5-7 東京都江東区ほか p.222
2-5 東京都中央区 p.77
5-5 東京都新宿区ほか p.213
4-7 東京都小平市 p.181
1-2, 5-9 東京都昭島市 p.22,232
2-2 神奈川県厚木市 p.64
5-1 神奈川県松田町 p.196
3-2 山梨県都留市 p.114

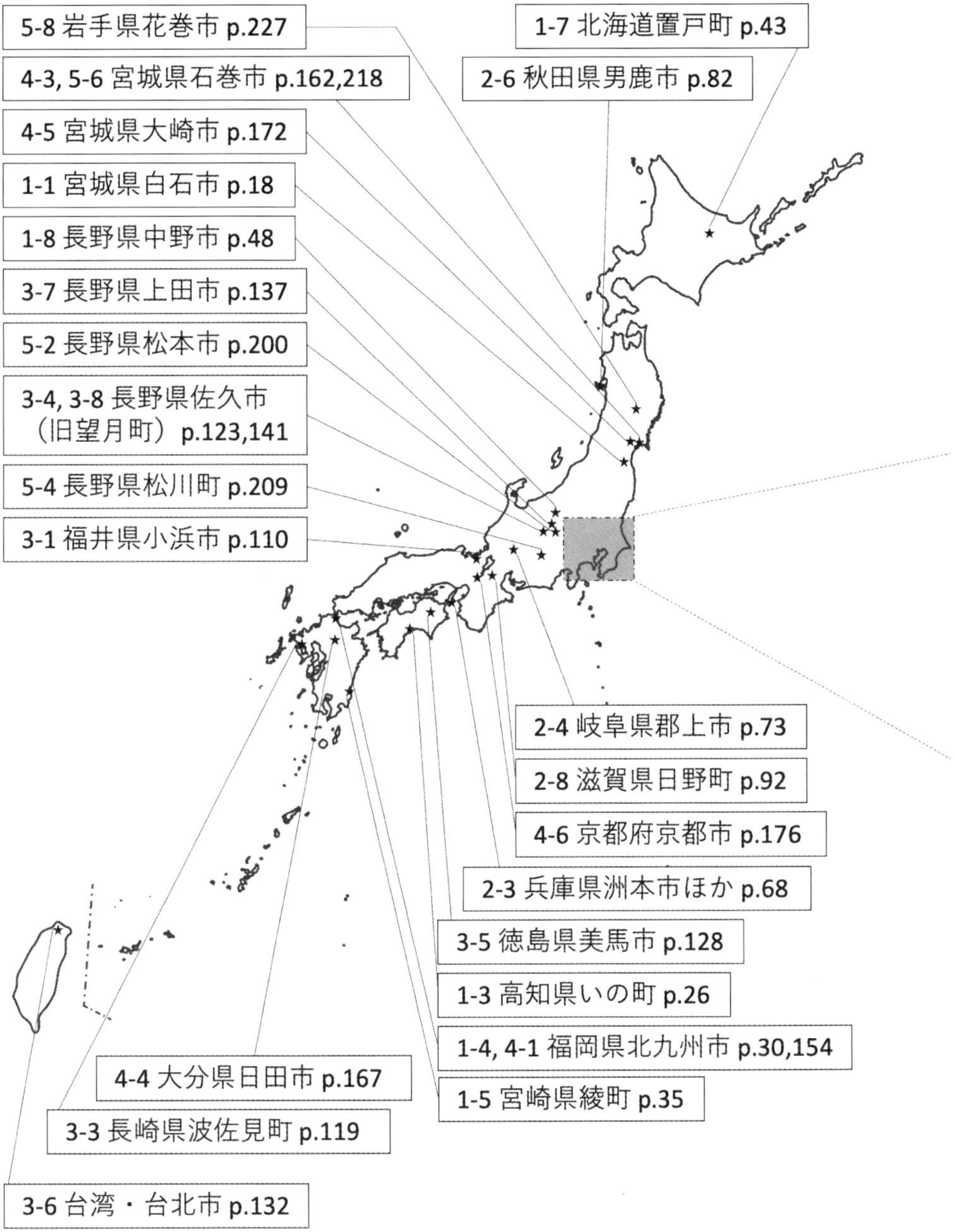

5-8 岩手県花巻市 p.227
4-3, 5-6 宮城県石巻市 p.162,218
4-5 宮城県大崎市 p.172
1-1 宮城県白石市 p.18
1-8 長野県中野市 p.48
3-7 長野県上田市 p.137
5-2 長野県松本市 p.200
3-4, 3-8 長野県佐久市（旧望月町）p.123,141
5-4 長野県松川町 p.209
3-1 福井県小浜市 p.110
1-7 北海道置戸町 p.43
2-6 秋田県男鹿市 p.82
2-4 岐阜県郡上市 p.73
2-8 滋賀県日野町 p.92
4-6 京都府京都市 p.176
2-3 兵庫県洲本市ほか p.68
3-5 徳島県美馬市 p.128
1-3 高知県いの町 p.26
1-4, 4-1 福岡県北九州市 p.30,154
1-5 宮崎県綾町 p.35
4-4 大分県日田市 p.167
3-3 長崎県波佐見町 p.119
3-6 台湾・台北市 p.132

はじめに

本書誕生のきっかけは、『月刊社会教育』（旬報社。２０１９年８月号まで国土社）に２０１７年から30回にわたり連載されたシリーズ「暮らしと表現空間」にある。執筆者の多くは、「地域文化研究会」という自治体職員と市民、研究者でつくるサークルのメンバーである。その母体となったのは、社会教育研究全国集会「地域文化の創造と社会教育」分科会という、１９７０年代初頭から50年以上続けてきた会にある。

社会教育研究全国集会は、１９５７年に創刊された『月刊社会教育』の読者のつどいを母体に１９６１年から現在まで毎年続けられている。各自治体の社会教育職員や市民活動の担い手、学生、研究者などが集い、全体での会のほかテーマ別の分科会に分かれて討議を進める。このなかの「地域文化の創造」と社会教育のかかわりを議論する分科会は、１９７１年に発足し、現在まで続いている。１９８０年代に、毎年夏の集会に加え定期的な会合を持つべく「地域文化研究会」として活動を続け、刊行書籍としては本書が５冊目となる（詳細は６章２注５参照）。本書の編者および著者の多くはこの地域文化研究会のメンバーであり、「暮らしと表現空間」の連載も同じメンバーで行ってきた。

本書の主眼は、特に２０１０年代以降に注目されるようになった地域の伝統的な文化活動のもつ力を描き出すという点にある。右記の分科会でも、それまで比較的取り上げられることの少なかった歴史的な文化にかかわる活動が多く報告されるようになってきた経緯も、企画を後押しした。「暮らしと表現空間」のシリーズも、そのような課題意識のもと開始された。

本書のもう１つのテーマは、いま地域の文化活動がどのように営まれているか、というものである。取材を重ね、シリーズ連載を進めるうち、私たちは伝統文化だけではなく、現代の文化活動の面白さにも気づいていった。こうしてたどった「地域文化」のもつ歴史の積み重ねと現代に引き継がれている豊かさは、本書に記されている通りである。

各章は、地域文化の有する面白さを、「祈り」「生業《なりわい》」（1章）、「つなぐ」（2章）、「集う」（3章）、「支える」「つくる」（4章）、「暮らし」（5章）といったキーワードで示した。また各章末には、これまで、そして現在も地域文化を支えてきた元自治体職員のインタビューも掲載した。いずれも地域文化研究会で行ったものである。

２０１７年から続けていたルポは『月刊社会教育』の連載中に新型コロナウイルス感染症のパンデミックを経験した。本書刊行にあたり、コロナ禍以前の記事は適宜追加調査も交え加筆修正し、コロナ禍を経た現在の活動を伝えられるように心がけた。

これらのルポから、郷土芸能、芸術文化、衣食住や冠婚葬祭、さらには大衆文化も入り交じる「地域文化」の賑やかな姿、そしてそれが私たちの暮らしに身近な存在であることを感じていただけるだろうか。

本書によって、文化を支え、つくる仕事の魅力が少しでも伝わり、地域で活動する人たち、そしてこれから活動してみたいと思う読者の方々のこれからを考える、よすがになればと思う。

編者代表
新藤 浩伸（東京大学大学院教育学研究科）
田所 祐史（京都府立大学公共政策学部）
飯塚 哲子（東京都立大学健康福祉学部）

地域文化の再創造　目次

2章　人をつなぐ、世代をつなぐ

3章　集いの空間をつくる

4章 文化を支え、地域をつくる仕事

5章 暮らしから生まれる表現活動

序にかえて　地域文化の歴史と現在をたどる旅路

草野　滋之（千葉工業大学）

人びとの暮らしに根ざす多彩な地域文化の魅力を探るこころみ

「地域文化」という言葉を聞いて、人は何を思い浮かべるだろうか。生まれ育ってきた故郷のなつかしい方言や食文化、お祭りや伝承行事、季節によって装いを変える美しい自然や景観、語り伝えられてきた民話や伝説など、さまざまなものがあるだろう。それは、忘れがたい過去の記憶や経験と結びついた、その人自身の生命力の土台を形づくっているものではないか。文化が人間を創り、人間が文化を創るという、長い人類の歴史のなかで積み重ねられてきた循環的な営みが、「地域文化」の多様性や魅力を築き上げてきた。このように考えてみると、「地域文化」の内容と領域は実に幅広く深いものがある。

本書では、郷土芸能、人形芝居、人形浄瑠璃、伝統習俗や行事、地域で継承されてきた祭りや踊り・音楽祭等の文化イベント、和紙づくり・織物づくり・木工芸制作等にみられる地域の歴史・風土・自然の特色を生かした手仕事など、長い歴史と人々の生活の営みを通じて受け継がれてきた、それぞれの地域固有の文化に新たな光をあて、その貴重な価値と意義が論じられている。また、地域で古くから愛され親しまれてきた、共同的な文化空間としての歴史を積み重ねてきた芝居小屋、公会堂、地域劇場、民芸館、うたごえ喫茶等の文化施設についても取り上げられ、地域づくりに果たす役割や意義が考察されている。

現代において地域文化の意義が注目されている背景

現代社会において地域文化の意義があらためて注目されている背景は何だろうか。一つには、人口減少化、少子高齢化、地域の持続可能性の危機がさけばれるなかで、新たな地域づくりへの切実な関心が広がり、多彩な実践が展開されてきたことである。そのなかで、地域固有の価値としての「地域文化」が注目され、持続可能な内発的地域づくりを進めていく重要な鍵が「地域文化」に秘められていることが、多くの人々に認識されていったことである。そして、こうした「地域文化」の新たな担い手として、Iターン・Uターンというかたちで地方へ移住する若者たちの存在が注目された。「田園回帰」現象ともいわれる、若者たちの新しい動きが始まっていた。

二つめには、この「田園回帰」現象とも関連するが、子ども・若者たちの人間形成において、地域文化との出合いやふれあいが、貴重な意味をもっていることが注目されたことである。いじめ・不登校・ひきこもり・過労自殺などの現象に示されているように、生きづらさや孤立感を深めている子ども・若者たちが増加し、自分の人生の意味や生きる希望を模索する過程で、魅力的な地域文化に出合い、そこに新しい自分の人生を拓く可能性を見出す子ども・若者たちがあらわれてきた。

三つめには、地球温暖化と気候変動、新型コロナパンデミック、ロシアによるウクライナ侵攻、イスラエルとパレスチナの紛争など、人々の「平和に生きる権利」（平和的生存権）を脅かす諸問題が相次ぎ、人類と地球の未来に対する深い危機意識が広がったことである。こうした現代的な危機の深まりのなかで、あらためて地域に根をおろした「平和の文化」の再構築が切実に求められるようになった。

地域文化の多様性と固有性の再発見

本書では、北海道から九州そして台湾に至る約40の地域がとりあげられて、各執筆者による綿密な現地取材・関係者への聞き取り調査・資料収集により、それぞれの地域文化の歴史と現在が描かれている。そこには、人々の暮らしに根づいた、かけがえのない生きる拠り所となっている、地域文化の魅力的なすがたが生き生きと映し出されている。それらの論考から浮かび上がってきたものは何だろうか。

第一には、地域文化の歴史と源を探ることは、地域の文化的多様性と固有の価値を再発見し、地域づくりの原動力を培っていく営みであることである。かつて、作家の開高健は、通有性・普遍性をもつ文明に対して、「土と血から生まれた固有性」が文化の特徴であるとし、文明の独走を抑制して「日本の各地に新しい地域文化の芽を育てることは、私たちの心におもりをとりもどす大切な仕事である」ことを力説していた。[1] 社会のデジタル化やＡＩの普及など現代文明を象徴するテクノロジーが急速に広がるなかで、「文明の独走」が懸念される今、地域文化の固有な価値や多様性を再評価し、社会のなかに新たに位置づけていくことが必要不可欠になっているのではないか。

地域文化の歴史をたどる営みから見えてきたもの

たとえば、埼玉県秩父郡小鹿野町《おがのまち》では、町中心部と５つの集落の各々の神社の祭りで、奉納歌舞伎が上演されるという。それは、江戸文化文政期から２００年以上にわたり継承されてきた郷土芸能である。高度経済成長期には、生活様式の変化により継承が難しくなったが、町の社会教育行政・県の文化行政による支援に加えて、歌舞伎保存会のたゆまぬ努力に支えられて今日まで発展してきた（本書２章１）。おそらく、その背景には、長い歴史の試練のなかで粘り強く受け継がれてきた、郷土の歌舞伎文化への人々の愛着と誇りがあったであろう。

本書では、小鹿野歌舞伎のほかに、相模《さがみ》人形芝居（神奈川県厚木市）、兵庫県・淡路人形座、長野県・遠山の霜月祭り、埼玉県三芳町・竹間沢《ちくまざわ》車人形、岐阜県郡上《ぐじょう》市・郡上踊り、秋田県・男鹿《おが》のナマハゲ、東京都昭島市・拝島榊まつり等々の、伝統的な地域文化と郷土芸能がとりあげられている。そこには、それぞれの地域の風土・歴史・自然環境・地場産業の特色が反映されており、実に個性的で多彩である。その歴史を繙くと、地域のなかで語り継がれてきた魅力あふれる物語の数々が浮かび上がってくる。地域文化の歩みをたどることは、地域に生きる人々の歴史意識と生きる拠り所を深く掘り下げていく営みでもある。

地域文化の次世代への継承という課題

第二には、地域文化の次世代への継承ということが、共通の課題として認識され実践されていることである。地域文化の新たな担い手をどう育てていくか、次世代に文化をどう継承していくかという課題は、人口減少が進行し持続可能な地域づくりが難しくなっている現在、ますます重要になってきている。これは、公民館活動をはじめとする地域社会教育の焦点となる課題としてとらえていくことが必要であろう。たとえば、日本三大盆踊りの一つとしてよく知られている「郡上おどり」で有名な岐阜県郡上市八幡町では、公民館を拠点として活動する「おはやしクラブ」があり、保存会による伝承活動が行われている。また、自主グループの活動のほか、保存会会員を講師として初心者を対象に「お囃子《はやし》講座」が開かれている。さらに、教育委員会では、「郡上学総合講座」が開催され、市内の各学校において、各地域に即して体系化された「郡上学」が実施されているという（本書2章4）。こうした取り組みは、地域文化を次世代に継承し、持続可能な地域づくりの担い手を育てていくうえで貴重な意味をもっている。

地域の文化的空間づくりの重要性

第三には、人々のふるさと意識を育み、愛着を持てるような地域の文化的空間づくりの重要性である。若狭・小浜《おばま》の旭座、長野県多津衛《たつえ》民芸館、徳島県美馬《みま》市脇町・脇町劇場（オデオン座）、白磁の里の公会堂（長崎県波佐見《はさみ》町）などの文化施設にみられる、その保存・復活・再生への歩みと地域づくりの魅力的な取り組みは、人と人をつなぎ新たな出会いを生み出す「表現空間」としての文化施設の可能性を示唆している。それは、いわば「民衆が創る自前の小劇場」（北田耕也）ともいうべきものであり、政治・社会の変革に向けての力を蓄える文化的な運動拠点としての可能性をもっている。[2]

手仕事・手づくり文化と「平和な世界」創造への期待

第四には、手仕事や手づくり文化、暮らしに息づく生活文化の大切さである。たとえば、長野県佐久市望月の多津衛民芸館では、施設の基本理念として、かつての柳宗悦の民藝運動思想を想起させる「暮らしのなかに『美』を生かす」「手仕事の大切さ」「平和への願い」などを掲げている（本書3章4）。テクノロジーが高度に発達した現代における文化のありかたを考えていくうえで、こうした視点はとりわけ重要になっていると考えられる。そして、「新しい戦前」という言葉が現実味を持ちはじめ、重苦しい雰囲気が漂い始めている現代日本社会において、それぞれの地域や国々で育まれてきた手仕事や手づくりの生活文化を愛しむ暮らしを営むことは、「平和な世界」を築きあげる確かな力を養っていくのではないだろうか。

注
1　開高健（2000）「地域文化の発展は心におもりをとりもどす」、『地域は舞台―サントリー地域文化賞20年の歩み』サントリー文化財団
2　北田耕也（1986）『大衆文化を超えて―民衆文化の創造と社会教育』あとがき、国土社

1章 祈りを捧げる、生業《なりわい》をつくる

地域で古くから続けられる祭礼は、多くは豊作や大漁などを祈願し、感謝するもので、生活と文字通り密着していた。また、今では「伝統産業」などと括られる各地のものづくりも、多くの家庭が生業としてごく当たり前に営んでいた。日々の平安無事を祈り、生計を立てていけることを感謝しながら暮らしを営む人々の姿を追った。

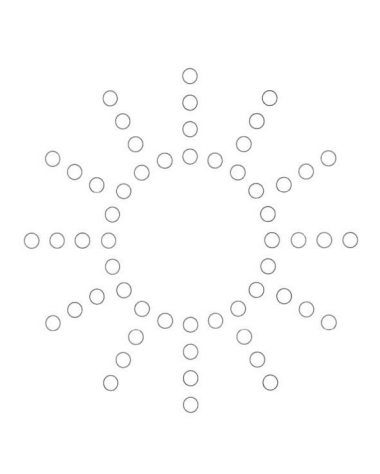

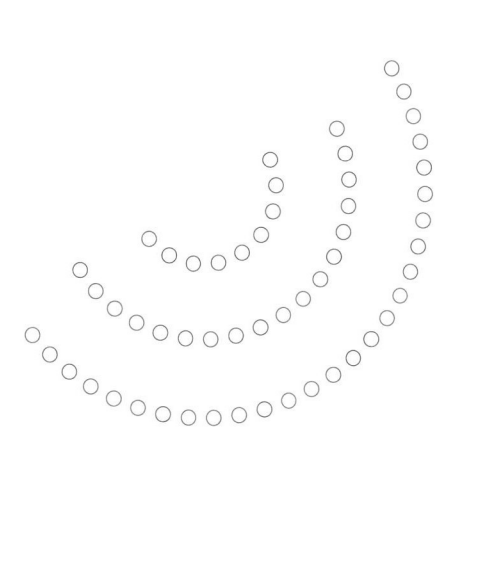

東宮城・白石市民春祭り

——甲冑づくりと武者行列

山﨑　功（元東京都昭島市社会教育主事、『月刊社会教育』編集委員会）

白石市を訪ねる

2018年3月、肌寒い霙《みぞれ》交じりの東北道を友人の車に便乗して宮城県の白石《しろいし》市を訪ねた。

白石市には、埼玉のふじみ野市で永らく社会教育の仕事にかかわってきていたNさんが、定年後、移住している。彼は白石市の甲冑《かっちゅう》づくりの会（片倉塾）に入り、甲冑の製作にかかわっている。この甲冑は厚紙で加工したもので、意欲があれば誰でもできるものだという。

この甲冑を身に着け、白石市の春祭りに行列をして、練り歩く。

これが、地域おこしに貢献をしているとの情報を、第55回の社会教育研究全国集会の岩手集会で耳にしていた。

そこで、この春祭りと甲冑行列は白石市の地域づくりに、どんな役割を果たしているのかを取材したいと興味を抱いた。

白石市は、宮城県の南端、福島県との県境にあり、伊達藩主・伊達政宗の側近、軍師としても知られる片倉景綱（通称・小十郎）に任された、白石城の城下町でもある。

人口は3万1000（当時）ほどの小さな地方都市である。同市は、長い間県内の南部（仙南地域）の経済・文化の主要な都市で、近年は新幹線の白石蔵王駅や東北道の白石インターチェンジなどの交通が整備され便利になっている。しかし、その反面、人口の減少・高齢化も顕著である。

なんとかすっぺ

1972年、白石青年会議所は「草の根文化」の一環として「なんとかすっぺ」と祭りの復活を試みた。祭りには、歴史の積み重ねがあった。そのルーツは藩政時代にさかのぼるようだ。

白石片倉家4代村長《むらなが》のとき、城下の町人の願いを受け、氏神である神明社の神輿渡御、それに続く片倉武士団による甲冑武者の行列、町内9つの太鼓山車《だし》と白石ばやし（祇園ばやしを手本）で、9町会を巡行するものだった。祭りは9年ごとに9町会持ち回りで行われたようだ。

それが、戦後昭和40年代に入ると、祭りの担い手である若者連合会が自然消滅して姿を消した。そこで、「なんとかすっぺ」と会議所が白石市民まつり協議会をつくり資金を調達し、実行組織として実行委員会をつくった。

しかし、祭りの交通規制や甲冑の老朽化や行列参加者の高齢化によって維持は困難を極めた。これを何とかしようと、甲冑行列を再度と願い京都の太秦《うずまさ》撮影所から甲冑を借り受け行列を復活したが、資金が膨大にかかり継続が困難になった。そんなときに、小田原に厚紙で兜《かぶと》を作る「兜塾」があることを知り、有志が訪問し、自分たちでも甲冑ができると確信したという。

甲冑づくり「片倉塾」

「何とか甲冑行列を復活させたい」という思いから、こんないきさつで甲冑づくり「片倉塾」が始まった。

1999年、市民有志は小田原から講師を呼んで、県から2年間補助金をもらって甲冑づくりに挑戦。受講した人たちが、自分たち自身で甲冑づくりの講師を養成し、甲冑工房「片倉塾」を結成した。そして、ただ甲冑を作って展示するだけではもったいないということから、2000年に見事、甲冑行列を復活させた。

工房の仕掛人から話を聞いた。事務局長の袴田さんだ。

この春祭りは、本来4月22日だが、市民の参加も考え、GW中の5月3日に行っているという。

行列は50人ぐらい。この春祭りに参加した人はあこがれの武将になり、沿道の声援に応える楽しさを味わっているという。

毎年、7月から翌年の3月までの期間塾生が工房に集い厚紙を利用して甲冑を製作、これまでに延べ数百人が参加している。

甲冑の製作は土曜日が多く、中心の世代は60代だ。最近の傾向としては、歴史好きの女性（歴女）の参加も目立つという。製作は、市内の沢端町にある白石市の市民会館「いきいきプラザ」の1階。

最初は厚紙を型紙通りに切り取る作業からスタートを始める。講師が1人ひとり手厚い指導をする。

各パーツが出来あがると成形の工程に進む。ようやく立体的な形になると、初めて体験する塾生は最初の感動を体験す

甲冑づくりの講習（白石市ホームページより）

甲冑行列（白石市 HP より）

る。それからも、作業が続き自分が製作した甲冑が完成すると満足感は頂点に達するという。

最近では、「片倉塾」の講師が、いくつかの地域の甲冑づくりの教室への出張指導も行っている。仙台市の東部市民センターでは、2015年度に片倉塾から講師を招いて、甲冑づくり教室を開いている。

参加者はこんな感想を述べている。

「ひと通り、初年度の工程を体験しましたが、自分自身の技術の無さが甲冑に対する思いについて行かず情けない限りです。講師の方々から甲冑を着た町おこしや各イベントのお話を聞き、いつかは自分たちも参加できればと考えています」

展示は豪商の町家建築

製作した甲冑の展示会も開かれる。ある市民は「歴史を感じる蔵や大正時代からある商家の屋敷跡で、さまざまなイベントを開催しています」と話してくれた。

壽丸《すまる》屋敷は、明治中期に建てられた豪商渡辺家の町屋建築で、市に寄贈され、白石市の博物館・歴史資料館にもなっている。管理・運営は民間の白石まちづくり株式会社が担当、イベント会場などまちづくりの拠点の1つである。

筆者が訪ねたときには、街中から集めたひな人形が展示され、女性を中心に、市民が三々五々鑑賞に訪れていた。

市のホームページなどによると、店蔵は土蔵2階建て、切妻平入り、瓦葺の建物で、棟瓦の高さや鬼瓦の大きさなどから、往時の当主の財力をほうふつとさせる。1階下屋屋根と外壁との取り合いも、宮城県内の他地域の豪商建築と比べても特殊な納め方（後年、一部改修されている）をしている。

時代が下がると周囲の敷地を買い広げ、敷地間口が広くなり、ほかの豪商建築に見られるよう、切妻妻入りの土蔵と奥へ続く門が隣接するようになった。

内部の居住区も比較的良く保存されて

おり、玄関などは唐破風《からはふ》の付いた格式の高い形式を取っている。玄関右脇には洋間が設《しつら》えられている。当時の豪商は、敷地内に洋風の文庫蔵を建てるなど洋風の要素を積極的に取り入れる傾向があり、壽丸屋敷でもそれらを見ることができる。

洋間の外側もその部分だけが洋風建築の要素を取り入れ、外壁が下見板張りで洋風窓の上に曲線の庇がついている。

白石城（Wikipedia）

まちづくりと片倉塾

さて、白石市のまちづくりはどうなっているだろうか。

市では、第5次白石市総合計画地域計画において策定した各地区の「まちづくり宣言」を具体化するための資金的支援制度として、「白石市まちづくり交付金」を交付している。

交付金の対象は、まちづくり宣言の推進が図られるもので、地域の伝統文化や地域資源を活かした地域活性化のための事業や、地域コミュニティの活性化が図られる事業などである。地域の特性を活かした「市民の主役のまち」を実現するための支援制度だ。

片倉塾は、これらの交付金や白石市民春まつりの実行委員会（白石市民春まつり協議会・商工観光課内）の資金援助を受けて活動している。

塾生は多様な業種の市民参加がある。しかし、近年は地域に密着した自営業の仕事に携わる人が減少して、企業づとめのサラリーマンが多くなった。塗装業の職人、こけし職人など、さまざまな業種からの市民参加が難しくなってきているという。若者の流出や高齢化によっても塾生の募集が困難になっている。

一方、近隣地域の福島、仙台、蔵王などからも受講者が来ているという。

片倉塾は、祭りの後に交流懇談会を開いている。先にも記したが、仙台の市民センターでの甲冑づくりや、個人の自宅で甲冑塾を開いた人など活動は広がりを見せており、さらに市民春まつり実行委員会では、全市民が参加できるような、祭りの中身の充実を工夫しているという。

片倉塾は甲冑の製作という営みだが、地域の歴史や塾生の表現活動をささえ、地域に新たな文化を築く力を養っているように感じた。

（2018年7月。片倉塾は2024年現在も活動中）

東京昭島市・拝島の榊祭
――夜中の祭とご神体の巡行

山﨑　功（元東京都昭島市社会教育主事、『月刊社会教育』編集委員）

日光街道の物流の宿場

筆者の住む東京都昭島市は、1954年昭和町と拝島村が合併してできた。人口約11万5000の市だ。

旧拝島村は、日光街道の物流の宿場として栄えた。八王子は、甲州街道と日光街道の交差する旅人中心の宿場だが、物流の宿場は多摩川を挟んで隣接する拝島の宿が要所であった。そんなことで、村には江戸時代に組織された旧・武田氏の家臣たちの子孫からなるとされる、八王子千人隊の同心たちも在村していた。

この街道筋に、本村《ほんそん》と呼んでいる上・中・下の宿がありそれぞれに村人の交流があった。また、3宿には江戸時代にあった5人組という相互扶助の名残りも残すが、つながりの中心は、日吉神社を氏神とする共通の祭礼である。

日吉神社の創建は、昭島市史によれば天暦年間（947〜957）とも言われると記されている。筆者も、この本村の新開地である字に住んでいて、新たに日吉神社の氏子に加えてもらっている。

祭は、街道筋の3宿の「溝中」が持ち回りで、祭礼の年番当役を務める。この3宿（今は4町会に分かれている）のほかに、2町会が加わっている。

榊の切り出し

祭の準備は1年前から始まる。

その年の年番当役が、榊祭にふさわしい榊の木をあらかじめ探しておき、祭の時期が来ると榊の切り出しにとりかかる。担ぎ手の担ぐ丸太を組み合わせてその中心に榊を立て、丸太の中央部に約1トン余りの土嚢を組んで固定し、それを担ぐのである。

榊を担ぐのは若連である。若連は、現在では高校生から30歳ぐらいまでの男性で、青年と呼ばれる世代だ。その他の中学生以下の地域の子どもたちは、小若連に入りこの榊を担げることを心待ちにしている。

今日では、祭は9月の第2の土曜、日曜にかけて、宵宮、本宮と呼んで執り行われる。

毎年、6・7月ごろになると、囃子連の練習の音色が聴かれるようになる。この囃子連には、本村の子どもも参加している。小学生になる前の子らもいる。

祭礼の準備は、各町会とも8月初旬ごろから始まる。筆者の住む町会も、8月の役員会で、準備の日程が決まる。

筆者も、町会内の祭の当役として、榊の警護役である「行事」の半纏と提灯を持って、榊の巡行を夜明けまで見守ったこともある。今では息子がその役割を担ってくれている。

祭の当日、宵宮と本宮

祭の前日に、神酒《みき》所の開設の準備をしておく。各町会では、祭の当日の午後から、神社の神主の入魂式が行われる。その後宵宮がスタートする。

山車《だし》と囃子で、囃子に合わせて、おかめ・ひょっとこ、そして狐の面をつけて、山車の舞台で踊る。獅子舞も演じられる。それぞれの町内を巡行する。神社の境内には露天商が並び、祭の始まりだ。

そして、いよいよ、榊の登場だ。

夜中の祭礼・榊祭のいわれ

ここで、この祭の始まりを話しておこう。日吉神社の説明によれば、この昭島・拝島の榊祭の発祥は、１７６７年（明和4年）とされている。

１７４１年（寛保元年）9月5日に日吉神社が山王大権現の称号を賜ったとされ、その栄誉を記念して、氏子1人毎月1文の積立が始まった。

その積立が１７６７年（明和4年）に御社殿の再建修理と神輿《しんよ》（みこし）の新造として実を結んだ。そして、その記念にその年の9月19日に第1回の祭礼を行った。これが現在も例祭（毎年9月）の前夜祭である榊の渡御（榊祭）として伝えられている。その様子は普明寺所蔵の「山王祭礼図絵」１７６７年（明和4年）に描かれている。

先頭には榊の神輿、そしてお囃子を乗せた山車、神輿が続く。このなかのお囃子が現在の東京都無形文化財（１９７５年指定）の日吉神社祭礼囃子である。

そして、この榊の神輿がいつか独立して宵宮に行われるようになり現在に至っ

山王祭礼図絵

ており、榊の神輿以外のご神体の行列は昼間に行われている。

　榊の神輿がまず町内を練り歩くことにより後から通る神様の乗った御神輿（宮神輿）の通り道の露払いの役目を果たしている。

　町内を練り歩いてきた榊の神輿は午前4時すぎに境内に戻ってきて日吉神社境内に据え置かれ、そこでこの行事のクライマックスともいうべき榊取りが行われる。

　榊の神輿はあっという間にすべての枝がもぎ取られてしまう。この榊の枝を取ると1年間無病息災で送れると言われている。

　午後1時からは宮神輿のご神幸が行われ、宮神輿にともなう行列は「山王祭礼図絵」の行列風景に基づきできるだけ忠実に行われている。

　この宮神輿は榊神輿とは対照的に静かに街中を進むのが常となっている。途中で2～3回の休憩をはさんで宮神輿と行列は町中を約2時間かけて進む。

　この神輿の巡行の休憩場所は、筆者の住む町会が毎年、その役を担っている。

　祭りの行列には、神社にあるお道具と呼ばれるご神体に付随する諸道具が披露される。お道具の担ぎ手は各町会から、白装束に烏帽子のお道具係がその役を担う。

　そして、そのあとに宮神輿が静々と従う。この巡行の後、山車と囃子の競演が始まり、夕方には山車のブチ合わせで祭りはクライマックスを迎える。

祭を迎えるさまざまな課題

　筆者は、ある年に地元の中学校のＰＴＡ会長を務めたことがある。だが校区には、旧本村以外の住民の子どもも多く、この榊祭は、子どもたちが夜中じゅう遊びまわるので、教育上好ましくない、ＰＴＡとしては協力できない、という意見が多く出された。そこで、市でつくった、榊祭がこの地域の文化財であることの映像を見てもらい、ＰＴＡ地区委員会がパトロールを行うことで理解を深めてもらった。ただこの活動は、当時の中学校が荒れていたこととも関連していた。

　このころから本村地域でも、居住地の土地は相続で処分されることが多くなり、跡地には建売住宅が建ち、新しい住民もどんどん増えている。

　一方、祭を支える町会に加入する人口は年々減少してきている。祭を担う世代も高齢者が多くなり、本村地域だけでは祭りの運営が厳しくなりつつある。地域での氏子の確保と、新住民の祭への理解と参加を促す努力が求められている。

囃子の表現と祈り

　祭囃子は、それぞれ特徴がある。上宿（加美）にある囃子は、十松《じゅうまつ》囃子。中宿（奈賀）は神田囃子、そして下宿（志茂）

2024 年の榊祭（高橋正仁／芳賀ライブラリー）

は目黒囃子である。なかでも、特徴が著しく違う十松囃子について見てみる。

神田囃子と目黒囃子は、江戸の祭り囃子として知られ、目黒囃子は神田囃子の流れをくむ。十松囃子は神田、目黒の両囃子に比べ荒々しい調子を特徴としている。囃子の構成は笛1、「地」と「絡ミ」と称される小太鼓2、大太鼓1、そして鉦1の構成だ。

そして笛を中心にそれに合わせて小太鼓の主である「地」が絡み、従である小太鼓「絡ミ」、そして大太鼓、鉦が絡んで囃される。この絡み合いが頻繁で、なお複雑のところ神田、目黒の囃子と異なる。これらは、昭島市史に書かれている。

火祭・榊祭と神輿

拝島の榊祭に似た祭が、長野県佐久市の望月地域にある。

望月の榊祭（佐久市民祭「榊祭り」）は、早朝午前5時ごろから始まる。ＮＰＯ法人望月まちづくり研究会によれば、中央にすえられるべき木は本来は榊であるが、地域には榊の木がないので「どんぐり」の木を伐りだして、神輿の中央に据え、神輿をつくるという。

佐久市の紹介によれば、真夏の夜、１００人を超える若者が、松明《たいまつ》を手に山から駆け下り、その炎を次々に鹿曲川《かくまがわ》へと投げ込む。さらに、榊の神輿を激しく地面に叩きつけ、水を掛け合い、深夜まで行われる。

火と榊によって一切の不浄を払い浄め五穀豊穣や無病息災を祈る荒々しい幻想的な祭である。

今後の榊祭は

さて、拝島の榊祭は、新型コロナウイルスの流行で一時期中止していた。２０２２年から復活し一部行事を手直ししながら継続を始めている。

祭は宵宮から始まり、夜中の12時を期してその巡行が始まる。

榊の前の若連が叩く大太鼓を合図に、日吉神社の急な階段を担ぎ降りる。

オイヤ、オイヤの掛け声とともに！

（２０２４年７月）

土佐和紙の里

——高知県吾川郡いの町

田所　祐史（京都府立大学公共政策学部准教授）

紙すきの里・和紙の里

少年時代を思い出すと、山口から高知の祖父母を訪ねるときは、柳井港からフェリーで愛媛の三津浜港へ渡り、数時間かけて四国山地を越え……と、長旅だった。「仁淀ブルー」と呼ばれる清流・仁淀川沿いの緑濃い山道を、国鉄バスが右へ左へと揺れる。途中の休憩で食べたこんにゃくの味は格別だった。

高知県に入ると、越知や佐川を経て伊《い》野《の》へ。やっと高知平野だと感じるとともに、土佐電気鉄道（現とさでん）の路面電車を見てうれしくなった。逆に、復路では伊野を通るときに高知と別れる寂しさを感じた。私にとって、伊野はそんな旅の思い出の一コマの街だ。

伊野は土佐和紙の産地。和紙といえば、2009年に石州半紙（せきしゅうばんし・島根）がユネスコの無形文化遺産に登録された。続いて、2014年には石州半紙に本美濃紙（岐阜）、細川紙（埼玉）を加えて、改めて「和紙・日本の手漉《す》き和紙技術」として登録された。

一方、「三大和紙」は、越前和紙（福井）、美濃和紙（岐阜）、そして土佐和紙（高知）である。土佐和紙の歴史と、地域や文化とのかかわりを知ろうと、和紙の里、高知県吾川《あがわ》郡いの町《ちょう》を訪ねた。

2004年に1町2村が合併し、「いの町」が誕生した。現在人口は2万人余。松山と高知を結んだ国鉄バスは廃止されたが、いまも伊野駅は路面電車の終点である。町内で情報を得ようと、伊野公民館や図書館、役場などをめぐって気づくのは、一般的なチラシであっても「紙質」が良いこと。なんと手ざわりの良い紙なのだろうか。紙の里の誇りを感じながら土佐和紙と地域の歴史・文化にふれた一端を、以下に紹介する。

紙電車

高知の路面電車は、日本では比較的早く1904年に開業した。2008年には和紙輸送のために軌道が伊野まで延伸される。

かつては12キロの未舗装の道を、重い紙を積載した荷馬車が、高知港の桟橋まで片道2時間半、あえぎながら運んだ。運賃は、高知～京阪神の船賃とほとんど変わらないほど高かったという。

伊野の紙商・紙問屋の運動により、路線は伊野に延伸した。2両目に貨車を連結した〝紙電車〟が、荷馬車の3分の1

いの町紙の博物館

の時間で安く紙を運んだ。夜間は紙貨物専用電車が運行された。この「交通革命」によって、荷馬車の車夫と電車の運転手の喧嘩も起き、警官が同乗することもあったそうだ。伊野の問屋街の道は、運ばれた紙で真っ白になり、紙電車の時代が到来した。近代交通ひとつをとっても和紙が関係していたのである。

しかし、現在は車社会となり、路面電車が紙を運ぶ風景は見られなくなった（西沢弘順／朝日新聞高知支局『土佐和紙物語』高知県製紙工業会、1973年）。

現在、町村部に路面電車が運行しているのは、全国で伊野だけである。とさでんの終点、「伊野停留場」（伊野駅）は、木造切妻屋根、土佐漆喰塗、八寸角の大黒柱の立派な現役「駅舎」である。子どもたちの楽しい居場所にもなっていた。

いの町紙の博物館

土佐和紙といの町の関係について、町立の紙の博物館で学ぶことができた。

紙の博物館は、中田鹿次製紙の工場跡に位置している。1985年に土佐和紙伝統産業会館としてスタートし、現在は常設展や企画展をはじめ、手すき実演・体験も行っている。土佐和紙国際化実行委員会事務局も紙の博物館内に置かれ、土佐和紙の魅力を学ぶ拠点、発信する拠点となっている。公設公営で、町の伝統産業・文化を守り育てている博物館である。

博物館では和紙の工程も学ぶことができる。たとえば5・5キロの楮《こうぞ》の原木からできる障子紙1本は、重さにして原木の4％しか残らないそうだ。原木を蒸して皮はぎし、黒皮の表皮を削り落とし、煮て水洗い。さらして水洗い。水の作業は寒くて辛い。乾燥した漉きあげ紙から障子紙1本になると、220グラム。紙すき工程を詳しく記す紙幅がないが、「楮の外皮の屑〝ちり〟を原料にすれば〝ちり紙〟になる」など、知れば知るほど奥が深い。

創作と発表の表現空間

博物館は展示だけでなく、多彩な教育普及事業を展開している。ワークショップでは、土佐和紙を使った「和紙の豆本ストラップ作り」、「どうぶつ張り子」、「ミニリース」、「折りびな」など、多彩な手工芸作品創作の機会を設けている。

発表・展示の機会も多い。たとえば、「全国土佐和紙はがき絵展」は14回を数え、土佐和紙を用いた「はがき絵」創作作品を募り審査している。いわゆる絵手紙とは異なり、文字を入れたものなどは審査対象外となる。また、「手作り紙芝居コンクール」も行われている。

土佐和紙と版画文化のさらなる発展を願って、1990年からプロも応募する国際公募展を開催している。2020年10～12月には、「第11回高知国際版画トリエンナーレ展」が開催された。紙の博物館を会場に、3年に1度開催される公募版画展で、国内外から100点を超える版画作品が一堂に会する。

子ども向けには、「紙とあそぼう作品展」が30年以上開催されている。2017年の第32回の資料を見ると、全応募点数は127。応募した学校数は49にのぼる。

審査委員長・岡林修平氏が、長年の審査を振り返ってつぎのように述べている。当初は、応募作品の「テーマとして取りあげられたものは、物語や伝記、あるいは動物などでしたが、やがて児童生徒のみなさんは、自分たちの住む地域へ目を向けるようになり、地域の文化をしっかり把握して作品化したものが誕生するようになりました」。地域で育まれてきた紙と文化が、次第に作品テーマに反映されるということは興味深い（2020年度はコロナ禍で、初めて作品展が中止となった）。

紙の博物館は、子どもからプロまで幅広い表現空間にもなっているといえよう。

いの町には土佐和紙に関する施設が数多くある。1995年に誕生した「土佐和紙工芸村」は、和紙づくりを体験できる施設であるとともに、後継者育成・紙すき職人の研修が行われている。現在は「道の駅・土佐和紙工芸村クラウド（QRAUD）」として、紙すきやカヌーなどの体験ができる。体験型観光拠点、地域交流の場であり、紙すき体験場だけでなく、宿泊、レストラン、ギャラリー、産直市、薪で沸かした薬湯のスパなどがある総合施設である。

土佐和紙の歴史

土佐和紙の歴史を紐解くと、さかのぼること1000年以上。『土佐日記』の紀貫之は、土佐国司として製紙を奨励したといわれている。16世紀末には「土佐七色紙」が創製され、のちに山内一豊がこれを幕府に献上、土佐の御用紙制度が始まり、手すき和紙は、土佐藩の保護を受けることになり、次第に発展した。

　近代に入り、吉井源太（1826〜1908年）が、土佐典具《てんぐ》帖紙や大型簀《す》桁《けた》も考案するなど、薄紙製造の製紙用具改良にも尽力した。発明・改良した紙は28種に及ぶといわれ、典具帖紙だけでなく、防寒紙、水墨画用紙、「コッピー紙」（1枚ずつ手書きする労を省く複写用の薄紙）、タイプライター用のステンシルペーパー、謄写版原紙用紙（雁皮紙）、「図引紙」（製図用）、「インキ止紙」など、なかには海外輸出用の紙も含まれ、世界的評価を得た。彼は「土佐紙業界の恩人」と称されるとともに、全国に技術を伝えた人物でもある。

　世界一の薄さである、厚さ0・03ミリの土佐典具帖紙などが国の無形文化財指定を受け、1976年には「土佐和紙」という名称で国の伝統的工芸品に指定された。土佐典具帖紙は、2001年に国の重要無形文化財に指定されている。

　そんな土佐和紙にも戦争の暗い歴史がある。戦争中、風船爆弾製造に際して気球用の紙材料に取り上げられ、そのための紙すきを命じられたという。表現文化のキャンバスたる和紙が、兵器になったのである。敗戦後は、紙業や紙すきを維持継承していく努力が積み重ねられていく。

　高知といえば坂本龍馬、桂浜、カツオ……と連想しがちかもしれないが、紙業も高知の大切な産業であり、文化である。県庁の組織に、国内唯一の「紙業課」があったのが高知県である。敗戦直後の紙不足で、粗製乱造の劣悪な品質の紙が流通していたが、土佐和紙の伝統を絶やさないよう、1948年11月に設けられたのが紙業課だった（現在の県庁組織には工業振興課のもとに紙産業技術センターがある）。

土佐和紙発展の背景

土佐和紙は、なぜ全国有数の和紙として発展してきたのだろうか。

　背景として、和紙原料の全国有数の生産地、優れた用具製作技術、紙すきの精巧な技術が挙げられる。約300に及ぶ種類の豊富さも特徴である。障子、ふすま紙、絵画用紙（版画・水墨画・日本画）、美術品や書物の修復紙など、用途は多岐にわたる。これは、土佐和紙の薄く均質で破れにくい特徴による。薄い、強いだけでなく、洋紙にはない美しさやきめ細やかさ、手すきの素朴さがあるように思う。

　いの町を貫流する仁淀川は清流の恵みを、上流の山林は楮《こうぞ》、三椏《みつまた》、雁皮《がんぴ》の原材料の恵みをもたらし、それを活かす道具製造と技術を継承していく人の営みが、土佐和紙の魅力を維持してきたといえる。かつては「紙すきさんがたくさんいた」というが、現在は土佐和紙工芸村で若い世代が腕を磨いている。県内はもとより美濃（岐阜）からも研修を受け入れているという。１９００年に全国に6万8千戸あった手すき和紙工房が、いまではわずか約２００戸しかない。

全国の和紙の産地の共通の悩みは、後継者と原料の不足であるが、伊野には、紙すき職人（技術継承の取り組み）、原料の楮栽培農家、90種類近い紙すき道具づくり……これらがすべてそろっている強みがある。高知県の楮、三椏の栽培量は日本一だ。ほかに、すく時に使うネリ（粘剤）を採るところあおいも栽培されている。

ペーパーレスとは言わせない

表現活動を通じて文化の土壌を耕すとき、本、絵画、楽譜、手紙など、表現媒体の老舗として、紙は必要不可欠である。紙の博物館の展示解説に、和紙は「よる、破る、折る、切る、もむ」など、さまざまな加工法があり、衣食住あらゆる方面に使われ、日本人は「おそらく世界で最も多く、紙を生活に取り入れた民族だろう」とあった。伊野を訪ね、自然や地域に根ざした紙と文化にふれ、紙の良さを再発見した。

「ペーパーレス」といわれるデジタル社会の昨今だが、スマートフォンのディスプレイを指でなぞるだけでなく、紙の温かいぬくもりも大事にしたい。

（２０２０年1月）

小倉織の再生と創造
――染織工房主宰　築城則子氏

四宮　嵩世（元福岡県北九州市社会教育主事）

武士の袴は小倉に限る

江戸時代の豊前《ぶぜん》小倉藩（現在は福岡県北九州市）の特産物で縦縞を特徴とした良質で丈夫な木綿布が小倉織だ。

良質な綿糸を3本または4本撚り合わせたもので織るので、大変丈夫である。「武士の袴は小倉に限る」と言われるほど丈夫であった。

布地に光沢がある。緯《よこ》糸に対して縦《たて》糸は1・4倍ほどあり、緯糸が見えない。

衰亡と再生

継承者が途絶えたことで正確なことは伝えられていない。細川忠利《ただとし》が１６３２年（寛永9年）に豊前の国小倉から肥後に移り、替わった藩主が信州松本から播磨を経て、豊前小倉に移った小笠原忠真《ただざね》である。その小笠原氏に伴ってもたらされたとする説と、それ以前にすでにあったとする説もある。

小倉織の最盛期は嘉永年間（１８４８年～１８５４年）前後のおよそ20年間、販路は全国にひろがった。当時、小倉織は小倉城下町及び近郊に住む士族の婦女子によって織られていた。嘉永2～3年頃、小倉藩は産業政策のため、小倉織を藩の専売制にしたが、品質が悪化、織生産の衰退を招いた。幕末になると、さらに激減。１８６６年の丙寅戦争で生産者が離散し、明治維新後には、産業としては消失。１８９３年（明治26年）、小倉織復活の気運が高まり、小倉織物株式会社が設立されたが、１９０１年（明治34年）に起こった金融恐慌の余波で、小倉織物株式会社が解散した。大正期に入りさらに衰え、その後昭和初期に途絶えた。

その後、１９８４年、染織家の築城《ついき》則子氏が再生した。

そして、２００７年、小倉織を販売する「有限会社小倉クリエーション（デザイン：遊生《ゆう》染織工房）」が福岡産業デザイン賞の大賞を受賞した。福岡県が、中小企業地域資源活用促進法に基づき策定している「地域産業資源活用事業の促進に関する基本的な構想」で北九州市の地域産業資源として指定された。

築城則子氏の小倉織

築城さんのプロフィールが興味深い。現在の北九州市小倉北区の出身で、早稲田大学文学部中退とある。大学を専攻するときに、最初から工芸の世界である織を専攻していたわけではない。なぜ小倉織に行きついたのか。

早稲田大学で世阿弥の研究をしていたときに、能の舞台を観て、その装束の色に惹かれて織の勉強を始め、染織研究所、久米島、信州で紬を学んだ。その行動力がすごい。紬を織りながら、なぜ縦糸の美しさがそのまま残らないのか、不満に思うこともあったとおっしゃる。

織の研究のために、骨董店に通っていた時期があり、そこで見つけたのが、小倉織の端切れだった。その時は小倉織とは知らずにその布の縦縞の美しさに惹かれ、布を分析し調べた結果、生まれ育っ

遊生染織工房主宰 築城則子氏

お弟子さんたちと

た小倉で江戸時代に織られていた小倉織であることがわかった。縦糸の美しさがそのままに生かされている小倉織と築城さんが、まさに出合うべきして出合ったのだろう。

　1984年に小倉織の復元、とプロフィールにはある。3年の月日は築城さんの執念の月日だった。探究心・創造力・行動力・気力・体力は物つくりには大切で必要な要素だ。それを兼ね備えている築城さんだからこの年月で再現できたのではないか。

築城さんの織物は美しい。自分で染を手掛けるが、桜、樫、楠、柘榴、鬱金、金木犀、など山野で採取した草木の枝葉、樹皮、根、実などを窯で煮だしその液に何度となく浸し、染めていく。

　1つの材料でもその部分で色が違う。浸す回数でも色が違うし、ほかの材料とかけ合わせることで、沢山の色が生まれる。自然の色の不思議だ。築城さんの縞の美しさは色のグラデーションと色の配色にある。

　江戸時代の小倉織にはない色だ。桃山時代までは日本にはもっと沢山の色を表す言葉があった。微妙な色とそれを表す美しい言葉。築城さんの織には言葉がある。言葉を紡いで色にしているようだ。「月想夜曲」「丹心」など作品名がまた美しい。

後継者の育成

取材させていただいたときは、ちょうど東京の和光で久しぶりの個展を開催し、終了して、次の展覧会の準備をしていらっしゃる大忙しの中で、こちらの我儘を聞いていただいた。延期していた展覧会の開催ではあるが、コロナの影響で大変であったことは推測できる。工房から育ったお弟子さんも何人かいらっしゃる。すぐに次の展覧会が新宿の伊勢丹であり、そのお弟子さんたちとの子弟展で、やはり築城さんも会場に入るという。お弟子さんたちを思ってのことだ。東京から帰っていらしたのもつかの間のことである。

　小倉織は1つの作品を作るのに、ほかの紬を織るより経糸の本数が多い分、時間がかかるし体力もいる。そのような中、後継者を育てることは大変なことだろう。けれど築城さんには後継者の育成ということも大事なことだという思いがあるのだと思う。

いいものを少しずつ

築城さんがデザインしたものを機械で織り、布そのものの販売と製品化したものを販売している。1996年、小倉織を流通させようと、実妹の渡部英子さんも参画し設立、社長に就任した有限会社小倉クリエーションが製造・販売を始めた。[1]

村の奥にある工房

機械織と言っても、材料や色にこだわりがある厳選された糸に、草木染の色合いに限りなく近づけた染料で染め上げていく。

小さな工場で多くの種類を小数量作るという。手織りに比べ機械織は安価だが、それでも一般の物よりは高価だ。けれど製品は年々増加している。次々と新しいアイデアが生まれ、外国人客にも喜ばれている。ここにも築城さんの発想力と行動力を感じる。ただ製品を売るということではなくて、地域産業資源として地域おこしに貢献できる産物にしたいのだ。

非日常の舞台

築城さんに今後の抱負をうかがった。

「やりたいことは一応全部できたので、これからは原点に戻ります」。とおっしゃった。作品を創るということに全力を注ぐということであろうか。

他の方のインタビューに答えていらした言葉が印象的だった（以下ＫＯＧＥＩ ＳＴＡＮＤＡＲＤのＨＰより）。

「機能美というものが生まれる、ということに興味があります。機能を追求していったら、そこには必ず美が伴う。自分が作るものが、そうなってくれたらいいなと思っています。また工芸で最も大切なことは『自分の中で譲れない部分とは何か』ということ。日本には工芸の各ジャンルで必ずこの部分をもっているんです。それぞれの方たちが、答えがまだ先にある。まだ先にあると思い、それをある種、愚直なまでに追い求めるとき、譲れないものが心の中に生まれる。私はそれが日本の工芸の神髄だと思っています」

「この道に進んだきっかけが能装束だったので、ものを創るときにはいつも『非日常の舞台』というものを大切にしています。イメージの先にあるのは、そうした非日常の憧れの世界なんです。工芸品は日常で使わないといけないものであるし、その中に美をどうやって持ち込むかというのは当然根源にあるのだけれど、私はどうしても『非日常の中にある美しさ』を取り込みたいと思ってしまう。工芸の中でも、小倉織というのはまさに日常のものなんですけど、表現としてはまさに非日常をもとめているんです」

　また、20歳のときに出合った世阿弥の「花伝書」の「どうやって自分の花を咲かせられるか」という教えに共感し、いつも世阿弥が横に立っていてくれているような気がするとおっしゃる築城さん。

「穏やかな時間だけど、確実にできていく。この時間とプロセスを自分だけでもてるんです。これが醍醐味です。私も、こうしてものを創っている世界にいて、本当に幸せだと思います」

　若々しく元気に創造を続ける築城さんの横に、世阿弥が寄り添っているような気がする。

真田紐と小倉織

　信州の真田紐の起源にも諸説あり、真田昌幸親子が作成したという説もあるが定かではない。真田紐は通常の織物の4倍以上の糸を圧縮して平たく織られ伸びにくく丈夫である。兜や鎧の紐として使われていた。また、千利休が茶道具の桐箱に使用した。丈夫でほどけにくいのが特徴である。小倉織も丈夫で袴の紐がほどけにくい。小笠原氏が信州からこの丈夫な織物の技術を持ってきたのではないかというのもうなずける。

　戦国時代や、江戸時代に藩主と共に移動した多くの人々がその土地の気候風土に合わせながら、また新しい文化を創っていく。

　信州も豊前も綿を栽培するのに適している気候ということを、築城さんからうかがった。材料に恵まれた環境の中で、小倉織がこの土地で育まれたのもうなずける。

　生活文化も、工芸などの文化もその気候風土から生まれ、またその変化で形を変え、消滅することもある。さまざまな要因で姿を消した小倉織が、今また美しく姿を変えて現代に息づいている。そしてそれを受け継ぐ人がいる。

　一つの文化が飛び火して新たな文化をつくる。人とものが出合い、人と人が出会う。その仕組みの中で、今あることは、偶然ではなくて必然なのだと思わされる。

（２０２１年5月）

注

1　有限会社小倉クリエーションは２０１８年株式会社小倉縞縞に改組し、同年小倉織物製造株式会社も設立。織物工場として稼働を開始した。都市の真ん中で、国内でも希少な新型の整経機や、これまで大切に使われてきた中古の織機などが稼働中。2社の連携によって企画からデザイン、製造まで一貫生産をしている。

夜逃げの村から、年間120万人が訪れる町に

――綾町の自治と自然・本物の文化

四宮 嵩世 （元福岡県北九州市社会教育主事）

綾町の概要

綾町《あやちょう》は、宮崎県のほぼ中央部、宮崎市の西約20キロメートルに位置し、人口約7000人の農業を基幹産業とする緑豊かな中山間地域の町である。町の北西部には、3400ヘクタールという国内最大規模の照葉樹の自然林が今なお残されており、この一帯は、1982年に九州中央山地国定公園に指定され、「日本の自然百選」「森林浴の森百選」「水源の森百選」にも選定された。また照葉樹林からの湧き水は「名水百選」にも選ばれ、さらに、2010年に森林セラピー基地を開設している。2012年には自然との共生が認められ「ユネスコ エコパーク」に登録された。こうした恵まれた自然を背景に「照葉樹林都市・綾」を基調として、基幹産業である農業では安心安全な有機農産物を生産する「自然生態系農業の町・綾」、木工、陶芸、絹織物など40工房が点在する工芸では「手作りの里・綾」、照葉樹林、吊橋、綾城など観光施設では「産業観光の町・綾」プロ、社会人など年間約370チームがキャンプを行うスポーツでは「教育スポーツ合宿交流の里・綾」を掲げてまちづくりが進められている。

一坪菜園運動

町では野菜の種子を教育委員会から年2回無料配布し、町外から買っていた野菜を各戸で栽培し、自給自足と健康づくりのため奨励した。土づくりの基本である有機肥料の確保のため、さまざまな施設を設置し、町内で得られる有機物を農地に還元し、資源循環型農業を行う体制が整備された。綾町の自然生態系農業の取り組みは、長い歴史を経て築き上げられたものであり、消費者との各種交流事業を行うことで、生産者も「安心・安全な農作物を消費者に提供したい」との意識を高く持ち、地域の環境についても関心を深めるようになった。綾町が取り組んでいる「本物を求め、本物をつくる町づくり」のさまざまな施策は「選んでもらえる産地」としての「綾ブランド」を高めることにつながっている。（本物とは地球を汚さんもの。人をだまさないもの。自分の良心に聞いてみて恥ずかしくないもの。――元綾町長郷田實）

照夢の森大吊橋

自治公民館運動

1967年、当時の郷田町長は区長制を廃止し、自治公民館を中心として、町づくりへの町民の全員参加を実現する。自治公民館長は町民の希望や考えを集約して、日常的な生活課題との取り組みを行う。自分たちのことは、足らないものがあれば互いに足し合って自分たちで取り組んでいくのでなければ、自治とはいえない。それは「結《ゆい》の心」を取り戻すこと。自治公民館が議論の場となるように誘導することが大事だとした。綾町内22の全集落に自治公民館があり、行政と共に両輪となってまちづくりを進めている。

毎月5日に自治公民館長会を開催。その協議内容を各自治公民館に持ち帰り、毎月10日にそれぞれ自治公民館ごとに班長会を開催し地域住民と協議を行う。自治公民館はボトムアップ型で町民自らの負担により自らの発想で郷土愛をもって生活文化を高めようとするもので、その活動は生涯学習の発表の場としての「手づくり文化祭」や町民総参加の花いっぱい運動など、産業の振興から社会教育、文化活動に至るまで広範に及ぶ。

自治公民館の生涯学習

各自治公民館には生涯学習推進員が配置され、自治公民案単位の生涯学習を積極的に推進している。綾町における生涯学習においては、さらに、学習から実践への課題を持ち、まちづくりの課題を学習しながら、まちづくりへ参加する意識を培うことが重要であり、単なる趣味、教養の段階から一歩すすんで、地域における環境問題など、身近な社会問題を考える場として位置づける事業展開をしている。

一戸一品運動

かつて綾町にあった生活文化が眠り、埋もれてしまっていたので、すべての町民に物づくりに参加してもらうために、自治公民館で「手づくり文化祭」を開催した。各家庭で作った物を持ちより、11月の第2・第3日曜日に開催される。出品するものは、花でも野菜でも、趣味の絵画や鎌倉彫でも何でもよくて、うまい下手も関係ない。手づくり文化祭への出品は「ほんものセンター」への出品、販売へとつながっている。郷田町長は、「住民がつくることによって生活文化を楽しむことが前提で、その楽しんでつくっているさまを楽しんで見てもらえる町」を目ざした。「照葉の大自然を大切に、その中で生活文化を楽しむ人づくり、町づくり」を町是として掲げた。

手づくり文化祭

青少年の健全育成

綾町では、教育活動のすべての面で共通テーマ「ふるさと教育の推進、自治意識の高揚、青少年の健全育成」を設け生涯学習、生涯スポーツ、民主団体活動、自治公民館活動を通して人づくりに取り組んでいる。幼児教育、学校教育、家庭教育、社会教育の一環教育を通じて「綾町らしい子どもが育つ」環境づくりに努めている。まちづくりの基本は人づくりにあり、その意味では、教育文化の振興は地域社会と密接に結びついたものでなくてはならない。「大人が変われば子ども変わる」運動を1999年から子ども会、地区座談会などを通じて推進している。夏休みに小学生が、学校の代わりに地域の公民館に登館し、世代間交流や地域学習などをする行事をはじめ、「大人がどう変わればよいか」、「大人は何をすればよいか」を明確にした運動を積極的に推進し、コミュニティースクールを創設し、「総合化・ネットワーク化」に取り組んでいる。

郷田實元町長の決断

助役を12年務めた後、1966年7月

に町長に就任した郷田實氏のもとに、営林署から山を伐る話が舞い込んできたのは就任から2か月した頃。山というのは国有林で、３４００ヘクタールの照葉樹の自然林である。この伐採を受け入れれば、伐採と植林で束の間の雇用は生まれる。しかし、伐採すれば、何百年にわたって綾の自然を育んできた自然を破壊し、裸になった山しか残らない、長期的展望で考えれば照葉樹の森を残すことが大事だと考え、郷田町長は伐採を断った。けれど、議会では伐採に賛成する意見が多く、住民も雇用を考えると伐採に賛成するものが多かった。それに対して郷田町長は、山を残す根拠として、綾の住民が誇りとする、「黄金の鮎」の生態を理由に営林署長を説得した。古老によれば、「黄金の鮎」が育つには、復層林の雑木林で、カシ、シイ、タブ、クス、ツバキといった常緑広葉樹の天然林でなくては育たない。植生が変われば駄目になると聞いたので、伐採反対の大きな理由としたが、それでも周りや営林署の意見は変わらない。同時に議会や町民を納得させ、営林署に伐採を思いとどまらせるために、山と自然について猛勉強をした。勉強をすると自然は何もかもしつらえて、自然界がうまく運ぶようにしてくれていることを知った。戦後の農業のシステムが自然に反し、土を殺していることも。そして、中尾佐助著『栽培食物と農耕の起源』（岩波新書）という本に出合い、照葉樹林文化論という植物生態と民族文化を結びつけた従来にないユニークな文化論を知ったことが、郷田町長の運命を変え、綾町の運命を変えた。

綾町の山は照葉樹林であり、戦争中に体験した中国南支の照葉樹林地帯の生活が綾町の生活文化に酷似していることに驚かされた。照葉樹林文化は、稲作文化に先行するといい、縄文時代、弥生時代より早い日本文化のルーツではないかということだ。この文化を守り、綾町を発展させることに郷田町長は死力をつくし、町民を動かし、議会を動かし、農林大臣に直訴し、そして山は残った。

綾町の生活文化は、国内最大規模の照葉樹林が大きくかかわっている。照葉樹の森には、漆や蚕、麹を生かした食物などに文化的特色がみられる。綾町は、「祖先から受け継いできた知恵や生活文化を大事にし、人と人が助け合い、ぬくもりのある地域をつくりあげ、自然の豊かさに価値を見いだすことのできるまちこそが、綾町の目指すまちづくり」としている。

郷田町長は語った。「これからは物質文明から、精神文化の時代が来る。心の時代が来る」と。

気候風土と文化

気候風土が人を育み、その人が文化を育てることは以前から思っていることで、狭い日本の中でも「東北の人と文化」、「沖縄の人と文化」とでは違う。どちらがどうということではなくて、自然と共存して生きるということは、そういうことなのだと思う。共存して生きる中で知恵が生まれる。教育とは心を育てること。それが文化であることに改めて気づかされた。綾町からの帰り道、町道の横断歩道に黄色い帽子を被った小学生の女の子が2人、どうぞと手で合図すると、急いで渡り、渡り終わったら、くるりと振り向いてきちっと頭を下げた。心がほっとした。

綾町には、伝承する奉納の踊りも17の地域にあり、手づくり文化祭のときに2つの地域ごとに披露されるという。近年、祠や田の神、民話、伝承、郷土料理、方言などの地域資源を地域住民が再認識し、地域の財産として活用しようとしている。神楽を習っている若者が「山に感謝している」と言っていると聞いた。どこまでも山が生きている。

（２０２１年7月）

〈参考〉

・綾町教育委員会（２０２０）「自治公民館を核とした町づくり」牧野篤編『人生１００年時代の多世代共生―「学び」によるコミュニティの設計と実装』東京大学出版会

・相戸晴子（２０１９）「人々の生活文化を創造する宮崎県綾町の自治公民館活動」『社会教育・生涯学習研究所年報』13・14

・郷田實・郷田美紀子（２００５）『増補版　結のこころ―子孫に遺す町づくりへの挑戦』評言社

ユネスコ文化遺産・細川和紙

――埼玉県・小川町

山﨑　功（元東京都昭島市社会教育主事、『月刊社会教育』編集委員会）

和紙の里

小川町《おがわまち》は、筆者の両親の生まれ育ったまちでもある。そしてユネスコの文化遺産細川和紙の里でもある。

筆者にとって、このまちは戦中の疎開のまちでもある。

毎年、7月になると和紙の里らしい七夕祭りが、彩り豊かな短冊に飾られている。近くを流れる槻川《つきかわ》（荒川の支流）では、花火大会が行われる。２０２０、２１年は中止になっている。

筆者の子どものころは、毎年夏休みになると、父方の本家に遊びに行く。この七夕祭りも楽しみの1つだった。

そんな思い出があるまちを、和紙文化に触れようと、久しぶりにたずねた。

小川和紙（細川和紙）のルーツ

小川和紙は、細川和紙と呼ばれる。隣接するときがわ町の慈光寺に１２００

年前に書かれたという法華経の写経（国宝）があるが、この奉書として、和歌山県高野山麓の細川村で漉かれた細川奉書が使われた。これが契機となり、江戸に近い武州（現在の埼玉県）で清流を利用し農閑期の副業として漉かれたものと言われ、明治期には、比企郡の小川町・東秩父村が代表生産地となった。

特に強靭性が必要なものに広く用いられたが、その典型が大福帳で、火災の折など井戸に放り込んでも、墨が滲まないと言われ、重宝された。

あまり強調はできないが、第2次大戦中にアメリカ本土攻撃目的でつくられ飛ばされた風船爆弾に、細川和紙が使われたといわれる。

ユネスコの文化遺産に

小川和紙は、手漉きである。原料に楮《こうぞ》が使われているのが特徴である。ほかの石州和紙と美濃和紙と共に、ユネスコの無形文化遺産に登録されている。

なぜこの3つの和紙が登録されたのかというと、原料の楮にあると言われ、楮の特質から、ほかの和紙と区別されている。

これらの和紙の特質は、楮は光沢があり、ほかの原料、雁皮《がんぴ》や三椏《ミツマタ》に比べると繊維が長いため、美しい和紙を漉くことができる。

原料のどの部分を使うかによっても、漉き上がった紙の特徴に違いが出る。楮の皮は外側から順に「黒皮」「甘皮」「白皮」という3層になっているが、本美濃和紙と細川和紙は内側のみが使われる。石州和紙（半紙）は甘皮を残して白皮と共に使い、強度があり書に使われ、江戸期には寺子屋の学習教材として多用された。

また、楮は水に強いばかりか、時間の経過とともに漂白剤を使わなくても白さが際立つ特質があり、これがユネスコの登録の要因にもなっている。

和紙で作った行灯

手漉き和紙の出来るまで

筆者は、疎開先の父方の本家で2年ばかり過ごしている。そこは、本家の紙屋とよばれる和紙の加工場だった。

母は、この紙屋で手漉き和紙の作業の手伝いもしていた。

子どものころは、夏休みになるとこの作業所も遊び場の1つだった。そんな関係で和紙作りの作業工程の記憶は、今も残っている。

そんな記憶をもとに、小川町の伝統工芸館に立ち寄った。

手漉き和紙の作業については、工芸館内の展示物によって知ることができる。まず原料の処理だ（以下、同館ＨＰより）。

一、楮（こうぞ・地元では「かず」）きり

細川紙は国産の楮（クワ科の植物）を原料である。収穫した楮は、二尺（約70㎝）くらいに切りそろえる。

二、楮（かず）かしき・楮（かず）むき

楮を大きな蒸し釜の中に根元を下にして立て、楮を蒸して表皮をむき取りやすくし蒸す。蒸しあがるとすぐに表皮をむき取る。

三、楮（かず）ひき

楮の黒い外皮を削り取って白皮にする作業で、黒皮や傷の部分をていねいに取り除く。良質な紙を作るために欠かせない作業である。

四、楮（かず）煮

楮を釜で煮る。釜が煮立ったら、ソーダ灰を入れる（成分の炭酸ナトリウムには、白皮を軟らかくし不純物を取り除く効果がある）。白皮の繊維は、一本一本ほぐれるようになる。

五、楮（かず）さらし

煮終えた白皮は、水につけて、あく抜きと日光漂白する。篠竹で一本一本すくい上げ、ついているゴミや不純物をていねいに取り除く。

筆者はこの作業をよく覚えている。圃場に水を引く用水に、小屋を建ててその用水で楮を晒す風景だ。水がきれいでなければだめだ。

六、楮打ち

紙漉きのための材料になるよう、白皮の繊維をさらにほぐすために楮打ち棒で入念に叩く。

七、とろ叩き

もう1つ紙漉きに欠かせない材料に、ねりがある（トロロアオイという植物の根を叩いて抽出する粘り気のある液体）。

ねりは、楮の繊維を水の中で程よく分散させ、浮遊させる働きをして、紙漉きの過程では、繊維をお互いにつなぎとめる役割を果たす。粘着力がないので、乾燥のときには紙を一枚一枚はがすことができる。

八、紙漉き

漉き舟とよばれる水槽に紙の原料となる漉き水（水、楮、ねり）を入れ、均等に分散させる。漉き桁に漉き水をすくい上げ、何度か流し込み、漉き簀の上に均等に繊維が行きわたるように繰り返し揺らす。漉きあがった和紙は、かんだとよばれる紙床《しと》台へ移され、一枚一枚積み重ねられる。

この水槽で紙を漉く作業が手漉き和紙の風景だ。

特に紙すきは、冬の寒時期が適しているといわれる。気温が高くなるとそれぞれの材料が劣化してしまうからである。

九、紙干し

脱水した紙を一枚ずつはがし、紙板の乾燥機に貼って乾かす。もちろん天日干しで乾燥することもある。紙板で自然乾燥した紙には、板の木目が残るなど独特な風合いがあるが、今日では、鉄板で乾燥することが多くなっている。

筆者は、冬場この乾燥機で暖を取るのが楽しかった。

一〇、紙そろえ

乾燥し終わった紙は、室内で選別し整えられる。無傷で上質な紙は一の紙、少しでもむらがあれば二の紙へと選り分ける。一枚一枚ていねいに確認していく。

子どもの頃の記憶では、叔父がこの紙を、選別し問屋に納品する作業をしていたことが脳裏に浮かぶ。

和紙は生活文化財である

細川紙は、和本用紙、たとう紙（着物などを包む紙）、型紙原紙（着物の染色用）、古文書補修用紙などとして用いられるほか、壁紙や障子・照明などのインテリア、版画や水墨画用紙などの芸術・工芸用紙としての用途も広がっている。

和紙漉の実演・若手技術者

細川紙をはじめ、小川町・東秩父村周辺で漉かれる和紙は「小川和紙」と総称され、大和ちり紙・画仙紙・染紙・名刺・賞状用紙・はがきや便せんなど、さまざまな用途の紙が作られている。

その用途の1つに、行灯がある。

近年は、その特質から、ちぎり絵、版画、書などの素材として使われ、さまざまな表現方法で使用されることが多い。

そんなことから、生活文化財から表現文化財としても見直されている。

そうした意味では、小川町の七夕祭りの短冊などは、市民の暮らしの表現文化財ともいえる。

小川和紙のこれから

この和紙を漉く技術者が少なくなって

いる。手漉き和紙だけでは生活が成り立たない。

先日、この工芸館を訪れた時に、筆者の従姉の連れ合い、窪田宗三郎さんがいた。従姉に聞くともう80歳を過ぎているので、来年あたりは引退しようと話していると言っていた。

そんな現状で、小川町は和紙技術者の後継者養成に力を入れている。

細川紙技術者協会という組織がある。この協会では、技術保存研修、他産地や用具・原料産地の調査、用具等の購入・補修、資料の収集・整理、展示会への出品や体験学習の指導などさまざまな活動を行っている。もっとも力を入れているのが後継者育成事業である。

技術保持者が研修生に全工程にわたって技術指導を行い、研修生は日々技の習得に励み、その成果を研修発表会や展示会など多様な取り組みをしていると紹介されている。

細川和紙技術者協会

協会員の資格は、15～20年以上の経験を持つ職人が正会員となり、国の重要無形文化財技術保持者となる。会員は現在、正会員10人、準会員４人、研修員７人、正会員を卒業した特別会員２人となっている。

後継者育成事業は、２０１６年10月から毎週土曜日に同町和紙体験学習センターで２０１９年９月まで３年間実施された。同協会正会員らの指導で和紙職人の技術を学び、研修終了後は工房を構えるか、町の工房に就職できる職人になれるように養成する。研修生には奨励金として月額３万円が支給される。性別、年齢は問われない。

なお、町では現在細川和紙のＰＲを兼ねて、和紙の原料の「楮の芽」を使った食べ物を開発して和紙とともに、宣伝を手掛ける取り組みを始めている。

（２０２１年９月）

〈参考〉
・埼玉伝統工芸会館、小川和紙センターＨＰ
・産経新聞埼玉版「小川和紙の後継者育成　奨励金支給、研修生を募集」２０１６年８月13日

地域文化と社会教育
――地域課題への挑戦から誕生した「オケクラフト」のこと

森田　はるみ（北海道・置戸町立図書館）

森林面積86％の町

北海道大雪山系の東側に位置する置《おけ》戸《と》町《ちょう》のオケクラフトの取り組みを、『月刊社会教育』に紹介する機会をいただいたのは２０２２年1月のこと。「人口２８００人を切った過疎のまち」と記し

た当時から、現在は約2600人。1年間に生まれる子どもの数はひと桁となり、昭和30年代に1万3千人を超えた人口は、基幹産業である林業と農業の衰退とともに減少の一途を辿っています。

昭和の後半期、人口流出が止まらない中でも、この地での暮らしをいかに楽しんで豊かにするか、いろいろなチャレンジが重ねられました。商工青年部の発案により「置戸夏まつり・人間ばん馬大会」と名付けられたユニークな祭はその典型です。山林から切り出した木材を馬そりで運搬していた光景を、馬に代わって人間が500キロの丸太を引いて速さを競う、力自慢の祭として地域に根づかせました。

「オケクラフト」って？

ほぼ時を同じくして、白い木肌の器「オケクラフト」が誕生しています。住宅建材にも工芸にも不向きとされてきた針葉樹を使った木工芸品。オケクラフトの「オケ」は「おけと」の「おけ」であり、同時に「桶」を意味し、曲げ輪の技術を使った桶をはじめとする、メイドイン置戸のクラフトの総称です。

オケクラフトの誕生は1983年。大分県から始まった「一村一品運動」の時代に重なります。北海道の自治体も、競うように「わがまちの特産品づくり」に取り組んだ時期です。

地域資源を活用したオケクラフトもその1つととらえられる向きもありますが、実はこれは社会教育の営みから誕生した、独自の成り立ちをもつものです。

第3次社会教育5か年計画

1980年に策定された「第3次社会教育5か年計画」は、社会教育が地域課題である過疎の問題、すなわち産業基盤の弱体化によって人口流出に歯止めがかからない現実に真正面から取り組むことを主要テーマとしました。

「地域の生産活動と結びついた社会教育の展開は不可欠」。「加えて、衣食住をはじめ……地場の産物を有効に利用した生活技術の確立も豊かな生活を築くうえで極めて大切」、「文化は生活に根ざしたあらゆる領域で豊かさを創造する営みであり、風土に根ざした個性豊かな地域文化の振興を図っていく」。

重点目標の1番目には「地場資源の付加価値を高める生産教育の推進」を掲げ、設定理由には「活力と生きがいに満ちた地域社会の創造は産業の発展なくしては不可能である。……本町発展の潜在的な力を伸ばし付加価値の高い産業をつくる基礎的な生産教育の推進を図ります」。

3つの推進項目の下に、主な事業として「地域産業教育センターの設置」、「地域産業開発講座の開設（林業・農業）」、「地場資源を活用した各種講座の開設（保存食品加工・山菜加工・木工加工・木彫）」、

「郷土の伝統加工技術の再開発（手割りまさ・経木・曲げ輪）」、「地場産物利用技術の普及」、「経営・技術研究グループの育成（農業プロジェクト・食品加工研究・木工クラブ）」などが列記されます。

教育・文化的側面からのアプローチが、どこまで既存の主産業にインパクトを与え得るのか。その果敢なチャレンジは、かつての生活や生業の中にあった「木と暮らし」のかかわりをとらえ直すことを企図し、多様に展開されていきます。

森林工芸館に並ぶオケクラフト

公民館は、毎月18日を「木に親しむ日」と定めて会議室を開放すると共に、公民館教室や既存の学級・講座で木工体験を実施。気候風土の似た北方圏の暮らしや文化を学ぶ学習会や地域開発講座、道内先進視察など、次々と具体化していきました。

地域資源活用を前に進める専用施設として「地域産業開発センター」が、教育委員会所管の社会教育施設として誕生します（1982年）。

町立図書館は、森林文化や木に関する情報の収集を積極的に進め、その中から工業デザイナー秋岡芳夫さんの思想に出逢い、秋岡さんを町民憲章推進大会講師として迎えます。「木と暮らしのデザイン」と題した講演では、全国各地の工芸的手法による実践や暮らしの様子が紹介されたといいます。秋岡さんの推薦で、木工ろくろの技術指導のできる時松辰夫さんが置戸へ通ってくれることになり、森林文化研究会が発足します。

木の良さを見直す

研究会にはさまざまな職業や年齢の人たちが集いました。工芸的な発想によるまちづくりやデザインにふれ、それまで薪にしかならなかった地元産のエゾ松やトド松のアテ材が木目の美しい器になることを実地で学び、技術指導を受けて、東京高島屋の展示会への出展という目標に向かって急ピッチで器づくりが進められます。

用と美を備えた白い器は好評で、都市社会に暮らす人たちに新鮮な驚きをもって迎えられ、当初は注文に生産が追いつかない状況だったといいます。

食卓を彩る多様な器とカトラリー

オケクラフトからの展開

地域の素材で作られた器は学校給食に導入され（1985年秋田小学校、90年勝山小学校）、器に盛る料理の研究、農畜産物加工の取り組みが始動・展開します。

料理の次には「飲む文化」の開発。地元の産物を活かした白花豆焼酎や山ぶどうワインの誕生です。

木工加工と並んで計画に明記されていた「地場資源を活用した」農産物加工。当時の活動はどれも、地域課題に正面から挑む計画の着実な実践であり、相互に有機的な連関をもって志向されていました。

置戸らしさのデザイン

副業的裏作工芸とみなされたクラフト生産を置戸の特産品に高めていこうと、研修生制度や職員体制を充実させ、関連施設の整備が図られます（作り手養成と販売を担う「オケクラフトセンター森林工芸館」1988年開設。研修終了後、工房を持つまでの実技研鑽の場「オケクラフト共同工房」1993年新設）。

同時にオケクラフトの先には、あらゆる素材によるモノづくりを進め、生産と生活、文化がより近接に結びついた「工芸の里」への発展が構想されました（1992年クラフトパーク計画報告書）。

オケクラフトを端緒としながら、より広い視野で描く置戸らしさとは何か。置戸にふさわしい暮らし、生活文化のあり方を求めて「暮らしのデザインひろば」が開催され、さまざまな角度から「置戸らしさのデザイン」を論議する場が設けられます（1989〜92年、2000年再開）。

社会教育が求めた地域文化の行方

1980年策定当時、地域課題に挑むことを主要テーマとした社会教育計画は、具体的なものはとらえ切れていなくても、地域の資源を十全に活かす生産と生活の再構築を明確に志向していました。そこには「木工部門だけでない拡がり」が企図され、農畜産物分野の食品加工などを含めたトータルな姿で、地域の生活文化を見直し創造する文化的な営みが構想されていたのです。

秋岡芳夫さんから置戸町に寄贈された手仕事道具等のコレクションを保存し活

用する山村文化資源伝習保存施設どま工房（1995年開設）は、工芸的な視野でモノづくり講座を行い、文化的領域を拡げる役割を担います。しかし十分な展開をなし得ず、産業教育との両立の難しさが浮き彫りになります。

「経済」か「文化」か

「生活に密着した生産活動」は「新たな町の特色・魅力を生み出し」「地域の生活文化の向上に大きな役割を果」たすはずでした。しかし次第に、オケクラフトは個々の工房で生産され正業の色合いを強め、〝オケクラフトで食べていく〟ことを経済的に成り立たせる産業育成の比重が大きくなっていきます。町外から来て作り手となった人たちの意識も、初期の森林文化研究会に集った人たちのものとは変化していきます。

　社会教育は具体的な経済活動をどこまで支えるのか。その問いを持ちながらの未踏の挑戦。社会教育施設で行われる流通と販売行為を別組織「オケクラフト流通普及協会」が担い（1988年設立）、更に一般社団法人「おけと森林文化振興協会」へ移行（2015年）するのは、模索の中でたどり着いた道でした。

地域に根づくということ

　2023年、オケクラフトは誕生から40年を迎えました。個々の作り手が努力を重ねて今日があるのはもちろんですが、産地としての置戸を支えてきた町の人たちの存在なしに、その歴史はありません。町を挙げて取り組んできた営みを今後どうしていくのか。大きな命題の答えはなかなか見通せません。

　クラフト生産の専門化と並行して、各種ものづくり講座や秋岡資料のテーマ展示等が細く長く継続されてきたのも確かな事実ですが、社会教育の営みから生まれながら、経済活動としての進展を図るなかで〝町の人たちと共に歩み実践する〟視点は薄れてきたかもしれません。

　クラフトが伝統工芸の産地と認められるには、百年以上の生活と生産の歴史が必要といいます。そして何より、地元の人に愛着をもって日常生活の中で使われることこそが大切といいます。

　オケクラフトは地域文化となったのか。その答えはまだ出ていませんが、少なくとも、オケクラフトとそれに連動する営みに傾注された熱量が、置戸の地にモノづくりの土壌を醸成させてきたことは間違いありません。

　1つひとつはささやかでも、町内で多様に取り組まれている手仕事の数々。コロナ禍を経て再開された町民文化祭や、地元の手作り品が一斉に並ぶ「キッチンファクトリー」を目の当たりにすると、そのことを実感します。

　置戸生まれの子どもに届けられるオケクラフトセットや、小中学校時代の毎日の給食をオケクラフトを使って食べてきたことによって、子どもたちの中に何か根づいていくものがあるのか。やがて置戸を離れ、遠くの地から故郷を思い起こす時、そこにはどんな光景が浮かぶのか。

12年前に公民館で取り組み始めた「食のまちづくり」推進事業は、食の領域からの地場資源活用を再定義しようとする試みでしたが、人々が集うことが制限されたコロナ期間に勢いを失い発展途上の段階で、〝飲み物文化〟の立て直しも道半ばです。

食も、図書館も、地域の文化を形成する重要な要素です。点在する素材を有機的につなぎ、工芸の里の姿を描き直す作業をどのように進めるか。常に社会教育の力を機動力としてきた先人の姿勢に、今一度学びたいと思います。

（2024年2月）

〈参考〉
・置戸町社会教育5カ年計画（第3次：1980年・第4次：85年・第5次：90年）
・オケクラフト10周年・20周年・30周年記念誌（1994年・2004年・14年）
・「置戸町開町百周年記念　語りつぐ歴史と証言　第5巻『教育と文化の足跡』」（2016）

インタビュー

村の古さの克服をめざす若者たち

千野陽一さん
（東京農工大学名誉教授）

1955年に長野県中野市に就職し地域の社会教育職員として活動を続け、その後研究者に転じた千野陽一氏は、第二次大戦後から新しい形で始まる日本の社会教育の最初期を知る数少ない方である。地域の古い慣習と時に戦いながら、農村をよくすることにじっくりと向き合ってきたその歩みを語っていただいた。

生い立ち、終戦まで

——まずは現場に出られる前のことからお尋ねします。

僕は昭和6年生まれ、いわゆる満州事変が起こった年です。それで、支那事変の起こった昭和12年に小学校へ入ります。戦争と深く関係があるんですよね。小学4年頃からかな、空襲にも遭遇した。そして19年に国民学校卒業。

――まさに戦時中の学校教育ですが、当時の小学校、国民学校のご記憶はありますか。

全然ないですね。けれども、行事があると必ず天皇陛下が話に出てくる。それで校長がしゃべるんだけど、長いんだよ。それが一番印象的ですね。

――その後、昭和20年8月、中学2年で終戦。終戦前後、何かご記憶がありますか。

僕の場合は疎開したんです。ただし、名古屋の、夜が見える所でした。一番印象的なのは、やっぱり名古屋の空襲です。夜ね、ああ、やられてるなあって感じです。今の名古屋空港の近くです。

当時、陸軍幼年学校がありました。中学1年からも2年からも受験できて、3年以上はもうだめなんです。中学1年で受けたんだけど、落ちたんです。そうしたら、軍部の人間が足りなくなったのか、各学校宛てに具体的に名前を出して、受けろという話になる。僕のいた旧制名古屋中学校にも、2人受けろと来たんです。それ以外の連中は、工場で勤労奉仕。もう銃も作れなくなって、僕の学年は風船爆弾を作っていました。空襲で夜勤の中学生が3人くらい亡くなってもいます。

それで、僕ともう1人の生徒は、陸軍幼年学校を受けろというので、工場へ行かなくてもよかった。中学校の校庭の陰で2人で椅子を並べて、誰かからいろんなことを教わっていました。そのときに放送が流れたわけです、天皇の。負けたという、やめると。学校の庭ですから、聞き取れないんですよね。だから何が起こったか分からない。

次の日、8月16日が陸軍幼年学校の試験日なんです。小牧にある幼年学校へ試験を受けに行ったら誰も来ない。父親がいなくて母親と2人きりだったもんですから、そういった大きな状況を知らなかったんです。行ってがっくりして、帰ってきたというのが現実です。

――そこで、日本は負けたとわかったわけですか。

負けたけど、軍隊は残るだろうと考えていたんですね。全部の人がそう考えたわけじゃないけど、数は少なかったです。母親と2人だけで暮らしていたからわかりませんでした。

――負けたとわかったときどうお感じになりましたか。悔しかったとか、ほっとしたとか。

大体僕は鈍感だったんです。何を考えたか、よく覚えていません。僕の行っていた名古屋中学は、戦争で全部焼けてしまって、さっき言ったように2人で陸軍幼年学校の試験を受けるのに、校庭で授業を受けたんです。その後、みんな戻ってきて勉強するわけですけど、行くところがないので、近くの戦災を受けなかった学校へ通って、そこで普通の勉強に戻りました。名古屋中学は私立のキリスト教関係の学校で、占領軍からのプレッシャーが非常に弱いんです。教員にも英語で会話ができる人が2～3人いましたね。彼らは占領軍の行く所へついていって翻訳の仕事をしました。

学校では、まずいろんなテーマを教師の中で作って示して、みんなで自由に議論しなさい、と。主としては、やはり民主主義とは何かという話を聞かされたのを覚えています。

高等学校、大学へ

中学4年のときに、第八高等学校に分かれます。普通は、旧制高等学校は5年生から受けられるんですが、僕は4年から受けられた。ここを修了して、第八高等学校の文科丙類、今の名古屋大学に入学しました。

そして次の年に旧制高等学校がなくなる。だから1年で修了して大学も受けられるわけです。そして京都大学を受けましたが、不合格。そこで旧制名古屋経済専門学校（後の名古屋大学経済学部）、まだ旧制がありましたからその2年に編入。4月からじゃなくて、9月頃からです。ここにいた先輩が一橋大学を薦めてくれました。ところが一橋も不合格。だから1年のところ2年通学したんです。もう仕方ないと思って、昭和26年の4月に東大を受けて、なんとか入れたんです。

ここから僕の大学生活が始まりますが、新制ですから2年間は駒場で一般教養。このとき僕は何をしていたかというと、まず麻雀。駒場のすぐ下に麻雀屋がありました。しかしお金がない、仕方ないから家庭教師と同時に工場で働く。当時朝鮮戦争が始まっていて、米軍が使う爆弾を防ぐ何かを綿を使って作っていました。それから、駒場にあった池で金魚とか魚を釣っては、怒られて逃げて帰ってきたこともありました。

工場のアルバイトが終われば真っ黒になるので、近くの風呂屋に行って全部洗う。そして家庭教師に行っていました。すばらしい女性がいたんですが、ご主人から「君が経済学部関係だったらうちの婿にするのに」と冗談で笑われた。そんな関係で、なんとかやりくりできたということです。

その後、教育学部へ行きます。進学前にいろんな学部の先生方が来て説明会をしてくれました。僕は歴史が好きだったから国史を勉強しようと思った。そうしたら国史の先生が、専門すぎて何を言っているかわからない。これはだめだと思って、次にぶつかったのが教育学部の先生、特に宮原誠一先生（社会教育）です。何を言われたか覚えてないけど、あぁ、行きたいなと感じて、決めたんです。

教育学部では授業をいろいろ受けましたが、例えば保守的な人でしたが教育社会学の清水義弘さん、それから大田堯《たかし》さん。そのときに彼がやっていたロハ台の青年学級の話をしてくれると思ったら、してくれない。もっぱらしてくれたのは戦争中の話。船に乗っていて、爆弾が落ちて死ぬ直前だった、という話をされたのは記憶に残っています。

それから、宮原先生はすごく忙しくて、講義は2～3回しかやらなかった。実際の講義をあまり聞いてないんです。ちょうど、日本社会教育学会や教育研究全国集会を作ることに全力投球をしていた頃ですからね。

千野 陽一　1931年～2021年。愛知県生まれ、東京大学教育学部卒業後、長野県中野市に社会教育職員として勤務。のちに東京大学助手などを経て東京農工大学へ移り、同大名誉教授。青年や婦人、高齢者の教育、農村・へき地の教育などを研究。著書に『勤労青年教育論』、『現代社会教育論』、『近代日本婦人教育史』（いずれも単著）、『愛国・国防婦人運動資料集』、『資料集成　現代日本女性の主体形成』（いずれも監修）ほか多数。

そのとき僕は、相変わらず麻雀をやろうと思っても、東大の本郷の方にはやる所がない。そこでやっていたのは野球。軟式野球部に入って、かなりエネルギーを使いました。鹿児島から来た酒匂一雄君（福島大学名誉教授）は同級生ですが、当時かなり民青（日本民主青年同盟）を初めとして共産主義運動に熱心でした。千野ってのはだめだ、遊ぶばっかりだ、と僕の所へやってきて、お前、卒業なんとかしろよと言われた。それで僕もまずいなと思って、酒匂の言う通り菊坂セツルという所へ行きました。ちょうど東大と野球場の真ん中にあるからすぐに行けるんです。そこで子どもの勉強を助ける、子どもの遊びを構築する、そんなことを中心にやりました。

――当時何か印象に残っている、影響を受けた本はありますか。

強いて言えば聖書でしょうね。戦後、中学校時代に、熱田神宮の近くにあった教会へ通ったんです。そのときに聖書を一生懸命読んで、それが一番印象的かな。大田先生がいろんな本を書いていたけど全然読んでいないし、宮原さんの本もあまり覚えてないな。やっぱり聖書でしょうね。

あとは、大学時代はセツルメント活動を始めたら、麻雀なんか一切やらなくなって、酒匂のおかげでいろいろ勉強しました。クリスチャンで、洗礼も受けたんですけど、そのころになるとほとんど忘れてしまって、むしろ批判的になったと言ったらいいかな。離れていくんですね。

社会教育の現場へ

――長野県中野市に就職をされた経緯は。

やっぱりセツルメントですね。子どもと会うことは、お母さんと話をすることにもなりますからね。そういった人間関係が大きくものをいったと思います。

ただ、当時は中学校の教師にならざるを得ないという感じでした。卒業生に人気のあったNHKを受けないし、たまたま僕が下宿をしていた愛知県の三河郷友会という施設の塾長が、中学校の校長先生になられた。その関係で、千野君、中学校へ行かないかと言われて、そのつもりでいたんです。ところが、卒業する年じゃなかったかな。昭和29年の終わりの方か30年の初め、宮原さんを囲んでコンパをやったんです。そのときに、突然宮原さんが「誰か中野の公民館へ行く人はいないか」と仰ったんです。僕は飲んでいて、セツルの経験もあったもんだから、胸を叩いて「先生、行きます」と言っちゃったんです（笑）。

宮原先生に1人ぜひ寄越してほしいと言ったのは、細野浩三さんという中野の公民館長です。公民館関係者を集めた宮原先生の講演をお聞きになって、これはと思われたんでしょうね。しかも、ちょうど昭和29年に、中野町を中心として1町8か村が合併して、中野市ができた。その中野市の公民館長に、細野さんが就任するわけです。

細野さんは台湾から引き揚げで来た人ですが、宮原先生に手紙を出して、1人ぜひ、公民館に来ていただきたいということになった。

当時、1町8か村に公民館はあったもののほとんど形だけ、そこに中野市公民館という建物が中央にできます。そこに僕が行きますと言ったところ大変宮原先生が喜んで、あちこち僕を連れてってくださったんです。

例えば栃木県茂木町の笹島保さん。彼は何か工業をしていて、終わった後みんなで飲んでいました。笹島さんの近くの公民館主事さんが20人ぐらいいたのかな。そこへ行って、「実は私こういうわけで中野市へ行くんですが」と言ったら、「公民館活動というのは飲み方を覚えることだ」なんて言われてね。それから、千葉にいた松丸志摩三さんの所にも行ったら大変喜んでいろいろ教えてくださった。宮原先生が呼ばれた教師の集まりにも行きました。

職員時代のアルバムから

――公民館の主事として、いろんなサークル活動にも関わっていらしたんですか。

そうですね、大変でした。（所蔵のアルバムを見ながら）この写真は当時の合唱団。一緒に村をめぐった。これは、農繁期の季節保育。それからこれは、中野市初の公民館結婚式。家と家ではなく人と人を結ぶということで、主催が結婚純化同盟。最初は突然、この仲間の1人が公民館で結婚式をやりたいと言ったけど、とても無理だった。2度目は見事に成功するんです。この写真は中野市公民館の講堂で、友人がいっぱいいますが、昔の結婚式は友人を呼ばない。これをやるためにずいぶん苦労しました。全部会費制で、友人もどんどん呼んで、結婚式の後は旅行に行く。それに対して地元ではものすごい反対、特に彼の本家の父親が絶対反対。だけど、気にせずとうとう彼はやった。その後は、だいたい上手くいくようになるんです。ところが矛盾があってね。これをやると、安上がりなもんだから、形式化されてしまう。

中野に僕が行くことになったときの話に戻ります。市の中心には公民館ができた。ところが、昔の8か村は、村役場が公民館ということで、専門職員は置かない。市の職員は置いてごく簡単な事務的なことは彼らが引き受ける。時々公民館の仕事もするんですけど、それをなんとかしなきゃいけないというのが、僕の最初の1年間の仕事でした。あちこち歩いて、青年団活動をきちんとやった人を狙って、とにかく8人探さなきゃいけない。

それで、青年団長をやっている、割合革新的な連中の家へ出かけて行きました。自転車で、舗装されない砂利道を1町8か村。しかも昼間行かなきゃだめなんです。朝から仕事して疲れるから、食事の後2時間ぐらい昼寝する。そこへ行けば必ずいるから、昼寝の時間を狙って、「千野でございますが、初めてお願いがあって来たんです」てなことを、何回も繰り返しました。

なんとかそれで8人、すばらしい連中を、若干の給料を払って非常勤の公民館主事として獲得することに成功しました。その人たちを中心にして活動をしていきました。彼らとやったことは、話し合い活動が中心です。

――話し合いは当時の青年団の共同学習の基礎ですね。

日青協（日本青年団協議会）自体が話し合い学習だったからね。けれども僕は、話し合い学習はむしろ大田さんに学びました。本音が出るような話し合いをぜひやろうということで、公民館の仕事をしてくれる8人の彼らと勉強したんです。

僕が入った昭和30年の冬、びっくりしたのは、講堂がいっぱいになってるんです。誰かって、女性ばかりで結婚式のために着る服を作っている。朝から夕方まで女性が40~50人集まって。そのときに深く頭を下げて、「実はもうそろそろいろんなことがあるんで……」と上手に言って、やめにしてもらいました。

――和裁教室や洋裁教室は初期公民館の主流事業ですね。授産事業にも結びついて、女性の職業訓練にもなる。文部省の初期公民館の映画ではそういう教室が多くみられます。それはやめにして、話し合い学習をしていこうと？

そうです。当時のことは創刊間もない『月刊社会教育』、『青年の学習』（1960年）にまとめました。ただし、話し合いだけではだめ。話し合い学習というのは、身近な問題だから、どんどん出されてきます。それをどう解決するかという問題になってくると、部分的には解決できても、ほとんどぶつかってしまう。

出会いを通じた関心の広がり

――高齢者、図書館、婦人問題

小林文成さんのこともぜひ取り上げて欲しいです。日本で初めて、老人の立場に立って、彼らの力を発揮させるために努力したお寺のお坊さんです。昭和27年頃から高齢者の集まりを伊那市の一地区でやっていたんですね。それで昭和30年だったかな、何かの文章の中で、はっきり老人の権利を認めると初めて書く。そして、お寺を村にいるお年寄りたちの意見を集める場にする。楽しく生きる学園、「楽生学園」を作ったんですね。

各地の公民館主幹長は元々村長をやっていた人が多いんですが、僕は宮原さんに言われ、小林さんのところに彼らを連れて、年寄りをどうするかという勉強に行ったんです。そして、小林さんが本を出すんですが、その原稿を宮原さんが「少し直してやれ」と。それで出たのが『老人は変わる』（国土社、1961年）です。小林さんにはとてもかわいがってもらいました。

もう1つ、僕が中野市へ行ったとき、長野県知事は革新、社会党。社会教育課の中にはかなり民主的な人がいましたが、特に中島正美さんという県の社会教育課長は、日本社会教育学会にも顔を出され、青年団の民主化にも力を注がれた方です。その下にもう1人、飯島丁己さんという男性がいました。この人も、本当に人の立場になって物事を考える社会福祉をしていました。その人と一緒になって初めて僕の文章が本になった（長野県農村文化協会編・発行『農村の新しい青年運動―青年運動の理論と実際』1956年）。長野県庁は、僕なんかが行っても、いつも楽しい。時には将棋をやって、いつも負けてばかりいるんだけど。

それから、長野県立図書館長の叶澤清介さんも僕をかわいがってくれました。この人は、PTA文庫を通じて、長野県全体の家庭に本を1週間貸すということをした。僕のいた中野市の公民館にも、月に1回ぐらいかな、お母さんたちがリアカーを引いて本を取りにくる。読むかどうかはあまり問題にしない。本を手にすればいいんだ、というのが彼なんです。公民館にも公民館図書室みたいなものを置きます。独自で本を置く予算はないから、県立図書館などから借りてきて、文庫を開いた。そのためのボランティアを作った人でした。

それから、今でも思い出すのは、ちょうど僕が行ったころから農業の機械化が始まります。

例えば、リンゴに対する農薬を機械でかけるようになるんですね。それをまくのは婦人たち。ものすごく大変なんです。しかも重いでしょう。ところが、亭主はといえば、座って農薬を渡すだけ。そのとき、それまで男の青年しか頭になかった僕は初めて女性問題に気がついたんです。農村女性は大変だなと思い出しました。ほかにも、お正月にはお客がいっぱい来る。そうすると、お給仕で立て込む、妊娠をしていた女性は流産をするという例が随分ありました。

高度成長、農業基本法、信濃生産大学

――青年運動として宮崎県のSAPに注目をされていますが、その政策的な動きと、下からの青年の学習要求の関係は、どのようなものでしたか。

SAP運動に関して書いた論文は3本あって、そのうちの1つが宮原誠一編『農業の近代化と青年教育』（農山漁村文化協会、1964年）。そしてそれを基にやや易しく書いたのが、『月刊社会教育』1964年12月号「宮崎県SAP運動の現状」。それからもう1つは『国民教育研究』に「農業人づくり政策と宮崎県のSAP運動」というのがあります。SAPを正確にいうと、Study for Agricultural Prosperity。

宮崎は、家は農家でも本人は勤めている青年が非常に多いですね。だから、青年運動は盛んだけれども、農民運動を中心にはしていない。そういう意味でいうと、青年団運動に参加した青年たちは、SAP運動に組み込まれることにはならなかった。つまり、農業青年しかここには組み込まれないわけです。農村青年じゃないですよ、農業を生業にしている農業青年。

ぜひ注目しておいてほしいのは、国民所得倍増計画が出た昭和35年です。これは日本をもっと工場の多い国にして、工業で発展していこうというのが基本線です。それと併せて、農業基本法ができます。さっき言った『青年の学習』に「宮崎県におけるSAP運動の展開と問題」として詳しく書きましたが、宮崎県の農政課が、ある1つの農業経営、電子農場にいくつかのタイプの大規模農家をつくるんです。あれもこれもじゃなくて、この農家は酪農中心にやるとなると、大きな酪農組織を本当につくって示すんですよ。酪農のほかには果実、稲作、そういうふうに分けて農業青年たちがそこへ出掛けていって勉強する。そんなのが3つ、4つぐらい確かあったのかな。

ところが、そこへ行こうと思うと、普通の零細農家は全部駄目なので、結局工業へ行く。そういう仕組みになっているんです。だから、大規模農業を振興させるというんだけど、実際には農家を工業関係に変えてしまう。それが本当の狙いです。そういった動きが全国にあったかというと、その次の年、鹿児島で起こりました。せいぜいその2つぐらいです。すぐ駄目になってしまった。だって誰も行かないんだ。

――同時代の「信濃生産大学」（4章、吉川さんインタビューも参照）の運動は、他地域からどのような影響を受けたのでしょうか。また、信濃生産大学が他地域に与えた影響は、どのようなものがありましたか。

信濃生産大学の実践は、独自の学習運動の展開です。SAP運動と信濃生産大学は、時期が近くても組み立ての理論がまるっきり違う。宮原先生が信濃生産大学について非常に分かりやすい形で書いたのが岩波新書『青年期の教育』（1966年）です。ごく一部だけど、非常に明瞭に信濃生産大学のことが書いてある。

農協、日教組との関係

農協や農林省（現農林水産省）関係とも長く付き合ってきました。

年に1回、農林省に集まってきて、農業改良普及員の指定をするために面談などをしました。同じ農業改良普及員でもリンゴ専門から青少年まで関心は幅広いんです。彼らの話を聞きながら、ものすごく時間をかけて決めていく、そんな仕事を7～8年近くやりました。農工大に行ってからのことです。

それから、家の光協会という、文化の問題を中心に扱う農業関係組織があります。その中で僕は3つのことに随分長く付き合いました。1つは、農協でありながら文化運動に力を入れている農協を、実際に調査に行って全国で4つ選ぶ。農協にも関わらず文化関係に力を持っている所を、家の光の会員が推薦してきます。そのうちの4つをそこで決めて、大学教官と職員とで行って、2日ぐらいかけて調査する。その先生の1人は石川武男（農学者）。僕は石川さんと一緒に随分行った。その中で文化運動をいろいろ研究できましたね。

もう1つは全国から1農協ずつ、婦人教育、それと、雑誌『家の光』をどう普及したかという農協職員の発表を、2日間くらいかけて聞く。そこに石川君や僕などが顔を出して、農林大臣賞を決めて発表していました。

3番目は、農協婦人部会員の読書グループへの授賞。最初は『家の光』、それから『こどもの光』と決めていましたが、農業そのものが厳しくなっていくと、一般女性の読書感想文も集める。それで、賞を1人選ぶんです。かなり議論をしましたよ。そんな仕事を随分長くやりました。

こんな本を僕が書いてるのは知らないんじゃない？　子どもについての本『よみがえる子供たち』（千野著、家の光協会、1981）。これがまた面白くてね。僕は今言った農協、家の光協会の3つの活動、プラス日教組の教研集会にも関わっていました。そこにへき地教育分科会というのがあった。70年代になって急速に過疎・過密が生じるでしょう。過疎と過密は非常によく似た側面があるんです。だから過密・過疎、へき地の教育分科会となるんですね。僕は10年近く行って、それを著したものです。

当時は『月刊社会教育』の編集部でも、ほとんど子どもまで問題になりませんでした。特に農村の子どもなんて問題じゃなかった。

親子文化運動

それから、「親子文化運動」という言葉を使ったのは、実は僕が最初なんですよ。親子文化運動の中には3つの流れがあります。1つは福岡県福岡市、2番目は東京、3番目は埼玉県で起こった運動です。福岡で起こったのは子ども劇場、親子劇場、いろんな言い方をされますが、これが全国に広がっていく。2番目の東京、これは世田谷区から起こった親子読書運動と、子ども文庫運動が一緒になった親子読書地域文庫。広瀬恒子さんが本にまとめて僕も書いています。そして埼玉は親子映画。これらはいずれも自主的な動きです。

読書については、親と子どもが一緒に本を読む、共に学び合うんです。親が教えるという意味じゃない。それまで子どもに本を読ませようという運動はいくつかあって、1つは鹿児島で椋鳩十が、親子読書20分間運動を始める。それが福岡市にずっと広がっていきます。もう1つは、長野県立図書館がやった読書運動。各地の公民館にひと月おきだったかな、一定の本を送って、母親が、リアカーに乗せて隣組にその本を持っていく。一定期間がきたらまた返す。狙いとしては、とにかく本を読む、手にする、めくってみる、それだけのことでいいんだというわけで始まった。行政とは関係なくて、行政はむしろプレッシャーをかけられる。親子文庫を最初に始めた平野さんという人が割合進歩的だったこともありました。本を読みながら、親子ともに育つというような特色がありましたね。ほかに仲間が欲しくなっていくでしょう、親子だけじゃわからないことがいっぱいあるから。

そして、親子映画は埼玉で始まります。中心は学校の教師で、教師と親と子どもが一緒に映画を観る。例えば『龍の子太郎』という、秋田県の八郎潟を舞台にした映画があります。その作者にも来てもらって、子どもも親も率直に意見を出す。そうすると、作者はそれをきちんと引き受けて、新しいものを作っていく。ところがうまくいかなかったんですね。教師の担い手がいなくなった。日教組の関係もありますね。教師がきちんと地域の人になればいいけど、異動もあってなかなかそうはならなかった。

――社会教育に加えて農業、婦人問題、そして文化など、先生の幅広いお仕事についてお聞かせいただきました。

僕がこんなもの書いてるって、誰も知らないものがいっぱいあります。皆さんには社会教育しかやってないと思われてるけど。

（記録・構成：新藤浩伸）

本稿は、地域文化研究会で2017年11月18日と2018年10月14日に実施したインタビューの記録を元に編集している。千野氏は2021年に亡くなられ、本文を生前ご確認いただくことは叶わず、ご家族に掲載許可をいただいたが、内容の誤りの責任は記録者にある。初出は『千野陽一先生の足跡と思い出』（東京農工大学農学部環境教育学研究室・千野陽一先生を偲ぶ会実行委員会、2022）、本書掲載にあたり記述を整理した。

都市であろうと農山漁村であろうと、文化をつくり、支えるのは人である。その過程で人と地域がつながる。芸能だけではなく、衣食住などの生活文化もそこには含まれる。各地で文化の保存継承にかかわる人の活動は、試行錯誤を続けながら地道に、そして遊び心をもって続けられている。その喜び、モチベーションはどこにあるのか。

2章 人をつなぐ、世代をつなぐ

集落の絆を育み、受け継がれる郷土芸能
——埼玉県秩父郡・小鹿野歌舞伎の伝承

佐藤　一子（東京大学名誉教授）

養蚕で栄えた地域の祭

埼玉県秩父郡小鹿野町《おがのまち》は人口1万人余の山間の町である。少子・高齢化が進行しており、2016年度に4つの中学校が統合されて全町1中学校区になった。2025年度には小学校も4校から1校に統合される。面積は170平方キロ以上で周辺山間部を含む広域の町である。

江戸期以来、秩父地方一帯で養蚕が盛んになり、製糸業で栄えた。ユネスコ無形文化遺産に登録された秩父夜祭・屋台行事と同様、小鹿野地域も祭囃子や歌舞伎が盛んで、北関東の村々の江戸文化の栄華を今日に伝えている。

小鹿野町は花と歌舞伎と名水の町といわれ、町中心部と5つの集落のそれぞれの神社の祭で、氏子の有志若連を中心に奉納歌舞伎が上演される。江戸文化文政期（1804年〜1830年）以来220年にわたり、太平洋戦争末期を除き、途切れることなく継承されてきた。町内10か所に歌舞伎の常設舞台があり、6つの集落で歌舞伎が上演される。

江戸から明治期にかけてこの地方を拠点に興業を行っていた坂東彦五郎（のち大和座として継承）の流れを汲む小鹿野歌舞伎は、生糸の生産によって栄えた秩父地方の人々の暮らしを彩る郷土芸能として、1975年に埼玉県無形文化財の指定を受けている。

小鹿野屋台歌舞伎

集落あげての歌舞伎の上演

「町じゅうが役者」といわれるように、小鹿野では農作業をしながら高齢者が歌舞伎のせりふをつぶやいていたり、若連の飲み会で歌舞伎のせりふを交わし合って興じるといった光景がみられる。歌舞

伎は町民にとって身近な芸能であり、練習や舞台での共演を通じて互いの人柄にふれあうことによって、集落の日常的な共同作業でも世代を超えた絆がつくられている。コロナ禍で2020年から2022年に全町的に歌舞伎の上演は休止された。2023年から各集落の神社の奉納歌舞伎は復活しているが、県内外からの観光客は激減している。

毎年5月、津谷木《つやぎ》集落の山上にある神社の例大祭、津谷木のお天狗様で奉納歌舞伎が上演される。集落は30数世帯で子どもの数が少なくなっているが、津谷木子ども歌舞伎には、小学生から高校生まで子ども役者が登場する。練習は2月から週2回程度と短期間であるが、声も所作も凛として堂々としている。子ども期には誰でも何回か歌舞伎の舞台を踏むことがあたりまえになっている。

若連歌舞伎には芸歴10年余りの若手が登場する。津谷木集落で4代続く歌舞伎役者の家の娘、町役場職員である小澤早也香さんも中心的な役者の1人である。

小澤さんは幼児期から舞台を踏み、「歌舞伎でお世話になった恩を返したい」と町役場に就職した。幼少期にはひっこみ思案な子どもだったが、歌舞伎を演じる中で自信をつけ、中学校では生徒会長をつとめるほど積極的な性格になったと語る。

父親の小澤幸男さんは大工で多忙な仕事に従事しているが、芸歴40数年のベテラン役者で、現在小鹿野歌舞伎保存会津谷木部会長として地区の上演では師匠をつとめている。大工仲間と共に保存会の大道具担当でもあり、小鹿野歌舞伎の保存・継承の中心メンバーの1人として活躍している。津谷木だけでも20を超える演目が伝承されている。小澤幸男さんの夢は、師匠から学んだ津谷木独自の型を継承しながら、新しい演目に挑戦することである。

木魂《きむすび》神社境内の歌舞伎舞台は戦後直後に集落の人々の協力で再建された趣のある木造建築で、町指定文化財となっている。車のない時代には、山頂まで15分あまりの急な山道を衣装箱や大道具、高齢の役者まで背負ってかつぎあげたことが今でも語り草となっている。

木魂神社の奉納歌舞伎はコロナ禍の休止を経て2024年に再開される。

社会教育行政の支援と保存会の活動

伝統を誇る小鹿野歌舞伎も、その継承が危ぶまれた時期があった。1950年代から60年代の高度経済成長期に生活スタイルの変化によって伝承が困難になっていた。祭りで歌舞伎が上演されても地元の住民が集まらない状況が続いた。このままでは消滅してしまうと危機感をもった町は、1971年から小鹿野町郷土芸能大会（歌舞伎・郷土芸能祭）を開催し、2023年に51回を重ねている。歌舞伎の価値が見直され、1973年には小鹿野歌舞伎保存会が発足した。

文化財保護、地域文化交流の観点から歌舞伎継承を重点施策とした町の社会教育行政、そして全国でもっとも早く民俗文化センターを設立した埼玉県の文化行政の支援もえて、歌舞伎の振興がなされた。集落で維持することが困難になっていた衣装やかつらなども助成を受けて刷新された。

保存会は各集落の歌舞伎上演を支えている中心メンバー、義太夫・三味線、裏方など40人余で構成されている。小鹿野歌舞伎の特徴は、役者だけではなく裏方もすべて地元の担い手に支えられていることである。各集落の歌舞伎上演には、太夫・三味線、下座、かつら、化粧、つけ、衣装・小道具、着付け、黒衣《くろご》などの応援がかかせない。互いに集落同士で人手を融通し合い、保存会メンバーが総出で協力する形で6地域の奉納歌舞伎が季節を巡って上演されている。それぞれの集落が独自の型を継承する一方で、保存会を通じて技術面で学び合い、相互協力が行われるようになり、先細っていた集落の歌舞伎にも活気が蘇った。

1984年には両花道を備えた町立小鹿野文化センター（695席）が開館し、毎年の小鹿野歌舞伎・郷土芸能祭開催をはじめ、歌舞伎や太鼓の練習、上演の場として活用されている。1997年に全国歌舞伎・郷土芸能祭が小鹿野で開催され、小鹿野歌舞伎は全国的に注目されるようになった。小鹿野歌舞伎保存会と町の社会教育課がタイアップして、埼玉県内外で年間30回以上の歌舞伎上演を行うようになった。2012年6月には東日本大震災被災地の気仙沼で復興支援の上演を行った。

一度衰退しかけた小鹿野歌舞伎は子ども・若年層も加わって再び活況を取り戻し、地元・全国での上演を通じて、継承・発展への道が拓かれたのである。

子ども歌舞伎の再興

大正期と戦後初期に演じられていた子ども歌舞伎は1987年に再復活した。長年歌舞伎の役者、三味線・義太夫をつとめてきた柴崎好一さんが、自宅に屋台囃子を習いに来ていた子どもたちに声をかけて歌舞伎の練習を始め、地元上町子ども会に子ども会芸能部（のち上町子ども歌舞伎）を発足させた。小学1年生から中学2年生まで、全町から10数名の子どもたちが参加して指導を受けている。1995年には小鹿野子ども歌舞伎の名で広く知られるようになる。

子ども歌舞伎は毎年春に東京の浅草奥山子ども歌舞伎まつり（現在は浅草こども歌舞伎まつり）で上演するのをはじめ、県外に招かれることも多い。小鹿野子ども歌舞伎は、石川県小松、滋賀県長浜に並ぶ三大曳山《ひきやま》子ども歌舞伎と称されるほどになった。

中学校でも総合的学習の時間に歌舞伎の指導が行われている。2016年度から4校の中学校は小鹿野中学校1校に統合されたが、総合的学習の時間の歌舞伎の取り組みは、その後も保存会の協力で継続されている。秋の歌舞伎・郷土芸能祭への出演のほか、学校の文化祭や町内の福祉施設の訪問公演など年数回の上演がある。2019年には、歌舞伎を授業に取り入れた小鹿野中学校が「さいたま教育ふれあい賞」を受賞した。

ロシアで初の海外公演

2018年には「歌舞伎ソ連公演90周年事業」として日ロ交流事業に小鹿野町子ども歌舞伎団が招かれた。「ロシアにおける日本年」の一環として在ウラジオストク日本総領事館が主催してウラジオストクフィルハーモニー劇場で小鹿野子ども歌舞伎が上演された。小鹿野歌舞伎初の海外公演である。

7月28日、29日の上演にむけて3か月間の練習を積み、小学生から高校生まで10人の児童・生徒を含む総勢27人が現地にむかった。上演演目は「口上」と「寿曽我対面工藤館之場」で、2人の女子生徒がロシア語で「口上」を行った。歌舞伎にはロシア語の字幕がつけられ、公演は満場の拍手喝采を受けて成功裏に終了した。小鹿野歌舞伎の海外発信という貴重な経験とともに、ロシアの人々との温かい交流の機会となった。

世代を超えて共に演じ、つながる地域

歌舞伎を次世代につなぐという努力は集落でも意識的に行われている。保存会の支援を受けて6地区すべての祭りで子ども歌舞伎が上演されるようになり、若連の歌舞伎にも子役が登場する。

上町の若連で消防団でも活躍している中里貴久さんや山崎陽平さんも、子ども時代から太鼓や歌舞伎に親しんで育った。「歌舞伎は人のつながり、厳しい面もあるけどあたたかくて絆が深い」、「消防をやっているからほとんどの家の方々を知っていて声をかけることができる」、「密度の濃いつながりがあって、やっぱり小鹿野がいいと戻ってくるのが何人かいる」と、人をつなぐ力がある歌舞伎を次世代に伝えたいと頑張っている。

少子化・人口減少の厳しい現実があるからこそ、高齢者から中堅層、青少年、幼少期の子どもたちが共につながり育ちあう草の根の文化として、歌舞伎を絶やさずに次の世代につないでいきたいという町の人々の思いは深い。

2024年には10月19日から2日間、全国の地芝居の伝統を継承する各地域から多数の歌舞伎団が参集し、第27回全国地芝居サミットが小鹿野町で開催された。

（2024年10月）

人形芝居を次世代につなぐ
——神奈川県厚木市・相模人形芝居

山﨑　功（元東京都昭島市社会教育主事、『月刊社会教育』編集委員会）

人形芝居の郷

相模《さがみ》人形芝居が上演される厚木市の荻野神社の祭礼、夏祭りに出かけた。荻野神社は、相模川の支流、田園風景が残る段丘の一隅にある。

小田急線の本厚木の駅からバスで30分あまり。荻野神社前で下車すると、すでに、神社の社からは祭り太鼓が響いていた。

境内には、神輿の展示や露天の屋台が並び、祭り太鼓保存会の演奏が行われている。

神社裏にある小学校の子どもたちだろうか、境内いっぱいに、露天の食べ物や玩具を見て回りながら、はしゃいでいる。今どきの市街地では見られない風景だ。

神社の社殿は、県の重要文化財に指定されており、上・中・下荻野村3村の鎮守である。現在、この祭礼は荻野の郷の上と下の2つの地域の当番で仕切られ、今年の宵宮は上、本宮は下の地域だそうだ。

境内には本殿の右側に芝居小屋があり花道も用意されている。かつては歌舞伎も上演されたとのこと。この芝居小屋で相模人形芝居林座の人形浄瑠璃が演じられていた。

舞台には定式幕が掛けられ、舞台裏は演者の楽屋兼芝居道具の保管場所になっている。この日の林座の座員は12、3人だろうか、忙しそうに準備に余念がなかった。

荻野神社公演舞台裏風景

この日の演目は、祭りを祝う「三番《さんば》叟《そう》」、そして、「傾城阿波鳴門《けいせいあわのなると》」ほかであった。

祭りに来ている子どもたちには理解が難しい面もあるが、地域にある祭りの原風景としての記憶は残っていくに違いない。まさに「暮らしと表現空間」に相応しいひとときでもある。

この地域のバスの運行は、午後の7時台で終バスになるので、残念ながら途中でその場を辞した。

今でも、鉄砲ざしの林座

祭礼を訪ねた数日前に、筆者は林座の座長、山戸アサ子さんに取材の機会を得た。座長の山戸さんによると——。

林座の人形操作は、今日普及している文楽の操作ではない。

相模人形芝居の特徴は、文楽の人形に比べカシラがやや小ぶりで、首を動かす構造が異なるほか、通称「鉄砲ざし」と呼ばれる繰法をもっている。

「鉄砲ざし」とは、芝居の見せ場でポーズを取る時、観客に向かって人形を前に傾ける構えをいうが、その時の主遣い（おもづかい＝人形のカシラと右手を操る人）の構えが、鉄砲を構えた姿に似ていることからそう呼ばれる。

阿波の人形浄瑠璃の特徴を備え、舞台が遠く、照明も暗い農村舞台や小屋掛けで演じられたことから、文楽と比べて、光沢のある塗りの大きな人形を使い、人形を前方に突き出すようにして遣うのである。

頭の彫り方は、よりリアルな文楽の人形に比べて、誇張がきつく、女性の顔などは阿波の人形の方が「しっかり者」の表情をしている。

そして、大夫の声は大きいほど評判が良く、あくまでも、人形が中心であり、語りは付随するものと考えられていた。

文楽は心中事件など当時の歌舞伎の世界が描く世話物中心であったが、阿波の人形芝居では歴史的素材を扱う時代物を得意とし、大型化した人形を操作する。このため、小柄な女性には遣いが難しいとされ、林座でも座員になるのは男性が主だった。

しかし、座員が高齢化して男性の継承者が少なくなり、女性の座員が生まれた。今では女性の座員の方が多く、地元の育ちでない者も多く、座員は22人。20代の女子学生から82歳までと幅広い年齢層になっている。

——とのことであった。

この日、立ち会ってくれた60代半ばの中野さんという男性は、最近定年退職して座員になったと話してくれた。父親は林義太夫語りを務めていたという。

稽古場は自治会館と公民館

取材の場所は、日ごろの稽古場「林自治会館」である。

自治会館は、旧林村の鎮守神社林神社の参道にある。芝居道具は会館の前の道具小屋に収納されている。

林村は、神奈川県愛甲郡にあった村で、現在は厚木市に合併され、厚木市林となっている。

この林神社の祭礼は、秋に行われる。林座の芝居の拠点は、この林神社だ。夏

林自治会館練習風景

の祭礼の荻野神社と秋の林神社が、暮らしの表現空間になっている。

さらに、近くに睦合《むつあい》西公民館がある。稽古日は第2第4の金曜日が自治会館で、そのほか2回を公民館で行っている。

公民館では、林座の普及活動として「公民館だより」による啓発活動、学級講座のかたちで、「相模人形芝居体験教室」を開催し、さらに、「郷土芸能普及公演会」「相模人形芝居大会鑑賞」ツアーなどの事業を開催している。

相模人形芝居と林座

相模人形芝居について、厚木市の文化財保護課に取材した。担当の増田課長と伊従《いより》係長が対応してくれた。

厚木市は、落語の「大山参り」に出てくる大山街道の宿場町である。また、近年は登山で丹沢山塊も都心部に近いということもあって、賑わっている。

そして江戸時代は相模川を中心とした物流の拠点でもあり、比較的ゆとりのある商人や富農の間に、江戸の文化を取り入れ俳諧や三味線を抱えて義太夫節語りなどを趣味とした人々が多く存在した。

そのため、人形芝居の座で抱える太夫がいなくても済んだ。現在も太夫・三味線は義太夫協会関係者の協力を仰いでいる。

そうしたなかで、江戸に伝わってきた人形浄瑠璃の太夫・三味線の伝統は伴わず人形の操法だけが伝えられ、農村の日常の娯楽として祭りなどの催事に演じられるようになったと話してくれた。そして、厚木市史にある「人形芝居」の項目を資料としてコピーしてくれた。

現在、相模人形芝居として活動を続けている座は、厚木市の林座と長谷座、小田原市の下中座、平塚市の前鳥座そして南足柄市の足柄座の5座がある。

1980年に国の重要無形民俗文化財に指定されている。これらの座は、毎年「相模人形芝居大会」として上演している。

こうした伝統をもつ人形芝居だが、時代とともに座員も高齢化し、また、太夫・三味線の義太夫の語り手もその担い手が少なくなっている。

そこで、文化財保護の仕事として、こ

こ2~3年、学校での体験授業や学校公演を行い世代間の交流を図っている。また、芸能学校を年20回開催している。

講師は、市内に在住する女流の義太夫語りの師匠にお願いして、後継者育成を図っている。40~50代の女性5人だが、そのうちの2人は後継者に育ちそうだと語ってくれた。

人形芝居の新しい試み

厚木市には郷土資料館がある。ここでも人形芝居の資料展示や模擬公演を行っている。現在は移転の準備で、人形の「カシラ」の展示と、人形芝居の衣装・舞台の展示などがある。

この資料館で、新しい試みとして紹介されたのが、市内の県立厚木東高校である。

この高校にはクラブ活動として、人形浄瑠璃部がある。このクラブの指導は、OBでつくっている人形芝居「あつぎひがし座」が行っている。この「ひがし座」は、かつて林座の人形浄瑠璃を保存しようと立ち上がった東高校のクラブで、その指導は林座の座員が当たっていた。

ひがし座の演目は、歴史物よりも、今は若い世代にも理解できるような創作芝居が主である。

座員の年齢も若く、人形操作の呑み込みも早いと、林座の座長さんは語っていた。こうした人たちが座を支えてくれる次世代につなげるのだが……と話していたことが印象的だった。

また、長谷座では、芝居を義太夫語りではなく、ジャズなどの音楽とのコラボレーションも取り入れ活動を若い世代へ発信していると紹介してくれた。

これからの課題

人形浄瑠璃の継承は、それが演じられる場所、つまり空間が必要だ。かつて農業を主体とした村落共同体では、そこに暮らす住民たちの共通の芸能だったかもしれない。田園風景の残る荻野の郷は、まだまだ暮らしの共通性が残っているかもしれない。

それに比べ、林地域は市街化も進み自治会の加入者も減少していると聞く。それでも神社の祭礼等の催事がある地域は次世代につなげる試みも、子どもたちの原風景として記憶化される可能性もある。ただ、厚木市全域となるとことは深刻だ。居住する住まいは、都市空間のベッドタウンである。

これらの住民にも無形民俗文化財が、実際生活に即した暮らしと結びつく表現空間となるためには、市行政の文化財保護行政、郷土資料館、公民館などとの緻密な連携が求められる。それぞれの部署の職員は真剣に考えてはいると思われるが、事業の連携のいっそうの努力が求められていることも確かだ。

（2017年9月）

地域とプロがともに支える人形浄瑠璃の継承
——淡路人形座の取り組みを中心に

堀本　暁洋（東京大学大学院教育学研究科博士課程）

伝承者と後継者

淡路人形浄瑠璃は、５００年の歴史をもつ淡路島の伝統芸能である。江戸時代前期から、一座を組んで全国各地に巡業に出かけ、人形浄瑠璃の文化を伝え広めてきた歴史を持ち、もともとそれを職業とした専業集団によって伝承・発展しながら、地域に根づいてきた。３人遣いの人形芝居である点が特徴で、中央で早くに廃絶した演目や、淡路で創作・改作されたものなど、淡路独特の演目・演出を長く伝承してきた。現在、国の重要無形民俗文化財に指定されている。

２０１７年7月23日(日)、洲本市文化体育館で、「淡路人形浄瑠璃後継者団体発表会」が行われた。この発表会は、淡路人形浄瑠璃の後継者グループとして活動するすべての団体が集う機会であり、１９８４年から続けられている。人形浄瑠璃文化を淡路島全体で伝え盛り上げようという思いから、近年では洲本市、淡路市、南あわじ市の3市持ち回りで開催している。

後継者団体には、いずれも南あわじ市の福井子供会人形浄瑠璃部、市小学校郷土文化部、三原中学校郷土部、南淡中学校郷土芸能部、淡路三原高校郷土部に加え、中学・高校のＯＢを中心に発足した淡路人形浄瑠璃青年研究会、淡路人形芸舞組がある。発表会当日は『戎舞《えびすまい》』『傾城阿波の鳴門　順礼歌の段』『増補大江山　戻り橋の段』など、それぞれの団体が得意な演目を選び練習を重ね、その成果を披露した。20人ほどの児童が時には一斉に、時にはかわるがわる、感情をこめて語る姿、また太三味線を中学生が並んで弾く光景は迫力があった。この日の客席は、出演者の家族や友人など、幅広い世代の人々が来場し賑わっていた。また、出番の前後に別の団体が演じているのを真剣にみて、拍手を送っている生徒たちの姿があった。淡路人形浄瑠璃の地域全体での盛り上がりを実感する発表会であった。

淡路人形座

最盛期の18世紀初めには40以上の座が活動し、淡路の人々に深く親しまれていた淡路人形浄瑠璃であったが、新しい娯楽に人気を奪われ、昭和に入るころには次第に姿を消していった。１９６０年代にはわずか3座のみ、それも役者不足などでいずれも休業状態となるなど、人形浄瑠璃は消滅の危機にあった。

保存と継承に向けた動きは昭和初期から始まり、多くの団体が保存活動に取り組んできた。１９６１年に、残った3座のうちの1つであり、衣装や人形の保存状態が良かった吉田傳次郎座の道具類や古文書を「淡路人形芸術協会（現・淡路人形協会）」が譲り受け、１９６４年には常設館で興行を行うプロの上演団体として「淡路人形座」の活動がスタートした。野掛け舞台中心であった淡路人形浄瑠璃の歴史の中で、常設館の誕生は初めてのことであった。現在は、南あわじ市福良地区の中心部に専用の常設興行館（淡路人形浄瑠璃館）を構え、所属する座員により1日4度の定時公演が行われている。公益財団法人淡路人形協会による直営により運営されている淡路人形座は、人形浄瑠璃の継承と発展に向け中心的な役割を担っており、さまざまな活動が行われている。

後継者団体育成の取り組み

その活動の1つが、人形浄瑠璃の後継者育成である。人形の無期限貸し出しなど後継者団体の立ち上げに協力してきたほか、部活動などには、所属する座員によって定期的な指導も行っている。

淡路人形浄瑠璃の後継者団体は、１９５２年に県立三原高校（現・淡路三原高校）に郷土部が創設されたのを皮切りに、学校の部活動など、若者を対象にした後継者育成への機運が高まった。その後各部活動が発足し、１９８３年には南淡《なんだん》中学校と三原中学校にそれぞれ郷土芸能部、郷土部が新設されたことで、小・中・高校と一貫した後継者育成のシステムが出来あがった。これを機に、さらなる技芸の向上を目指して開催されたのが、先ほどの「後継者団体発表会」である。また、１９７１年には三原高校ＯＢを中心とする「淡路人形浄瑠璃青年研究会」、また２００２年には南淡中学校ＯＢを中心とした「淡路人形芸舞組」が発足し、地域で仕事しながら、青年が人形浄瑠璃を演じる営みも広がりをみせている。

「自然に感じられる」後継者の育成

多くの後継者団体で、座員による指導は週に1度行われている。座員は人形座の定時公演を終えてから、指導に向かっている。決して多くない座員数の中、夕方から夜にかけて指導に向かう座員の苦労は大変なものがあるが、子どもたちの一生懸命に練習する姿、「次はこの部分を語りたい」という声で、指導にも熱が入り元気づけられるという。

また、淡路人形座で活躍する座員の多くが、後継者団体で経験を積んできたＯＢであることも大きい。福井子供会の指導にあたる竹本友庄さんは自身も子供会のＯＢで、「もともと子供会にいて、自分も師匠に教えられ、ずっと順番でやってきたからか、指導は苦にならないのだろう」と話す。プロとして活躍する「師匠」に指導を受けた経験によって、自らが座員となってからも自然と指導できるような仕組みがつくり上げられている。

若い「先輩」座員へのあこがれ

「師匠」に指導を受けることは、子どもたちに「先輩へのあこがれ」を生んでいる。小学生の子どもたちが座員の「ファン」になって、人形座の普段の公演にも足を運んでいるという。竹本友庄さんは、若い座員が人形座に所属していることをその理由に挙げる。同じ子供会や部活動で一緒に活動してきた、よく知っている先輩が淡路人形座で活躍する姿が身近に感じられる。このことを通して、新たに「人形浄瑠璃のプロ」を将来の具体的な進路、職業として考えるようになっているという。卒業生は実際に淡路人形座に入ったり、青年組織に入ってアマチュアとして続けて活動したりと、人形浄瑠璃に継続してかかわっている。一貫した後継者育成のシステムは、身近な先輩が活躍する淡路人形座を通して、さらなる広がりと継続したサイクルを生み出している。

地域や学校との連携

後継者団体の活動は、淡路人形座だけでなく、地域からも強く支えられている。まず挙げられるのは、練習場所についてである。１９７１年に発足した福井子供会では、地元の町内会や淡路人形協会などの働きかけによって「子供人形浄瑠璃館」が１９８９年に完成（旧南淡町の青少年育成事業として建設）。専用の舞台を備え、小中学生を中心とする部員にとって重要な活動拠点となっている。中学校や高校の部活の練習場所についても環境が整えられており、淡路三原高校では創部30年目にあたる１９８２年、人形会館が校内に完成し、練習だけでなく小規模な公演もできるようになった。青年組織である「淡路人形芸舞組」と「淡路人形浄瑠璃青年研究会」は、三原中学校を練習拠点として活動している。三原中学校には、練習場所として「錬成場」が設けられている。

発表の機会でも、地域との強いかかわりがある。それぞれの団体は、年間に20から30回の公演を行っており、淡路島島内だけでなく、兵庫県外や海外でも公演実績がある。島内では、地元の町内会や福祉施設での公演、地域イベントへの出演も多く行われている。その多くが、熱心な地域の有志により日程や会場の手配がなされているという。かつて生活の一部として親しまれていた人形浄瑠璃を通して、若者と地域の人々による、多世代での交流の場が生まれている。発表する機会が多く設けられることは、子どもたちのやる気につながっているだけでなく、淡路人形浄瑠璃が広く認められていることを知り、自分たちの活動に対して誇りをもつきっかけになっている。

このように、淡路人形浄瑠璃の継承活動は、淡路人形座や地域とのつながりをもちながら成り立ってきた。ここでは、練習場所の整備や、淡路人形協会の運営を支えている周辺自治体行政からの、人形浄瑠璃に対する理解と支援があったことも見逃せない。

「地域に理解者を増やす」思い

伝統芸能の継承に関して、淡路人形座の座員が口をそろえるのは「地域に理解者を増やす」ことの大切さである。福井子供会の指導を行う吉田廣の助さんは、伝統人をつくる、育てることなしでは、伝統をつなぐことはできないと考えている。公演や指導など、いま座員として行っていることに一生懸命で、「自分たちが伝統をつないでいるという強い意識は持っていない」と話すが、将来活動を振り返ったときに、「その活動が伝統をつなぐことだったのだ」と気づくことが、伝統や歴史なのだととらえている。「この地域に人形浄瑠璃がない、というのは良くないよなあ」という、緩やかで自然な感情を地域の人々に抱いてもらうことが大切だという。

三原中学校郷土部を指導する鶴澤友勇《つるざわともゆう》さんは、ここ数年その思いを強くしているという。淡路人形座は２０１２年に現在の福良《ふくら》地区に移転したが、それまでは高速道路のＩＣ近くにある「大鳴門橋記念館」で公演を行っていた。市街地から離れ、主に観光客向けに公演を行っていたため、地域の人々とのかかわりがなかったという。街の中心部に移転して、「こちらにきてから地面が見えるといいますか、地域の人に向けてこんな働きかけができるんだという意識が生まれて、地域への気持ちが変わった」と話す。

「地域に理解者を増やす」取り組みは、淡路人形座のその他の活動にも表れている。島内の小中学校の訪問公演のほか、夏休み中の子どもたちを対象とした人形作り、義太夫の教室が開かれている。また、大人に向けても「さわり教室」として語りの講座を開いている。後継者団体に参加する子どもを通して、また結婚や転勤を機に他地域から淡路島にやってきた人々が興味を持ち、参加することが多い。日常の中で、人形浄瑠璃に触れられる機会を増やすことがとても大切にされている。

２０１７年８月に筆者が取材で淡路人形浄瑠璃館を訪れた際には、定時公演に小学生の男の子４人ほどが観にきていた。全員が福良地区の子どもたちだという。いずれも年に何度も訪れる「リピーター」で、演目や語りも覚えてしまっ

後継者団体発表会の様子（2017年）

ているほどだ。手には、「人形作り教室」で作った人形を持ち、合間の時間に楽しそうに皆で遊んでいた。出迎える座員とも親しげに話すなど、人形座と地域との距離の近さを実感させられた。

常設の興行館を持つプロの上演団体が地域にあり、中心となって人形浄瑠璃文化を継承していることは、淡路人形浄瑠璃の一つの特徴だといえるだろう。それは、元来それを職業とした専業集団によって紡がれてきた淡路人形浄瑠璃の歴史とも密接にかかわっているように思われる。一時の危機を乗り越え、地域の人々、学校、行政などと互いに深くかかわりあいながら、練習場所や発表の機会を含めた豊かな後継者育成のシステムがつくり上げられてきた。人形浄瑠璃の担い手、そして「理解者」を地域に増やしながら実を結ぶ取り組みとなっている。

コロナ後の運営

新型コロナウイルス感染拡大の影響により、全国的にも舞台芸術や演劇の存続状況が危ぶまれる中で、淡路人形座でも定期公演の実施や出張公演、後継者団体への指導などは大きく制限されてしまった。運営や活動の基盤となる収益状況が不透明となったことから、運営にかかわる組織体制の見直し、財政的な支援のあり方が検討された（南あわじ市『淡路人形浄瑠璃保存伝承検討委員会報告書』、２０２３年1月）。

座員の方によると、それらの結果を踏

まえて２０２４年４月より、淡路人形座（会館・座員）の所属を淡路人形協会から第三セクター企業に移管する方向であるという。所属は変わるものの、淡路人形浄瑠璃の保存・継承という活動目的に変化はなく、公演や館の運営といった活動も継続して行われる。

現在は、感染対策等に十分気を配りながら、公演やワークショップ、指導などが再開され、継続して行われている。後継者団体による発表会も開催され、技能の継承・後継者育成を大きな柱に据えた運営、伝統芸能の取り組みが続けられている。

（２０２４年３月）

岐阜県・郡上おどり

――人から人へ、地域で共に

杉浦　ちなみ（法政大学現代福祉学部専任講師）

生活のなかの祈りと娯楽

岐阜県郡上《ぐじょう》市は、県のおよそ中心部に位置し、豊かな山麓地帯や長良川をはじめとする24本の一級河川を有している。自然に恵まれるだけではない。踊りのまちでもある。

２０１７年8月、市内八幡町の郡上おどりに出かけた。城下町の風情を残した路地に、踊りを目指して一歩踏み入れれば、街中を巡る水路のせせらぎが聞こえてくる。吉田川にかかる宮ヶ瀬橋までやってくると、八幡山に郡上八幡城が見える。お囃子が響きだす。会場はすでに人であふれていた。屋形上で唄い伴奏をするのは、郡上おどり保存会ジュニアクラブの子どもたち。子どもたちの唄とお囃子に導かれ、踊りの輪に加わった人たちは、思い思いに踊りだす。郡上おどり保存会にお囃子を代わった後、雨が降っても踊りの輪が解けることはない。藤田政光郡上おどり保存会会長によると、浴衣、手ぬぐい、下駄が「おどりの三種の神器」とのことだった。お囃子とともに鳴り響く下駄の音は気持ちよい。踊りの期間は7月から9月にわたり、盂蘭盆会《うらぼんえ》の8月13～16日には徹夜踊りも行われる。遠方から毎年訪れるリピーターも多い。コロナ禍ではリモート配信も取り入れながらその歴史をつないだ。地域住民も郡上おどりへの向き合い方は良い意味で変わらなかったという（戸上昌彦「コロナ禍の郡上おどり」『郷土文化誌　郡上Ⅱ』２０２０年）。

郡上おどりの由来は定かではないが、１６２７（寛永4）年に八幡城主であった遠藤慶隆《よしたか》が郡内の人心安定を図って踊りを奨励した、また、１６６７（寛文7）年の城主遠藤常友《つねとも》が士農工商の融和を図るために盆踊りを奨励した、といった説がある。一方で、盆踊りとしてのルーツをさらにたどっていけば、民衆の生活のなかの祈りと娯楽がある。祖先を供養する念仏踊り、それが華麗で大勢となった風流踊り、そして郡上で広がっていた白《はく》山《さん》信仰の影響を受けた神迎えの「バショウ」踊り。さらに、伊勢信仰の流入によって踊りは洗練され、旅芸人らの影響を受けながら、郡上の盆踊りが生み出されたという（郡上おどり史編纂委員会編『歴史でみる郡上おどり』1993年）。こうした民衆の生活の祈りと娯楽のなかで群上おどりは伝えられてきた。

「参加する踊り」として発展してきた郡上おどりは、この地に訪れた人をも巻き込んで楽しむ祭りであり、また盆に祖先を思い、祈る踊りでもある。9月に町内安養寺で行われる「昔をどりの夕べ」は、2023年で第26回を迎えた。八幡町内の安養寺で開かれる「郡上八幡大寄席」（郷土文化誌「郡上」主催、1975～2006年）にも出演していた永六輔さんが、死者が帰って来られるよう、照明も電気も使わず、昔ながらの静かな踊りを再現してほしいと述べたことをきっかけに有志が始めた。

郡上おどりは、夏には観光客も含め多くの人で賑わう踊りである一方、地域住民の手によって伝えられ、それを引き継いでいく1人ひとりにはそれぞれ郡上おどりへ寄せる思いがある。

守り、支える

明治時代の欧化政策のもと盆踊りが禁止される時代を経て、1918年頃から盆踊りを復活しようとする「踊り保存会」設立の動きがあった。しかし、全国的に米騒動が起こり、治安上の理由から当時の警察署長に反対され、翌年には八幡町内での大火災により設立の動きがいったん打ち切られる。それを乗り越え、1922年に保存会が設立された。

保存会は、郡上八幡に伝わっていた盆踊りを現在の郡上おどりとして整え、各地で宣伝活動や大会出場等を行うなかで、郡上内外での郡上おどりの名声を高めてきた。こうした努力のすえ、今では郡上おどりは日本三大盆踊りの1つとされ、1996年に国の重要無形民俗文化財に指定、2022年にはユネスコ無形文化遺産登録を受けた。同年に結成100年を迎えた。保存会は、夏の踊りを盛り上げ、踊りの保存に中心的な役割を果たしてきたほか、地域住民へのお囃子や踊りの伝承にも取り組んできた。

地域に伝わる唄や囃子をともに

八幡町内の公民館に、各館を練習の拠点に活動する「おはやしクラブ」がある。「郡上おどり八幡おはやしクラブ」は1994年に結成され、八幡公民館を拠点に活動している。郡上おどり保存会会員から指導を受け、クラブ員同士で学び合う。地域住民を中心に20代から80代までが所属し、毎週木曜夜に八幡公民館で稽古を行っている。現在、夏の郡上おどりで前座をつとめるほか、県内外や国外も含め公演に出かけている。古池五十鈴同クラブ会長は、「楽しんで活動できるのがよいところ」と語る。

２０１７年11月２日の稽古の際には、「かわさき」、「三百」、「春駒」の練習が行われた。出席者は12人で、三味線、笛、太鼓、唄を担当し、１つの輪になって向かい合う。互いの音にこだわり、励まし合いながら、稽古が行われる。会員のＳさんは、２０１５年に郡上に移住し、同年９月から参加した。「祖母が八幡の人で、八幡がすごく好きだった」と話す。この地には長く伝えられてきた踊りがあり、「自分が住むことになったらかかわりたい」と思っていた。初めて暮らす土地で、知らない人ばかりだったが、「クラブに参加し、この土地に伝わるものにかかわることではじめてこの地で暮らす安心感を感じた」と語った。また、クラブの先輩は活き活きしており、郡上節が大好きで、仲間を大切にする気持ちが伝わってくる。それが安心感につながるという。会員のＴさんによると、２０２０年２月に同クラブ25周年祝賀会を開いた後、新型コロナウイルスの広がりにより稽古は休止された。クラブ全体での集まりが制限されるなか、手紙を送るなど集まらないでできる交流を続けたという。稽古が通常再開したのは、２０２２年９月だが、脱退者はほとんどなし、現在は若い会員も加わり28人となり、活動の幅も広がっている。25周年記念誌『郡上おどり八幡おはやしクラブ　まるっと二十五年』（２０２０年）には、郡上おどりと仲間との活動を楽しむ会員らによる語りがみずみずしく弾む。

こうした自主グループの活動以外に、八幡町では社会教育課の公民館事業として、保存会会員を講師とし、初心者を対象とした「お囃子講座」がある。楽器や唄を初歩から教わる内容となっている。

郡上おどり八幡おはやしクラブの稽古風景

新たな担い手をどう迎えるか

郡上おどり保存会ジュニアクラブは、毎週土曜日に八幡青少年センターで練習をしている。1988年の旧郡上郡八幡町の文化センター開館を機に創設された。

保存会会員が講師となり、小学生から高校生までが参加する。これまで、夏の郡上おどりの前座をつとめてきたほか、韓国や東京・青山との郡上おどりの交流会、各地での公演等を行ってきた。

2017年10月28日の稽古では、唄、太鼓、三味線、笛とパートごとに分かれて練習していた。この日、新たにクラブに参加した小学生が自己紹介をしていた。初心者の小学生は唄から始める。唄を覚えた小学校高学年からは楽器を始める。子どもたちは、むずかしいと言いつつも、講師の声に耳を傾け真剣に練習に取り組んでいた。Yさん（中1）は、小3の11月に学校でジュニアクラブの募集ちらしを見て、踊りが好きだったことから参加した。Mさん（小5）は、小さい頃から楽器が好きで神楽の太鼓にも参加していた。「保存会に入ることが目標」と語った。Kさん（高1）は、小さいころに屋形のまわりで踊っていた。演奏も参加してみたいと思い小3から参加し、今では「踊りのときに、演奏を聴いて楽しめるようになった」と話す。「続けていきたいが、ジュニアクラブの卒業後どうしよう…」という悩みもある。20代の講師の野田愛美梨さんは、小4でジュニアクラブに入り卒業後は保存会に入って現在5年目である。野田さんが生まれたころには野田さんの祖父も保存会に入っていた。「おじいちゃんと屋形の上で演奏したい。踊りが好きで演奏もしたい」という思いからお囃子を始めた。クラブに入ったときには、現在も同クラブで講師をつとめる吉村さんが講師だった。「ジュニアをやめると演奏しなくなるし、誰かが保存会に入らないとつながっていかない」という思いもあった。子どもたちにとって、「愛美梨ちゃんがいるから保存会に行っても大丈夫かな、よいかなと思える存在になりたい。お姉ちゃんのような、お母

「おどり発祥祭」での郡上おどり保存会ジュニアクラブ（ジュニアクラブ提供）

さんのような気持ち。守ってあげるからおいで」という気持ちで取り組んでいると語った。30代の講師の吉村建治さんは、自身もジュニアクラブに中1のころ入った。クラブは子どもだけでやっている時期もあったが、先輩としてクラブに来て教えるようになった。20歳からは保存会に入った。「こうしなさいと教えても、どうしたらよいのかが子どもにはわからず、戸惑ってしまう。そこを紐解いて、どうしたらよいかを工夫して教えるように教え方を勉強してきた」と話す。いずれは、「保存会につながっていってほしい」という願いをもっている。コロナ禍ではクラブとしての活動は休止し、自宅に楽器を持ち帰り、音源を用いて各自で楽器や歌の練習をした。郡上市の子どもの数が少なくなっていることに課題も感じるが、コロナ禍を乗り越えた子どもたちは練習に取り組む姿勢が「前のめりで、過去一番すごい」という手応えを吉村さんは感じている。

地域で受け継ぐ

郡上市では、静岡県の「掛川学」に学び、２００８年以降郡上のこれまでといま、これからを学び考える「郡上学」を推進している。八幡中学校では、２０１６年から浴衣で郡上おどりのＰＲに取り組む「ゆかたＤＡＹ」を生徒の企画で、郡上おどり保存会や地元住民の協力を得て実施している。また、選択授業のなかでは郡上おどりのお囃子を、郡上おどり八幡おはやしクラブの会員から教わっている。八幡小学校では２０２３年度から民謡の授業が始まり、２０２４年度からは課外活動として群上節クラブも創設された。

地域のなかにある郡上おどりは、顔を見合わせ、手渡しで伝えられている。そこにかかわる1人ひとりが感じるよろこび、悩み、抱える思いも生活に根ざしたものだ。いま若い世代が、地域の伝統と向き合いながら、自身の生き方をかけて、文化をつぎの世代に伝えようとしている。

（２０２４年９月。参加者と講師の年齢は２０１７年取材時）

都心に響く歌舞伎の声
――東京都中央区・新富座こども歌舞伎

新藤 浩伸（東京大学大学院教育学研究科准教授）

江戸の文化を子どもたちに

日曜日の東京都心に歌舞伎の声が響く。中央区役所や銀座の繁華街が近く、首都高速道路も間近を走る、京橋プラザ区民

鐵砲洲稲荷神社例大祭公演
（2018 年5月 新富座こども歌舞伎HPより）

館のコミュニティルーム和室で、「新富座こども歌舞伎」の子どもたちが練習に励んでいる。

2018年7月、この日は「白浪《しらなみ》五人男」と「義経千本桜　吉野山」に取り組む。5月に（中央区湊）例大祭での奉納公演を終えたばかりだが、秋の銀座全体の催しである「オータム・ギンザ」での公演準備が始まっている。浴衣を着た子どもたちが集い、畳でおじぎをしてから稽古が始まる。白浪五人男は、それぞれの役者が見栄を切る場面である。「問われて名乗るもおこがましいが…」稽古では、五人男の性格にあわせ、代表の諸河文子（舞踊家名：藤間文園）さんが台詞と振りをつけていく。声の出し方、抑揚、強弱を、何度も手本をみせながら口伝えで示していく。「まねっこして」「一緒に言ってみよう」「もっとお腹から声を出して」――指導は厳しくもあたたかい。「吉野山」は、静御前を探す藤太の台詞も「静と銀ブラしたいもの…」としゃれている。諸河さんだけではなく、その役を以前経験した子や、卒業生となった中学生、皆で振りを教えあう。

休憩中、どうして歌舞伎をやろうと思ったか子どもたちに聞いてみると、「学校で案内をもらったから」「学芸会でもっと声を出したかったから」「お母さんに命令されたから」といろいろである。台詞《せりふ》はどうやっておぼえるの、難しくないか聞くと「でも楽しい」「家で読んでる」「動画をみておぼえてる」という。歌舞伎の面白いところは「全部」とのことだ。

練習時の太鼓や、見栄を切る際のツケなどは親たちが受け持つ。子どもの様子を聞くと、学校からの案内も回ってくるが、きょうだいや友達の練習、公演をみて憧れて参加することが多いようだ。習い事や学校外の活動が数ある中でも歌舞伎に参加しているのは、「せっかく地元にこういう文化があるので触れてほしかった」「海外で自分の文化を紹介するきっかけになるのでは」といった子どもへの思いがある。「参加を通じて、人前で物怖じしない度胸がついた」という声もあった。子どもにとって、動きをおぼえるのは難しいが、台詞は参加するうちに耳でおぼえてしまうという。

大人はこうして楽器で舞台に参加し、公演時の三味線、長唄、お囃子を担当する。子どもの参加をきっかけに楽器を始め、3代で舞台に上がる家族もいる。また、練習の出欠管理、道具や台本の手配なども行う。

コロナ禍を経て6年後の２０２４年３月、再び同じ会場で練習をするメンバーを訪ねた。メンバーは入れ替わっても、子どもの賑わいとそれを支える大人やプロの情熱は変わらず、浅草神社で行われる第15回浅草こども歌舞伎まつりの稽古に励んでいた。第17期（２０２３年６月～24年5月）の子どものメンバーは19人。中央区の小学校に通学または、中央区在住の小学生が参加できる。

京橋プラザでの練習風景

大都会の地芝居とその再興

中央区には江戸時代から多くの芝居小屋があり、歌舞伎は庶民に広く愛されてきた。中でも新富座は、１６６０年開場の「森田座」に端を発し、中村座、市村座と共に「江戸三座」と呼ばれた歴史ある芝居小屋である。天保の改革に伴う移転や火災による焼失を経て、１８７２年に新富町で「守田座」として開場、３年後に「新富座」と改称される。１８７８年には初めてガス灯を備えた西洋風劇場となり、周辺は芝居茶屋や料理の仕出屋などで賑わい、明治の庶民文化を支え、育む舞台となった。しかし、１９２３年の関東大震災による焼失後は再建されることはなかった。現在、跡地には京橋税務署が建ち、当時を伝えるものは、敷地内に中央区教育委員会が建てた「新富座跡」の案内板のほかにはない。そこに２００７年、大都会のなかの地芝居として、新富座こども歌舞伎は発足した。

現在、中央区は、昼間人口は60万人を超えるが（２０２０年国勢調査）、区全体の夜間人口は18万人余り、うち新富町は２２８５人が暮らす（２０２４年５月１日現在）。近代的なビル街が広がるが、地元で生まれ育ち、長年宝飾店を営み、商店街連合会であった新富商栄会の会長でもある廣川修司さんは、居留地や芝居小屋、花街といった風情のあった往時の町並みを懐かしむ。１９３０年生まれの廣川さんにとって歌舞伎は、テレビもない、ラジオ普及もこれからという時代のごく身近な娯楽だった。そこで、子ども歌舞伎をやりたいという諸河さんの提案に両手をあげて賛成した。芝居町だった新富町の雰囲気、色合い、匂いを少しでも伝えていきたいという思いから、監事として子ども歌舞伎を支え続けている。

諸河さんにとっても、歌舞伎は「暮らしの文化」だった。街角からは三味線の音が聴こえ、日常会話には歌舞伎の台詞がまざり、神社の神楽殿で見聞きしたさまざまな芸能が目や耳に残っている。日本舞踊の師範でもある諸河さんは、全国各地をまわり郷土芸能に触れながら、「何か自分にできるものができないか」とアンテナを張っていたところ、2006年に滋賀県長浜市の子ども歌舞伎に出合い、「これは新富町でできる！」と直感した。新富座の建物はないが、当時から現在に至るまで、プロの舞台を支える衣装や大道具、かつらなどの企業が数多くあり、人が遺産として残っている。使命感のようなものに突き動かされて思い立つと、近隣の町会や神社などを周り、協力を呼びかけ、苦労もあったが翌2007年4月に発会式にこぎつけた。

子どもが主役になることで、一生懸命な姿に大人は心打たれ、応援したくなる。そして、新富町の文化である歌舞伎を未来につなげたい。子どもはもちろんのこと、父母・祖父母の世代も歌舞伎に親しみが薄れているなかで、多くの世代にその楽しさ、面白さ、奥行きを感じて欲しいという願いがあった。

地域各所をまわったのには、町と町衆が燃えることで皆がわくわくできるから、そして神社の神楽殿で公演をしたいから、という思いがあった。芸能に親しんだ記憶だけではなく、神事としての歌舞伎の舞台には、神楽殿がふさわしい、子どもにもそのことを感じて欲しいと考えたからだという。氏神である鐵砲洲稲荷神社は快く協力してくれ、神楽殿は活動初年から現在に至るまで公演の舞台となっている。舞台関係の企業も、地元への恩返しのような感覚で、ほぼボランティアで衣装や道具を提供、応援してくれており、本番の日も見守ってくれている。ほかにも、藤川矢之輔さん（前進座）、福原清彦さん（笛）、福原大助さん（囃子）、杵屋佐之義《さのよし》さん（長唄）といったプロが指導にあたる。藤川さんは「コミュニティの中で育つ経験、舞台に立つ快感を味わってほしい」、福原さんは「あまり教えることはしない。まずは歌舞伎を好きになってほしい」、杵屋さんは「楽しんでもらえることを大切に」と話す。こうしたプロのあたたかい心と確かな技が、子どもたちの背中を押している。

現在の活動、かかわる大人の思い

今期発表の舞台は、11月と5月の定期自主公演や3月の「浅草子ども歌舞伎まつり」の外部公演、また2月の日本橋三越350年創業祭イベントの公演などである。

2017年には10周年記念公演として、鐵砲洲児童公園に特設舞台を造り、1878年の新富座開場時につくられた「元禄花見踊」を上演し、千人程がつめかけた。このほかにも、東京都の民俗芸能大会や、区立図書館「本の森ちゅうおう」開館記念公演、国立劇場での前進座公演ゲスト出演なども果たしている。主な練習会場は、京橋プラザコミュニティルーム和室である。会場費がそれなりに負担になっている。諸河さんの自宅兼稽古場も、練習や、チラシ発送などで使われている。

公演や日々の練習のほかにも、さまざまな活動に取り組んできた。歌舞伎について学ぶ「新富座寺子屋」という講座を組織し、かわら版を発行したこともあった。

学校や図書館でチラシを配らせてもらう形で、中央区のサポートを受けている。区や文化庁、企業の助成を受けることもあるが、毎回の公演は大変で「奇跡の積み重ね」だという。

1つの公演には、演者から三味線、長唄、お囃子、裏方などで70人ほどの人がかかわる。諸河さんは、子どもの一生懸命な姿と、町衆の熱気がとてもいいと話す。子どもに対しては、これを入り口に、伝統的なものに興味をもってもらえること。そして何より、今の教育、生活環境の中で、純粋に楽しんでもらえることを大切にしながら接している。ただし、辛いこともあるから楽しいので、練習は厳しく、何度も繰り返す。そして大人にも、競争や効率といったことを考えず、皆でつくるという感覚を大事にしながら参加して欲しい、という。廣川さんは、歌舞伎のもつ言葉や音楽のリズムの美、化粧や衣装の色彩美、舞台の様式美、そしてチームワークによって舞台をつくることが、子どもの情操にとってよいのでは、という思いをもっている。2人に共通するのは、歌舞伎を街の記憶として残したいという願い。そして、かかわる子どもや大人に歌舞伎の面白さが伝わり、生活の中に溶け込み、次の世代に伝わったと感じられることの喜びである。こうしたやりがいは、かかわる地元企業や指導者にも共通しており、「楽しい」という思いがこども歌舞伎を支えている。

手づくりの喜び

いま地歌舞伎は全国に広がる。文化庁による「全国の地芝居（地歌舞伎）調査報告書」によれば、2015年12月時点で、全国で活動する218の地芝居（地歌舞伎）団体のうち、111団体が、子供歌舞伎をおいているか、子供歌舞伎として運営されている。西洋文化一辺倒であるかのようにみえる私たちの暮らしの中にも地域文化は息づいているし、文化を東や西といった枠でとらえることも、いまや適切ではないだろう。日々交流し変化を続けるなかで生きる私たちの、とりわけ子どもの表現空間は、大人が考える以上にしなやかなものだ。子どもたちののびのびとした様子と、支える大人たちの奮闘は、それを示してくれている。

練習を終え、プラザ前の公園で遊ぶ子どもたちと、見守る大人たちは、それまで歌舞伎に取り組んでいたとは思えない。当たり前にみられる風景である。歌舞伎文化のお膝元という意味では、新富座は特別かもしれない。しかし、どの地域にも、特別な文化はあったはずだ。それを見つめなおすことで、かつて暮らしの中に息づいていた、そして今に息づく表現空間の可能性を、見出すことができるのではないか。形を変えながらも、変わらないもの——手づくりの喜び——があるはずだ。そのバトンを次の世代が受け取ろうとしている。

（2024年5月）

生きた文化の担い手たち

——秋田県・男鹿のナマハゲ

新藤　浩伸（東京大学大学院教育学研究科准教授）

ナマハゲの担い手

かつてナマハゲに泣いた子どもたちが、やがて成長しナマハゲとなり、泣く子らに地域の未来を願う。故郷を離れた人々にとっては、思い出をつなぐ財産でもある。

秋田県のナマハゲは、ほかの国内9件の行事とともに、2018年11月29日、「来訪神　仮面・仮装の神々」としてユネスコ無形文化遺産登録が決定した。国内でよく知られているナマハゲは、さらに国際的な広がりをもちつつあるが、いったい誰によって、どのように担われているのか。かかわる人たちの姿を追った。（なお、「ナマハゲ」の表記は、固有名以外は重要無形民俗文化財としての指定表記でもあるカタカナとする）。

2019年2月、男鹿《おが》市真山《しんざん》神社での「なまはげ柴灯《せど》まつり」を訪ねた。まつりは3日間にわたる。夕刻からのまつりの前には、近くにある「なまはげ館」（1999年開館）が無料公開され、集落行事を記録した映像や、海外の来訪神の展示を楽しみ、学ぶことができる。隣接する「男鹿真山伝承館」では、大晦日の行事の再現解説やなまはげ習俗学習講座の開催、「里暮らし体験塾」では、郷土食づくりや藁細工、昔遊び、田畑作業など、地域の古くからの暮らしを体験できる機会を提供している。

夕刻、雪が降り、夜は身体の芯から冷える。会場となる境内には、暖を求めて

伝承館で再現される真山地区大晦日のナマハゲ

焚き火の周りや屋台の温かい食事に人が集う。まつりは鎮釜祭《ちんかまさい》・湯の舞に始まり、ナマハゲ入魂、大晦日のナマハゲ行事の再現、「なまはげ踊り」（秋田出身の石井漠・歓親子の振付作曲）、なまはげ大鼓と続くうち、松明をかざしたナマハゲが下山し、境内を練り歩く。まつりは、市観光課内におかれる実行委員会が担う。外国人も含め多くの観光客が訪れ、境内が一杯になり身動きが取れなくなるほどで、観覧用大型モニターも設置される。１９６４年から続くこのまつりは「みちのく五大雪まつり」ともされる。男鹿市においてナマハゲは、文化の保護に先んじて、観光政策として力が入れられてきた。観光と地域の行事という２つの側面から大事にされてきたのである。

　柴灯まつりでも再現される集落行事としてのナマハゲは、本来は大晦日に行われる。普段は人智の及ばぬところで山の上から人々の様子や子どもの成長などを見守る神様が、年に1度里に下りてきて集落の家々をまわる。異形の面といでたち、地の底から湧くような唸り声、四股を踏み物騒な音を立て訪れ、「悪い子はいねか」「泣く子はいいねか」と子どもを探し、連れ去ろうとする。家の主は荒ぶるナマハゲを必死になだめ、お膳でもてなし、子どもたちが良い子でいること、家族の息災を約束し、餅などを渡してようやく帰ってもらう。江戸時代の紀行家菅江真澄《すがえますみ》が19世紀初頭に残した記録が最も古い、歴史ある行事である。

　この行事は今も男鹿の各集落でごく普通に行われているが、その姿は集落によって大きく異なる。すでにやめてしまった地区もあるが、復活した地区もある。１４８ある町内会（２０２３年には１４４）のうち、80前後の実施数だったのが文化遺産登録と前後して２０１８年には92にまで増加、その後コロナ禍で落ち込むが２０２３年には69にまで回復した。担い手の減少、高齢化が進んでおり、各集落は住民同士の話し合いの中で、年齢層の拡大や、その町に合った組織形態をつくるといった工夫をしながら続けている。以前は青年会を主な担い手として

各集落に伝わる面（なまはげ館での展示）

未婚男性が面をかぶるのが一般的だったが、現在では60代、70代も含む年配者、中には外国人留学生を受け入れる地区や、複数の町内会での合同開催もある。子ども会、保存会など担い手となる地域団体もさまざまである。ナマハゲの面も多様で、先のなまはげ館には、集落ごとの面が一堂に会する部屋がある。よく知られた憤怒の形相からどこかおかしみのあるものまで、数百年前のものから最近できたものまで、また材料も木材からプラスチックなどの現代的素材まで、その多様さには驚くばかりである。

　時代のなかで行事の姿も変わっている。お膳でのもてなしは以前よりも減り、渡すものは餅よりお金が増え、家にあがってよいかを事前に尋ねる。玄関先で迎えることもある。子どもがいない家には、「ナマハゲ来たど、じっちゃばっちゃまめでらか」と健康を願う。良き嫁であることを戒め諭すナマハゲのあり方が、男女共同参画が叫ばれる現在では問い直されてもいる。市観光協会ではナマハゲ伝導士認定試験を実施しており、２０２３年までに１７００人近くが合格、うち半数以上は県外からの受験者である。

住民にとってのナマハゲ

男鹿市菅江真澄研究会会長・天野荘平氏によれば、明治時代には、「風俗を害し、小児の智識発達を妨げる悪弊習」などと警察が役場に通達を出すこともあった。つまり、かつては文化や教育の敵とみなされたわけである。それが今やユネスコ無形文化遺産、ナマハゲの評価も時代によって変わっている。

　２０１９年3月、東京・品川の秋田県アンテナショップ「あきた美彩館」で開かれた「男鹿市菅江真澄研究会首都圏ふるさと支部」と「ハタハタ会」合同のつどいに参加した男鹿出身者たちは、子ども時代のナマハゲの体験は、恐怖そのものだったと口々に語る。男鹿市北浦地区出身、現在さいたま市在住の武内さんも、子どもの頃ナマハゲの声が遠くから聞こえてくると、隠れて息をひそめていた。今振り返れば、そこで体験したのは、畏怖の念のようなもの、そして親がナマハゲから子どもを守ってくれるありがたさだったという。ユネスコの登録をつうじて、海外の来訪神の存在も知ることができ、人類普遍の何かが郷土文化のなかにはあるのでは、と語る。武内さんは今、地元チームが参加するスポーツの応援などでナマハゲの面をかぶり、全国各地をまわる。

柴灯まつりのあった男鹿市真山地区は、2024年3月現在48戸、小学生以下の子どものいる家は1戸。そこに「真山なまはげ伝承会」がある。「なまはげ踊り」の保存伝承を目的に1989年に創立、現在は40~70代までの会員10名で活動を続ける。会長の菅原昇《のぼる》氏によれば、踊りの継承や、年に一度の行事のためだけではなく、若い世代に関心をもってもらい、ナマハゲを継承していくために通年で活動している。ナマハゲの作法、声の出し方、装束の作り方などの指導が、真山公民館で行われる。伝承館でのナマハゲ習俗学習講座も開催するほか、市職員向けのナマハゲの所作や声の講習も行う。2005年頃からは小学校に請われ、ふるさと学習として子どもにナマハゲについて教える機会ももっている。ナマハゲの衣装「ケデ」を昔ながらの工程で作る稲藁の確保も重要な活動である。機械で刈り取った稲藁では作れないもので、それが一番の悩みだという。

ナマハゲは子どもを差し出し驚かすための行事ではなく、悪霊払い、子どもに立派な大人に成長してもらいたい、地域を守ってもらいたい、といった思いが込められている。子どもだけの行事ではなく、家族全員が携わるのがナマハゲの特徴だという。なり手と迎える側の双方がナマハゲの意味や本来のやり方を理解しないと、やがては消滅してしまう。ユネスコの登録も受けた今、初心に帰って勉強しながら、伝統を継承していきたい、と菅原氏は語る。

子どもたちの活動もある。男鹿市立北陽小学校では、コミュニティ・スクール事業として、ナマハゲについて地元の人から学ぶ機会をつくっている。同校3年生の子どもたちは、柴灯まつりでナマハゲ学習発表を行い、力をこめた手作りの「ナマハゲパンフレット」を配布する。

生きた地域文化として

男鹿市文化・スポーツ課の五十嵐祐介氏によれば、国の重要無形民俗文化財指定を受けた1978年頃から、先行する観光政策を追う形で、ナマハゲの保存伝承の取り組みは進んでいった。それから約40年、ユネスコ登録前後の動きは、第2の大きな波といってもよい。近年は、市や文化庁の補助を活用して行事で使う道具の整備を行っている。また、「全国ナマハゲの祭典」の実施（2014年）、全町内会へのナマハゲ行事実施状況調査、男鹿市が事務局となった全国規模の「来訪神サミット」（2020年）など、精力的な活動をしている。

近年のユニークな活動として、市と菅江真澄研究会の共催で、ナマハゲについて地域住民が語り合う「ナマハゲしゃべり」が2021年まで行われた。自分たちの集落以外のナマハゲの姿を知り、お互いの情報を交換し、活動を続け、活発にしていくための手がかりを探る機会となっている。

男鹿の人々にとってナマハゲとは何だろうか。人それぞれの思い出、ナマハゲ論があり、一様には語れないが、たとえばナマハゲを迎える大人にとっては、ナマハゲがしかってくれることでのしつけ、よい子に育って欲しいという願い。子どもにとっては、超自然的なものへの畏怖の念、親子の絆の確かめあい。面をかぶる若者、大人にとっては、子ども時代の体験を次に伝えていきたい、という願い。さまざまな思いが集落内外に交錯する。しつけ、宗教の問題、伝統的集落行事など、公的な社会教育がかかわってこなかった、見落としてきたものの中に、地域の中で人間が育ち、生きていくことにおいて大切なものが含まれている。

文化遺産というと、文化財としての保存か、経済資源としての活用か、という二者択一の議論にともすればなりがちである。しかし、どちらの立場も、文化がすでにつくられたもの、出来あがったものという考え方が前提になっていないか。日々の暮らしや労働のなかで学び、楽しむ、その中でつくられ、変わっていくものが文化なのだ、という視点が抜け落ちていないか。保存か活用かというよりも、暮らしの中でどうつくっていくかを問いたい。そうなって初めて、文化は生きたものになるのではないだろうか。男鹿のナマハゲからみえてくるのは、日々つくられゆく生きた文化としての、地域文化の姿である。

（2024年7月）

埼玉県三芳町・竹間沢車人形

——まちで受け継ぐ地域の伝統芸能

堀本　暁洋（東京大学大学院教育学研究科博士課程）

竹間沢での車人形の歴史

竹間沢《ちくまざわ》車人形（埼玉県三芳町《みよしまち》）は、幕末間近の安政年間に、竹間沢の里神楽《かぐら》師・前田家に伝わった人形芝居である。現在は三芳町の無形民俗文化財となっているほか、人形用具一式が埼玉県の有形民俗文化財に指定されている。車人形芝居は全国でも3地域でしか演じられておらず、ほかには下恩方（東京都八王子市）、川野（東京都奥多摩町）に残るのみと、貴重な伝統芸能となっている。文楽人形と異なり、轆轤車《ろくろぐるま》に座り1人で一体の人形を操る車人形は、素早く現実的な動きが可能なうえ、舞台に幕などが必要なく、そのまま演じることができるのが大きな特徴である。竹間沢車人形は、こうした簡易性から当時多摩地方で流行していた説経節と結びつき、急速に広がりを見せた。

竹間沢に車人形が伝わったのは、二宮村（現：東京都あきる野市二宮）から、古谷平五郎（説経師・6代目薩摩若太夫）の娘いが前田家の前田佐吉（左近）に嫁いできた際に、嫁入り道具として人形芝居用具を持参してきたのがきっかけである。前田家ではていの実家の応援を得て人形芝居を習得、左近が初代の座元になり、ていが三味線を弾き説経を語り、総勢5～7人での興行を行うようになった。

復活した車人形の継承

前田家によって受け継がれていた竹間沢の車人形だが、大正時代には映画などの新しい娯楽に押されて次第に衰退し、1921年を最後に興行の記録が途絶えてしまう。

断絶していた車人形が復活するのはそれから50年後、1971年のことであった。埼玉県教育委員会の「人形芝居緊急調査」により、前田家の納戸に人形芝居用具がほぼ欠損なく残されているのが発見される。経験者であった前田信次さん、近さん兄弟から、盛んだった当時の様子が聞き取られ、地域の中に復活への機運が高まっていった。

近さんは当時目が不自由だったが、甥の前田益夫さん、竹間沢在住の池上喜雄さんを特訓。町の公民館職員も練習を手伝い、1972年に町の中央公民館で復活公演を行った。それからは、町中央公民館での定期公演を中心に、町内外での公演を行うようになった。池上さんによると、公演の合間には八王子の車人形を見学に行って、表情のつくり方などを「盗みに」いったのだという。竹間沢地区では、もともと地域で里神楽を受け継いでいる人が多く、その人たちにも声をかけたところから「竹間沢車人形保存会（保存会）」が立ち上げられ、活動するようになった。

三芳町の車人形は、益夫さん、池上さんも参加する保存会を中心に継承されている。2019年の時点で10数人がさまざまなきっかけから参加している。三芳町内の小中学校計8校を訪問しての公演をはじめ、子ども向けの体験活動や、ワークショップ形式の車人形教室を開いているほか、2002年からは三芳町文化会館（コピスみよし）での定期公演も毎年行われている。

竹間沢車人形保存会の練習風景（筆者撮影・2019年11月6日）

練習風景から

２０１９年11月、三芳町の「竹間沢第1区集会所」を訪ねた。12月の定期公演に向けた練習が行われた。

定期公演では保存会のメンバーに加えて、参加者募集に応じた人々も舞台に立つ。また、舞台上の黒子、写真撮影や舞台の道具、練習の手伝いなど、車人形を応援する「サポーター」の募集も行い、この年は小学生から大人まで、町内外から合わせて10名以上の参加があった。この募集は毎年6月に、コピスみよしからの案内によって行われる。

保存会では、7月までに公演での演目を決め、以降半年間は、集会所で本格的な稽古が月に3～4回のペースで続けられる。本番直前の12月になると、コピスみよしで1週間、毎日練習が続けられて本番を迎える。18回目となる２０１９年は、保存会のメンバーが中心となって演じる「加賀見山旧錦絵」と、応募参加者が中心になって演じる「甚五郎のねずみ」の2演目が中心となった。

通し稽古では20数名が集い、語りに合わせた表情や仕草を確認しながら練習が進められる。ダイナミックな殺陣のシーン、人形が舞台を駆け回る緊迫した場面もみられる。益夫さんが拍子木を鳴らし、人形の操り方などの技術指導が行われる。また、演出する丸山昌彦さんからは、舞台中央への意識づけや、人形の首の傾け方など、観客から見られることを考慮した指導が行われていた。出番でないときには、出演者同士でも意見交換をしている姿があった。スタッフとして参加するメンバーも、衣装の手直しや人形の頭の髪を結うなど、公演に向けた準備を入念に行っていた。1人ひとりが人形のわざを極めようとする姿に加えて、皆で一緒に公演をつくることにも楽しさを見出して取り組んでいるように映った。

演じることの楽しさ

車人形が復活したときに近さんに教わり、以来活動を続けている池上さんは、車人形の美しさは「静と動」、そして感情の表れ方にあると話す。それは同時に、1人で1体の人形を操ることの難しさであり、それを追求することの楽しさでもある。近さんからは人形の操り方などを教わったものの、お手本があったわけではないので、益夫さんらとともに、自分たちで物語の中の心の動きなどをとらえ、表現へとつなげなければいけなかったという。その前提となる技術も身に着けて一人前になるには、20年以上かかると話してくれた。

公演参加者の練習風景（筆者撮影・2019年11月20日）

保存会の末吉豊隆さんは、車人形が復活したころに三芳町に引っ越してきた。子どもが学校で車人形のことを聞いてきたことがきっかけで、妻の千鶴子さんとともに保存会に参加するようになった。豊隆さんは人形遣いとして参加し、千鶴子さんは人形の衣装づくりで中心的な役割を担っている。豊隆さんは、毎年公演の舞台に立てることがやりがい、楽しさになっていると話す。大きな役をもらうとなおさらその楽しさは増す。特に近年は、観客の人数が増え、応援してくれているのが次の公演へのモチベーションにつながっている。

新たな担い手を迎えて

発足当初は地区の神楽仲間が活動の中心的な担い手で、「高齢化が心配だった」（前田早苗さん）というが、近年は新たな思いを持った参加者、若い出演者の参加がみられるようにもなってきた。保存会の貝瀬晴美さんは、元々地域で朗読の活動をしていて、ふと三芳町のホームページを見て車人形のことを知ったという。「朗読の活動と同様に、町の子どもたちとかかわることができるから」と車人形公演のサポーターになり、その後保存会のメンバーになった。応募参加者の小澤映顕さんは、三芳町の中学校で教師として勤めている。自身の母校に赴任し、なにか地域に貢献できることをしたいと感じ、思い切って参加を決めた。

サポーターの谷澤啓祐さん（中学3年）は、中学1年生のときに、学校の体験授業で車人形に触れ、その魅力にひかれた。過去2回は応募参加者として出演し、今回はサポーターとして参加している。「説経節の語りに合わせて自分が口ずさみながら演じることができて、リラックスできて楽しい」という。啓祐さんとともに参加する妹の亜記さん（小学6年）は、啓祐さんの公演での姿を見て憧れ、自身もやってみたいと思い参加した。出演者として2回目の参加で、「人形のことをみんなで学びながら操ることができて面白い」と話す。今回が5回目の公演参加となる石川未彩さん（高校1年）は、小学生のときから地域でのお囃子の活動に参加しており、そのときに前田さんに誘われて車人形にもかかわるようになった。演じ終わった後の拍手から得られる達成感が一番の魅力だという。若い参加者からは、教えてくれる保存会の人たちは優しく、気遣いのあるアドバイスをくれる、そしてこれからも参加したいという声が口々にあがった。

まちで伝える車人形

練習の様子やお話からは、地域や三芳町全体で、車人形を大切につなげていこうとする気持ちが伝わってくる。三芳町職員や数多くのサポーターが顔を出し、人形の話をしたり、ときには地域の別の話題が上がったりして、和気あいあいとした雰囲気の賑やかな時間になる。参加者の只松靖浩さんはコピスみよしの職員でもある。公演に向けた連絡や調整のために毎回の練習に顔を出す中で、もともと車人形に興味があったこともあり、出演者として舞台に立つことになった。

三芳町のかかわりをみると、集会所に近い町立の歴史民俗資料館でも人形用具を展示するほか、保存会と協力して体験教室が実施されている。また、2019年には車人形の復活を描いた絵本を発行した（さげさかのりこ作『かえってきた竹間沢車人形―三芳町・伝統芸能をよみがえらせた町―』一声社）。また、県の有形文化財に指定されている人形や用具は、保存や補修への金銭的な負担が軽くなっているという。

保存会の前田早苗さんは、「メンバーのお子さんや、町の広報をきっかけに参加してくれる人が出てきて、少しずつ多世代で活動できるようになり、車人形がまちに根づき始めたと思う」と語る。そして、「今回のように参加してくれた若い人たちが三芳町に残り、または町に戻ってきたときに、いつか車人形にかかわってくれたらいいな」という願いをもっている。

2019年12月8日（日）に行われた公演では、練習を積んだ2つの演目に加え、益夫さんによる「寿式三番叟」、また飛び入り参加での「車人形教室」が開かれた。前回の公演を見て興味を持ち、体験のために足袋を履いてきたという川越市の小学1年生がステージで操り方を体験した。500席近くある座席が満席となって盛り上がったほか、実際に使われる人形や轆轤車、練習風景の写真がロビーに展示された。

コロナ禍からのこと
――動き出すことのエネルギー

２０２４年2月、前田早苗さんにお話を伺うことができた。

新型コロナウイルスの感染拡大によって、車人形の活動も一旦休止せざるを得なくなった。２０２２年夏には公演に向けた練習が再開され、現在は学校公演も依頼に応じて再開されているものの、以前のような活動が展開できているわけではないという。休止期間の中で、高齢化や、病気などで活動が難しいメンバーが増えてしまった。また、日常的に使っていた道具類も、しばらく使わないと補修が必要な部分が多くなってしまった。

前田さんによると、歴史ある地域の伝統芸能であり、続けていきたい気持ちはもちろんある一方、活動を維持することで精いっぱいに感じてしまうという。メンバーの人手不足や気持ちの面から、「さらなる発展」を目指して活動を広げよう、動き出そうとするエネルギーがなかなか生まれない、というのが正直なところだと語ってくださった。２０２２年に再開した公演は保存会のメンバーが中心で、応募参加者の募集は行わずに実施した。また、ワークショップ形式の体験教室は再開に至っていない。学校公演と同様、感染対策などに気を遣う場面など、体験してもらうことに対する壁を感じることがある。また、見知ったメンバーで活動できることの安心感も確かにあるということだった。

とはいえ、２０２２年の公演を実施したことが足掛かりとなり、２０２３年の「復活50周年」公演も盛況の中実施できたという。観客アンケートによると、10歳未満から80歳代まで、また埼玉県内外からの幅広い参加があった。車人形ならではの動きや演出への驚きの声、また車人形を初めて観て感動した、という感想も多く寄せられている。

こうしたアンケートに寄せられた声も、前田さんたちの大きな原動力となっているという。コピスみよしや三芳町の職員も変わらず活動を支えてくれており、部署の異動があっても来てくれる人もいる。エネルギーを高めたい、という気持ちを保ちながら、いまできる活動を続けられればと話してくださった。

当初は親族内で受け継がれてきた竹間沢車人形は、同じ地域の仲間と共に、地域の中で伝えられるようになった。コロナ禍の中で、活動の休止から再開することの大変さと向き合いながらも、車人形の魅力に惹かれた人、さらには若い世代をも巻き込みながら、町全体で豊かに受け継がれている。

（２０２４年3月）

食で地域を結ぶ

——滋賀県日野町・伝統料理の継承

藤田　ゆり（元日野町地域おこし協力隊）

地域おこし協力隊

日野町《ひのちょう》は、滋賀県の南東部に位置し、鈴鹿山系の1つである綿向山《わたむきやま》があり、自然豊かな農村と、かつて近江日野商人が活躍したまちなみの残る歴史ある町です。

私と日野町との出合いは２０１６年に、「食と伝統文化を通じて人の心を豊かにする活動」として、近江日野商人ふるさと館「旧山中正吉邸」を活用した「地産地消　食体験レストラン」の企画・運営補助や町内外への情報発信などの活動」をする地域おこし協力隊の募集を見つけたことでした。

地域おこし協力隊とは、総務省の実施する地方創生の制度で、都市部から地方都市への移住者に対し、国から報償費と活動費が財政支援される制度です。大阪の食品会社に勤めていた私は、この制度を利用し、日野町へやってきました。

日野の伝統料理を継承する会

活動を共にすることとなった日野の伝統料理を継承する会は、今から20年ほど前に、現代表の外池よし子さんが観光協会へ勤めていたときに、新聞記者から地元の料理の良さを広めるために料理教室を開催してはどうか、と話をもちかけられ、婦人会のメンバーに声をかけ開催した「鯛そうめん」の料理教室をしたことが原点となっています。その後、住民が始めた町歩きイベント「さじき窓アート」で食事場所がないとの要請を受け、２００４年に婦人会メンバーの一部が鯛そうめんを提供し、2日間で６００食を販売するほど大盛況となったそうです。2年後には独立して日野の伝統料理を継承する会が立ち上がりました。そこから鯛そうめんを中心とした昔ながらの食事をイベント時に提供する活動を続けてこられました。

そして、２０１５年に町が運営する施設、近江日野商人ふるさと館「旧山中正吉邸」をオープンする際に、食を通して町の良さを体験してもらう場として活用できないかとの提案を受け、同施設での「食体験レストラン」の運営に取り組むことになりました。

そこへ私が会のメンバーの一員として、また広報や予約管理などの企画運営に参加することとなりました。

利用率を高めるために、月に1度は予約なしで少人数でも利用できる日「ふるさとランチ」を企画、チラシや館のウェブサイトを制作、ＳＮＳなどで告知をして少しずつ活動を広げていきました。

また、料理教室の開催、地域のイベントへの出店など、地域内でも活動を知っていただく機会ができるように積極的に活動を続けていきました。

日野の伝統料理を継承する会のメンバー

食べ継がれてきた伝統料理

日野の伝統料理を継承する会で提供している料理は、メンバーが子どもの頃から、または日野町へお嫁に来た頃から作っていました。今では多くの方が作る機会が減ってしまったような料理です。

日野祭の際にもてなし料理としてふるまわれたという鯛をまるごと1匹甘辛く煮付け、その煮汁でそうめんを煮て大皿に波のように盛り付け、鯛の姿煮がどんとまるごと1匹乗せられた「鯛そうめん」や、ぶりを塩で締めてお刺身のように切って盛り付け、辛子酢味噌でいただく「ぶりぬた」。これらは日野祭の当日、曳山で出入りする家族や客人が、ばらばらの時間に食べられるよう大皿に盛られその都度食べられるように作られています。

葬式を家庭で行っていた頃に、葬式のあった近隣の家が担う非時宿（ひじゃど、ひずやど）で作られていた「丁子麩のからし和え」「白和え」「ごま豆腐」「焼き豆腐」は、近隣の方から切り方はこう、味付けはこうと教えられながら作り方を覚えたそうです。

そして、日野町の伝統野菜である日野菜は原種を守って作り続けられており、

鯛そうめん

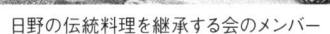

2022年には「近江日野産日野菜」としてGI認証されました。日野菜の自然の色を活かした桜色の日野菜漬けはふるさとの味として現在も町内で広く食べられています。

農村地域で広く食べられていた「さつまいものちょく」は、さつまいもを皮つきのままサイコロ状に切り、ねっとりとするまですり鉢ですった黒胡麻と、味噌と砂糖で和えた料理です。

近江牛の産地でもある日野町で、地域の行事で食べられていた牛肉を使った炊き込みご飯「肉めし」や、「茗荷ずし」など、日野町で広く食べられているものだけでなく、ごく限られた地域で食べ継がれていた料理も取り入れ、それらの料理を町内各地の蔵に残されていた漆塗りのお椀に盛り、1つの御膳として食体験レストランで提供しています。

また日野の伝統料理を継承する会では、これらの料理を食体験レストランだけでなく、お弁当やお惣菜として町内のイベント時に販売したり、料理教室を開催したりして気軽に町内外の方に日野町の食に触れていただく機会をつくるように取り組みました。

ふるさとの食まつりin日野

私が地域おこし協力隊の任期中に、日野の伝統料理を継承する会が参加した町内のイベントの1つが「ふるさとの食まつりin日野」です。前身のイベントのメンバーからお声がけいただき、主に民泊に取り組んでいる町内の主婦の方々と実行委員会をつくり、「日野の食材を使った自慢の一品、いつまでも忘れることのないおふくろの味、連綿と続いてきた行事食を一堂に会し、次世代へとつなげていくきっかけとする場」となるイベントを開催しようと、第1回を2017年1月に、第2回を2018年1月に開催しました。

伝統料理を継承する会のメンバーも、「鯛そうめん」「白和え」を用意し、ほかの地域で食べ継がれてきた料理や日野の食材を使った料理などとともに来場者にその味をふるまいました。

日野町は7つの地区（旧町村）が合併しており、今も地域の活動は地区ごとの意識が強く、伝統料理を継承する会の活動もほかの地区の方々へ知っていただく機会がなかなかありませんでしたが、ほかの地区へ知っていただく機会にもなりましたし、逆にほかの地区の料理を知るきっかけにもなりました。

地域おこし協力隊の任期終了後

2019年に、地域おこし協力隊の任期が終了したあと、自身で一般社団法人アワセルフウドという法人を立ち上げ、地域資源を活かしたまちづくりをサポートする情報発信やウェブサイト、チラシなどを制作する仕事をする一方で、会の一員として日野の伝統料理を継承する会の活動を続けています。活動を継続する中で、2020年に新型コロナウイルスにより日野の伝統料理を継承する会の活動が一時休止、また再開できても活動の制限を余儀なくされました。

　これまでたくさんの方をお呼びして開催していたような催しはできなくなり、食事を提供する機会自体が減ってしまった中で、観光関連のイベントで地域への聞き取り調査をして御膳のメニューを作る機会をいただきました。

地域への聞き取り調査

　日野の伝統料理を継承する会のメンバーは、日野町7つの地区のうち1つの地区に集まっているため、ほかの地域で食べられていた料理については知る機会が少なかったのですが、この聞き取り調査でほかの地区にもまだまだ多くの料理が地域内で受け継がれ、食べられてきたことがわかりました。

　コロナ禍で、最初に聞き取り調査を行った桜谷地区では、多くの祭礼行事が残っており、「青菜の辛子和え」「古漬けのきざみ」「つぼ」などその行事のときに地域で食べられていることを伺うことができました。

　また、原という字で「山味噌」という行事食がかつてはあったそうですが、現在は作らなくなってしまったそうです。年末に大豆と麹を通常の味噌作りよりも少ない塩で仕込み、そこへ豆腐を入れ、焼いた餅につけて食べるというものです。

　これらの料理をメニューに取り入れ「綿向の郷御膳」を作り観光ツアーのお客様を中心にご提供し、お召し上がりいただく際には聞き取り調査のことや地域の行事のこともご説明し、大変好評いただきました。

　その取り組みについて、町からも評価をいただき、近江日野商人ふるさと館と連携をして翌年には西大路地区の綿向山の麓の地域に聞き取り調査をし、「綿向山のごちそう膳」を、さらに翌年には鎌掛《かいがけ》地区、南必都佐《みなみひづさ》地区に聞き取りをし、「日野菜の里御膳」を作りました。

　この聞き取り調査を通じて、日野町の食文化の歴史と、その奥深さを改めて知ることができました。

　これらの調査の結果や、これまでの活動を通じてできたレシピなどを1冊の冊子にまとめることが現在の日野の伝統料理を継承する会のメンバーの目標となっています。

文化庁100年フード

　コロナ禍で、広くさまざまな方に知っていただく活動から、日野町の食文化を掘り下げる活動へ少しシフトしていた頃、文化庁の100年フードの取り組みを、知り合いの方からぜひあなたたちの活動を認定してもらうといいよとご推薦いただきました。

100年フードとは、「我が国の多様な食文化の継承・振興への機運を醸成するため、地域で世代を超えて受け継がれてきた食文化を、100年続く食文化「100年フード」と名付け、文化庁とともに継承していくことを目指す取り組みを推進しています」（文化庁Ｗｅｂサイトより）とされており、まさにこれまでの活動と一致する内容でした。

2022年度、日野の伝統料理を継承する会の取り組み「近江日野の伝統料理～鯛そうめん、肉めし、日野菜漬け～」が伝統の100年フード部門～江戸時代から続く郷土の料理～として認定されました。

100年フードに認定していただいたことで、より一層町内外での日野町の食文化や、それに関する取り組みを知っていただく機会が増え、食を通じて地域の認知度があがり、町内の方への取り組みに対する理解も深まったように感じています。

また、コロナ禍で休止していましたが、料理教室を開催したり、地元の小学生に授業の中で教える機会をいただいたりと、新たな担い手をつくる活動もしています。

2024年には、「海と日本プロジェクト」の一環としてお声がけいただき、鯛そうめんのレトルト商品を監修しました。より身近なところで「食文化」を知っていただける機会になると期待しています。

今後も時代に合わせたさまざまな方法で、日野町の歴史ある食文化を伝えていきたいです。

一般社団法人アワセルフウド

地域おこし協力隊の頃から、日野の伝統料理を継承する会の取り組みと並行して、卒業後は法人として観光関連の事業にも携わらせていただいていました。

その中で、日野町で作られている食材を日野町で食べることができる場所が限られていたため、観光拠点施設の軽食コーナーの企画運営に参加させていただきました。

日野町産の美味しいお米を店内で精米し、注文ごとに握るにぎり飯と、近江鶏、近江日野牛、蔵尾ポークなどを使った揚げ物、日野町でその季節に採れた野菜で作るお惣菜を提供、お茶は日野町産のものを使用し、食べることで日野町のさまざまな食材を知っていただけるメニューにしました。現在でも観光で訪れた方や、地域の方、多くの方にご利用いただいています。

また、その観光拠点施設で月に1度、食に関する日野町内の事業者の方々にご出店いただき、町へ訪れた方が日野町の今の食について知ることができる「日野の味覚市」というイベントを企画しました。このイベントでは、買い物をする方だけでなく、事業者の方々にも日野町の食についてより意識を高めていただける機会になっていると感じています。

食文化に関する取り組みは、それを通して地域のさまざまなことにつながっていき、より良い地域づくりや人と人とのつながりを育んでいくのだと、日野町での活動の中で日々感じています。今後もこのような取り組みを続け、自身も地域の食文化をつなぐ1人になれたらと思います。

（2024年3月）

インタビュー

若者と語り合うことからはじめる

藤田 秀雄さん
（立正大学名誉教授）

藤田秀雄氏は、1章の千野陽一氏と同世代の職員経験者として、青年との対話を重視し、文字通りの下駄履きで地域の人々と向き合ってきた。群馬県島村（現伊勢崎市）は斎藤喜博の授業実践や宮原誠一の地域教育計画で知られるが、藤田氏は社会教育の立場から地域の教育・文化を一から考え、変えていくことを試みてきた。それが平和の問題と結ばれる点にも注目されたい。

戦争時代の生い立ち

――学生時代に影響を受けた本、人物や社会的事件などがいろいろおありかと思うのですが、特にのちの活動に影響を与えたような本や人物、事件等はありますか。

学生になる前が非常に重要です。12歳から16歳頃の経験、いろんな疑問との出合いが、私の人生の課題を形成しました。1つは東京大空襲の経験でしょう。中学1年の終わりだから、厳密にいうと13歳です。

年齢のことをいうと、私は小学校を7年やっているんです。東京府の東、平井で生まれた。それで、この年にいわゆる十五年戦争が始まっているわけです。ですから、戦争の中でずっと育ってきた。そして、1937年4月、東京府日本橋区立十思《じっし》小学校に。小伝馬町にあって、学校の半分は十思公園というんです。そこに吉田松陰のいろんな碑が並んでいる。

だから、小学校1年のときに吉田松陰の歌をすぐパッと覚えました。

1943年4月に日本橋区国民学校高等科に入り、1年で退学して東京都立三中に入ります。ここに入ったら、この学校では卒業するのではなく4年になったら高等学校に入る、そういう学校だと聞かされました。芥川龍之介が先輩で、4年でやっぱり一高に入っています。

戦争の非常に激しいときでしたけれども、入ってすぐに、毎日図書館で芥川の本を読みました。芥川を読めと薦めるように、戦争中にあっては全体的にかなりリベラルな学校でした。

例えば中学1年生で、「国史」というのがあった。つまり、皇国史観を教えるわけです。最初に出てくるのは、天照大神です。天照大神の神勅を受けて地上に降りてきて、初代の神武天皇、その後ずっと天皇が継いでいく。皇国史観を教えるのは昔の国史でしたが、中学1年の国史の時間に、先生が、それを一応教えて、そのあとで「これはみんな神話だけどね」と一言いいます。僕は、中学1年に聞いたそれを忘れることができない。戦争中、歴史の教師が、あれはみんな神話だけどねと言ってくれる、これはものすごく勇気のいる大変なことだったと思います。学校には陸軍将校が2人いつもいた。天皇の神格化は天照大神と結びつけることによって成り立ちます。そういうときに、「これはみんな神話だけどね」と言ってくれたことは忘れることができないです。これは大変私にとって大事な経験でした。

それから当時、中学は陸軍士官学校、海軍兵学校に何人入ったのかが問題になる時代でしたけど、一度も勧められることがなかった。私の友人が海軍兵学校を受けようと思って、丸山さんという先生にそのことを言いに行ったら、「死に急ぐんではない」と言われた、そのことをはっきり覚えていました。そういうことを言うのは、当時は大変危険なことでした。

だけど、軍事教練などはもちろんやっていました。重い物を背負って歩かせられる。一番つらいのは匍匐《ほふく》前進。三八式歩兵銃ってものすごい重いわけです。それを土につけちゃいけないんですよ。あれは天皇がくれたものだから、上げたまま足と腕で持って前へ行くんです。そういうのをやったりしましたが、それでもリベラルな方でしたね。

そして、都立三中を4年で中退します。私は中退が多いんですけども、4年で中退して東京高校の理科甲類へ入っています。東京高校は1年で退学して、すぐに東大の教養学部に。その年に学制改革があって、旧制の高等学校はこのときに終了する。そして、1年生で追い出されるわけです。私は、旧制高校1年だけですぐ大学に行きました。

ここで2年得をして、中学が4年で中退したので、3年の得をした。これが島村とのかかわりをつくるわけです。それはなぜかというと、島村に行くとき、みんな周りの人間が反対したんです。絶対失敗する、東京育ちのやつが農村なんかわかるわけないと、みんなに言われた。だけど、行くって思ったのは、3年得をしてるから、3年間は失敗して追い出されてもまあいいやという気持ちがありました。これは、私にとっては大変よかったです。

小学校の頃は、本は非常によく読んでいました。ちょうど吉川英治の『宮本武蔵』がその頃出ていました。うちのおやじが買って置いてあった。それを読んでました。それから、十返舎一九の『東海道中膝栗毛』。厚い本に絵が入ってありましたね。それから、『レオナルド・ダ・ヴィンチの手稿』。レオナルド・ダ・ヴィンチという人が、何となく好きだったんです。それで買ってきたんだけどまったく歯が立たなかった。そのほかいろんな本を読んでました。数学の教科書に書いてあることにも疑問を持った。それは、その当時は読めたんです。昔はルビが振ってありました。子どもでも読めます。今はやたらに活字を詰めて、小さくして詰める、それから、パソコンで入力することによってやたらに漢字を増やしています。宮原（誠一）先生だとか、大田（堯）先生の書いた物を見ると、戦後大学の教師たちもできるだけ漢字を使わないの。一般の人が読めるようにと。その当時はみんなそうです。だから、相当堅い本でも子どもたちは読めましたよ。ところが、今はそうでなくなりました。新聞でもそうです。

親への抵抗もあった。私は次男坊で、次男に対する差別は大きかったです。ちょっと考えられないかもしれないけれども、長子相続制は子どもの教育に際してものすごく大きな影響を与えます。私の家に家庭教師が来ていたんですが、兄貴だけが家庭教師に教わって、私はまったく無関係なの。

旧民法では遺産の相続は全部長男に行くわけです。しかし

藤田 秀雄　1931年3月東京生まれ。東京大学教育学部卒業、1953年同大学院進学と当時に群馬県島村に住み、サークル活動を行う。1958年、東大・スタンフォード大学共同研究助手。1959年立正大学文学部専任講師、助教授、教授。2001年退職、現在同名誉教授。著書に『沖縄の叫び ベトナム戦争の基地』、『日本社会教育史』、『平和学習入門』、『ユネスコ学習権宣言と基本的人権』など多数。

長男は親の扶養義務がある。だから、親が死んだと同時に次男坊は家から身1つで追い出されるようなことですね。

私が東大に入ったのと同じ年に、兄貴が慶応に入ります。そのときは親が非常に熱心でしたね。だけど僕が東大を受けることについては、全く無関心でした。1年から東大に入ったのに、「おめでとう」とか「よかったね」と一言も言われなかった。僕はこれを忘れることができないですね。

それで、このまま家にいると危ないと思いました。大学に行けなくなっちゃうんじゃないかと。それですぐに寮に入りました、布団担いで、「今年から全寮制になった」って嘘を言ってね。

大学、社会教育の道へ

東大で2年たって教育学部に入って、そのとき社会教育を選んだのは平和問題をやりたいからでした。学校教育の戦争責任というのは随分言われているし、本も出ていますけれども、戦前の教育で、1つは軍隊内における教育がどうだったのかということが大変重要。それからもう1つは、プロパガンダが国民に対してどんな形で与えられているか。それが、好戦的な気分、心情をつくっていくのに大きな役割を果たすか。それを研究するために社会教育に入った。学校教育よりも、そっちの方が大事だと考えたんです。

だけど、プロパガンダのことをゼミで言い出したら、宮原先生が「プロパガンダは教育ではない」と言ったんです。先生の定義によると、目的意識的な人間形成に対する働きかけ、それを教育と言っている。そうだとすれば、プロパガンダも非常に優れた教育なんです。だから宮原先生もそのことを気にしたのか、次のゼミのときに、「藤田君、プロパガンダって何かね」と僕に質問したんだ。ということは、宮原さんも迷ってるんだなと思った。

なお、私が東大の大学院に入ったのは奨学金をもらうためです。島村に行ったらアルバイトができない。それで、大学院に入ったら奨学金をくれると誰かに言われて、それで大学院に入りました。そういう非常にプラクティカルな理由で行ったんです。

私は、東京大学に対してものすごいわだかまりをもっていました。大学が戦争協力をした。そのことを自己批判している大学が、日本でいくつかあるか。私は前に大学の平和教育についての本をつくりましたけれども、そのときに調べました。日本で2校だけ、1つは明治学院大学です。もう1つは北海道の北星学園。

そもそも東大は官僚養成の学校で、戦争責任は大学としては一番重い方。だから、大学として言えなくても、1人ひとりの教師はどういう自己批判をしたのか。それは当時、私以外の学生もみんな思っていたんじゃないかな。教師の方からそれを言うこともありました。

例えば、教育行政の宗像（誠也）さんは自己批判を書いています。私は大学院が終わったあと、東大とスタンフォード大学の共同研究を、海後宗臣《かいごときおみ》先生の研究室でやっていたんです。それで、占領軍に呼ばれたときに、消極的だけど協力をしたと、はっきり言ってました。周りでそういうことをやっぱり問題にしている、とみんな気づいていたんです。

一番困ったのは、宮原先生です。そのことについて聞くと怒るんです。何も話さない。「君たちにはわからないんだ」と。先生は昭和研究会に入って、そこには宗像さんもいたんです。ただそこで、どういう論文を書いてたのかは、まだ明らかじゃないです。それについては、宮原先生は本当に困った。こういう経験があって、そして島村に行きます。

ですから私は、小学校の終わりごろからの経験が、社会教育の勉強にずっと影響していますね。もっとも大学ではいろんなことがあったことは事実です。その当時はもうマルクス主義全盛で、一方ではそういう研究会に入る。それからレッドパージが1949年から始まって、レッドパージストライキなんかをやりました。今の駒場の門のところで、警官に追い払われた経験もあります。

それから同時に、駒場の線路の向こう側に教会がありました。この教会はキリスト者平和の会の人たちが集まっている教会です。友達に誘われて行ったんですね。その牧師さんがいい人だったな。1つ1つの言葉を覚えてないけれども、非常によかったです。

島村でのこと――サークルの重視、「啓蒙」と「持ち前の力」

――島村ではサークル活動を非常に重視されていたということですが、あとの世代の方たちも含め、なぜここまでサークルを大事にしたのでしょうか。

1953年4月に大学院に入って、その翌月、5月に島村に行くわけです。4年半島村に住み、教員宿舎に泊めてもらっていました。

私はさっき言ったように、東大に対してものすごいわだかまりがあったので、それと対照的な場でもって役に立ちたかった。例えばどこか労働組合の書記か何かになって労働者教育に役に立つか。あるいは、どこかの村に行って役に立ちたいと思っていた。それで、そのことを宮原先生に言って、じゃあ村を探してやろうということになった。それが島村だったわけです。宮原さんと、あそこの小学校長の斎藤喜博氏とが知り合っていたということによりますね。

島村の青年たちは中卒だけの青年も若干いました。多くは高校まで行きますけれども、その高校は実習が多い農業高校です。そして、宮原先生は計画をパッと立てるのもまた好きなんですね。島村総合教育計画というのを立てて、島村に持ち込む。その「総合」とは一体何かというと、学校教育と社会教育を統一させる。それで学校教育の中心は斎藤喜博、社会教育のほうの現地で中心になるのは藤田。それで藤田は東大から派遣された現地駐在員として送り出す。そういうかたちで島村当局と話をつけるんです。

島村の村長は全くリベラルで、元農民組合の委員長をやっていた人です。その人が宮原さんの申し出を受けてくれた。それで若干の予算を出してくれたんだけど、私や宮原さんの行動について、一切村長は何も言わなかったですね。あれは大変ありがたかった。

そして、私は東大に対するわだかまりがありましたから、東大からの現地駐在員という位置づけは本当に嫌でした。ただ、そこで拒否するわけにはいかない。だから極めて不本意だったけど、とにかく東大による計画で動くとか、それから「藤田先生」と初め言われていたんですけど、そういう言われ方を極力なくすように努力しました。

サークルに対する思いはいろいろあったと思います。戦前、左翼の文化運動として中心になったのがサークルでしたね。それはほとんどが『資本論』や何かマルクス主義の文献を読む集まりでした。ただ、ついでに言いますけれども、そういう小集団の学習については2つ意見がありました。片方ではサークル論、片方では共同学習論がありました。当時社会教育の研究者は、全く立場、意見の違う人が一緒になって、『月刊社会教育』（1957年創刊）をつくったり社全協（社会教育推進全国協議会、1963年創立）をやったりしていたんです。

共同学習論を唱えたのは吉田昇さんです。この出どころはアメリカの非行青少年対策というか教育から出発したものです。非常に福祉的な色彩があって、青年たちを更生させる活動としてあったわけですが、それが日本に共同学習論として取り入れられました。あの人は、マッカーシズムの盛んな頃にアメリカに行ってるんです。もともとそうだったのかもしれないけど、根っからの共産党嫌いでね。そういう人が宮原さんなんかと一緒だったんですね。

それから都立大の三井（為友）さん。三井さんは、同じことなんだけど、承り学習批判をやっていました。誰か偉い人

島村の頃。最前列右から3人めが藤田さん、左隣が宮原誠一氏、斎藤喜博氏
（東京大学宮原研社会教育ゼミ、1953年6月13日。千野陽一氏所蔵）

の話を聞くような社会教育はいけないんだと。

そして、宮原先生は戦前からの左翼のサークルの考え方をかなり引きずっていました。私が入ってから少し経って、どういうサークルをつくったらいいかと聞いたんです。そのときに驚いたのは、『資本論』の学習会などどうかねと僕に言ったんです。僕はとんでもないって言ったんですよ。そしたら、その村の中に1人、早稲田を卒業して農業をやっている人がいて、「彼は『資本論』を読んでるらしい」と。だから僕はその彼のところに出かけて行って、「宮原さんがこう言ってたけど」と言ったら、「いやいや、とんでもないよ」と。

私は学習活動とか教育活動には2つあって、上からの考え方や知識を与える啓蒙と、それから持ち前の能力、農民なら農民1人ひとりが持っている持ち前の能力を引き出す、その2つの考え方がありました。僕は教育の2つの柱だと思っていますけれども、宮原先生がこれについてどう思ったのかはわかりません。啓蒙的な活動もやっていたから。盛んに僕にやらせたんです。記録に載っているんですが、いろんな人を連れて来て、一連の講座をやる。それは全部宮原先生がやっていました。

――当時の記録を読むと、啓蒙的なものはだんだん少なくなって、実際の生活と生活実感に基づいた学習に取り組んでいるようですね。

青年がもっている生活を向上させたい、豊かにさせたいという願い、これは誰でももっているに違いない。そういう願いに基づかなければ、そこから出るいかなる学習活動でも、そのほかの運動でも本物になっていかない、と初めから思っていましたね。

たまたまその頃に大田堯先生が浦和で「ロハ台」という活動をやります。ちょうど大学院に入っていたから、週にいっぺんだけ東大に行っていました。それで授業に出ていたのがたまたま大田先生だった。その頃大田先生はロハ台をやっていて、ゼミで毎回ロハ台の話をされるんです。僕はその影響をものすごく受けましたね。大田先生が大事にしたのは、やっぱり持ち前の力ということ。そして、そこから優れたものを引き出すということ。僕は非常に勉強になりました。そして励まされましたね。

青年と働く、語り合う、歌う――生活の論理を大事にする

地域の人と結びつくには、一番いいのはやっぱり一緒に働くことですね。手伝うことです。最初1年間は1軒1軒家を変えて、青年がいる家を紹介してもらって。朝9時頃行って、昼までやってお昼をごちそうになって、午後の6時ごろまで一緒に働いて。そして風呂に入れてもらって夕飯をごちそうになって、そのあとその家の人といろいろしゃべったり、聞いたり。小さい子どもがいる家は、その勉強の面倒をみてやったり、大体午後9時頃まで行っていました。1軒1軒ずっと回ってきましたけど、それは大変いい経験でした。そのあと、いろんなサークル活動が活発化されていくわけです。みんな野菜をつくっている時代です。働いてるところへ行って、そこですぐに履物を脱いで畑の中に入って、一緒に仕事をしながらいろいろ話をする。それをいつもやってました。一番大事なのは、以前書いた「下駄の論理」というものです。下駄を履いて行かなければ駄目です。靴を履いて行ったらちょっと困るでしょう。下駄だったらそこで脱いですぐに畑の中に入れる。それで手伝って、それで足が汚れてもまた下駄履いて帰ればいいんですよ。うちに行ってから洗えばいい。

そういう中で、2人だけで話す中でいろんな貴重な話がありました。例えば新聞を出そうという話は、そういう中で出てきましたね。僕はそれをすぐ引き取って、公民館の集まりでまたしゃべった。コピー機がないから、一番最初にまずガ

り切りの練習をやりました。

――一緒に働く中で、青年たちの姿はどう変化していきましたか。その後も活動がずっと続いていくところは、やはり信頼をベースにした人間関係があるんだろうなと感じます。

あまりにも親しくしていると、かえって見えづらいというのがありますね。よそから来た人が感じたことを聞いて、ああ、そうかなと思うことはありますけれども。

選挙にかかわる運動にしても、市町村レベルの地域では、保守と革新というレベルだけは計算できない。それから、単に生活に根ざした「土の論理」だけでもできない政治的なところもある。そのときの時代性、それから候補者によっても変わってくる地域の特徴がある。それを保守とか革新という類別で分けていいのかということは思いますね。

――当時の島村の文化状況もお聞きしたいのですが。当時の記録には合唱サークルのことも取り上げられています。うたごえ運動の時代ですが、青年と一緒に働くだけでなく、一緒に歌うということもありましたか。

そうです。藤原歌劇団の人を宮原先生が紹介してくれて、2回来てもらって歌唱指導をやってくれたことがきっかけですね。小学校の音楽室を使って集まっていました。初めは自分たちで教え合ってたけど、これじゃ満足できないと、芸大の声楽科を出たばかりだった近所の高校の音楽科教師を連れて来た。それが後の僕の女房になりますけど。

――演劇のサークルもありましたか。

演劇にも2つあって、戦争直後、やくざ芝居といったかな？　やくざ踊り？　それが全国的に広まりました。島村ではなかったですね。それとは別に、郵便局の局長が、若い頃東京にいて演劇の活動をやってたんです。これはやくざ芝居なんかじゃない、ちゃんとしたもの。その郵便局長を中心に演劇研究会ができる。

――音楽や演劇のサークルと、社会科学の学習サークルをやっている人たちは、完全に別々だったのか、それともお互いがそれぞれいろんなことをやっているような状況だったんでしょうか。

小さい村ですから、若者の数も限られていることもあって、全然別個じゃありません。メンバーが重なり合っている。それがお互いに影響しあって、いろんな運動をつくっていくのに非常に役に立った。

それからもう1つは、先ほどの「持ち前の力」とちょっと関係しますが、私はもともとある伝統的な、文化的な組織を否定せず、大事にする、むしろ強化していくという筋道で、サークル活動を位置づけることにしました。そして私自身が、その青年団の活動を一緒になってやりました。

例えば青年団は自分たちの耕地を持っていて、作物をつくって、それが青年団の財政にも役立つわけです。朝の1時間とか2時間、自分のうちの仕事をする前にみんな集まって、その畑を手入れする。そういうときに、私も一緒に行って働きました。それは大変大事なことだったと思います。もともとある伝統的な組織を否定しないで、大事にしながら新しいものをつくっていくということですね。それは思想の問題でもあります。啓蒙主義は、言ってみれば、そういう過去のものを否定する傾向がありますね。

——当時、旧態依然たる地域の改善という議論もあったようですが、そうではなく、もともとあった組織も大事にしながら、地域を伸ばしていくと。

私は今、いろんな運動の中で、古くからのいわば生活の論理だとか活動の論理が、どう大事にされてきたのか、されないのかを調べています。インドのイギリスに対する抵抗運動にも、三・一独立運動という日本に対する抵抗運動とか、ベトナムの民衆運動の中でも、土の論理、古くからある考え方が重要な意味を持っているんです。

私の平和教育論もそうですけれども、例えば憲法で第9条から出発しないんです、僕は。もっともっと日本人の生活の何か根っこみたいな所にあって、これだけは侵されないというふうなものがある。そこから出発するということです。例えば、戦争中の「千人針」のような。天皇のためだ、命を惜しむなとあれほど教育されながら、自分の夫や息子の命だけは何とか守り抜こうとした。私はそこから出発しようと思っています。

成人教育と平和学習

——今のお話は、島村の実践と、その後の先生の平和学習のご研究、それ以前のご経験がつながる部分かと思います。

僕のころは、社会教育研究のまとまったものはほとんどないような状態でした。宮原先生が中心になって、宮原編『社会教育』（1950年）という本が光文社から出て、それぐらいです。あれはまだ、研究としてまとまったものじゃなかったです。社会教育実践では、浪江虔《けん》さんの『農村図書館』（1947年）という本がありました。南多摩（現町田市）で戦前から浪江さんが農民組合の活動と結びつけながら図書館をつくる活動をやって、戦後までずっと引き続いていました。それを書いたのが『農村図書館』です。実践に関して参考になる本ですが、それくらいしかなかった。だから、自分でやるしか仕方がなかった。自分でできるかできないか、やってみよう、そういうものがありました。

それから、やっぱり社会教育の研究で歴史をちゃんと書くこと。つまり日本の社会教育史、これはどうしても勉強せざるを得ない。学生に講義するのにも、ちゃんと1冊作んなきゃ駄目。これを夢中になってつくりました。

それから、社会教育研究をやるのに、日本以外の所で何をやっているのか、どういう権利保障があるのか、これはどうしても知らなきゃいけないというので、海外の比較研究をやりました。1971年にヨーロッパに行って、半年間ヨーロッパに行きっぱなしで、フィンランド、スウェーデン、ノルウェー、デンマーク、それからイギリスですね。それが日本社会教育学会の年報として出した、『学習権保障の国際的動向』（1975年）になりました。あとは、国連の会議で平和教育についてしゃべって、『平和学習入門』（1988年）という本もつくりました。

それぞれ優れた制度があるし、何しろ面白いから、もっともっと社会教育の研究者が、国際的に調べて紹介してほしいと思いますね。

――平和学習について、以前は社会教育で取り組んでいた人は……。

いなかったですね。ニューヨークの同時テロの翌年に国連で会議がありました。そのときに私がしゃべったのですが、平和教育の会議って、ほとんど学校教育関係者が来るんです。成人教育は私1人しかいなかった。それで、成人教育における平和教育の大事さのことを言いましたね。

理由はいくつかありますが、1つは、大人は次の世代により良い社会を残していく責任がある。2番目は、子どもの頃にいくら学んでも、新しい平和の課題は次々に出てくる。だから、子どもの平和教育だけじゃ駄目で、大人の学習が必要なんだと。3つ目は、多くの大人は子どもにとって教育者の役割を果たさなきゃいけない。そのときに、親が平和について学習することが非常に大事なんだということです。

国連では3～4年たってから、平和学習の集まりをまたやりました。ツインタワーの跡をどうするかが話題になっていたんですが、日本の2つのグラウンド・ゼロ（広島、長崎）では、その跡に平和のためのミュージアムを造ったと。ニューヨークのグラウンド・ゼロにも、やっぱり平和のためのミュージアムを造ってほしい、ということを言ったりと、いろいろしましたね。

地域にこだわり、地域を超える

――日本の社会教育は、よくも悪くも地域にこだわるところがあるかと思います。「地域おこし」とか、カタカナで「コミュニティ」などさまざまに地域が語られます。そういった議論や各地の実践を、島村にかかわってこられた藤田先生はどうご覧になっていますか。

やっぱり労働組合のような組織、あるいは、地域組織ではないいろんな文化団体、そういうのをもっと大事にしないといけないと思います。私は地元で、原子力艦の問題をやっています。中心になっているのは、元労働組合員、ＪＲの労働組合員で、集まっているのは、千葉、東京、埼玉、神奈川、つまり、事故が起こったときに被害を受ける地域の人たちです。一定地域の公民館活動も大事で、否定する気はないんだけど、あまりにもそれに固定されることは、日本の社会教育を弱めるんじゃないかと思っています。

昔の社会教育研究全国集会では、労働者教育分科会があったはずなんです。それが職員分科会になってしまった。労働者教育分科会とはまったく違うと思うんだけどね。今の労働組合は組織率が低いし、ものすごい切り崩しに遭っている。だからなおさらのこと、活動を強くするための学習活動があってもいいんじゃないかな。

（記録・構成：堀本暁洋）

本稿は、地域文化研究会で２０１９年４月21日に実施したインタビューの記録を元に編集した。
藤田氏の島村時代の活動は以下に詳しい。藤田秀雄「島村のサークル活動」全6回、『月刊社会教育』１９６３年12月号〜１９６４年６月号

3章 集いの空間をつくる

かつての芝居小屋、学校、公会堂、映画館、工場など、かつて地域の人が集った場所を新たな形でつどいの場にする試みが近年国内外でみられる。また、民芸や絵画など、皆で文化を味わい、楽しみ、じっくり思いを馳せる空間があることで、ふと一息ついて、自分たちの生き方や地域のありかたを考えることができる。文化には「空間」が必要なのだ。

芝居小屋のあゆみと現代的再生
若狭・小浜の旭座
――文化的空間をつくる

田所　祐史（京都府立大学公共政策学部准教授）

芝居小屋で

「赤城の山も今夜を限り、生まれ故郷の国定の村や、縄張りを捨て国を捨て、可愛い子分の手めえ達とも、別れ別れになる道途《かどで》だぁ」

「待ってましたッ！」「ヨッ、大統領！」の声が聞こえてきそうだ。チンドン屋が練り歩いて興行宣伝。仕事を終えた後のひとときを、巡業一座の芝居で過ごす――芝居小屋というと、映画の場面が浮かんでくる。

稲垣浩監督『無法松の一生』（１９４３年）では、木戸番ともめた人力車夫の無法松が、芝居小屋でニンニクを炊いて大騒動になる。日本初のカラー（「総天然色」）映画、木下恵介監督『カルメン故郷に帰る』（１９５１年）では、東京から上州・北軽井沢に里帰りしたストリッパーが「芸術」を披露できるよう、仮設の芝居小屋が建てられる。小津安二郎監督『浮草』（１９５９年）の「嵐駒十郎一座」や、山田洋次監督『男はつらいよ』シリーズで時折登場する旅回りの一座も忘れ難い。

現代ではそんな場面に出合うことはないだろうと思っていた。しかし、働いていた公民館でのサークル発表会での人気演目の１つが大衆演劇だった。番傘を差した着物の女性が我々の方へ振り向くと、厚化粧の女装男性――といった場内爆笑ものから、股旅もの、涙を誘う人情ものまで、演じる人、見る人が一緒になって楽しむ芝居の面白さを感じた。拍手喝采を聞いていると、芝居小屋の雰囲気には夢中にさせる何かがあるのでは、と思う。

江戸時代の小浜

福井県小浜《おばま》市の芝居小屋「小濱・旭座」（以下「旭座」）のあゆみをたどりつつ、芝居小屋をめぐる歴史も垣間見てみたい。

定義にもよるが、日本で本格的な常設の芝居小屋が登場したのは、17世紀初頭（江戸時代はじめ）といわれている。歌舞伎と人形浄瑠璃の興行のための、屋根を持たない仮の掛け屋根の小屋だったが、18世紀以降は耐火性がある瓦葺きになっていったという。

江戸時代には水上交通が発達した。出羽・越後方面から上方へは、北前船の西廻り海運で物産が運ばれた。若狭湾中央の小浜湾に面する城下町・小浜の「小浜湊」は天然の良港。小浜から真南へ直線距離で約50キロ先には京都・出町がある。若狭街道は、塩でしめた鯖を1日かけて運んだことから、「鯖街道」とも呼ばれる。

現在の福井県を構成する若狭・越前にも敦賀のささら座、三国の湊座などの芝居小屋があった（当時のものは現存せず）。小浜には幸福座のほか数多くの芝居小屋があり、各社寺や能舞台で能・狂言が行われていた。芸能・娯楽・文化を生む背景には、小浜が漁業や水運の港町、街道の起点や中継点であり、人の往来が盛んだったことも考えられよう。

近代の小浜と芝居小屋

近代に入ると、小浜では、漁業や海運業だけでなく、養蚕・製糸業も重要になった（1879年に小浜製糸会社・養蚕伝習所、1889年に雲浜蚕糸会社設立）。その後、鉄道や電気が通じて町は栄えていく。このように、近代でも人々の往来・活動を背景に、芝居小屋の活躍が続く。

ここで一例として取り上げる小浜の芝居小屋・旭座は、1869年創建と推定されることから、幕末以来の系譜を受け継ぐものといえるかもしれない。

全国的にみると、芝居小屋は3000以上あったとされている。旧金比羅大芝居・金丸座（香川県仲多度郡琴平町・1835年）、常磐座（岐阜県中津川市・1891年）、呉服座（愛知県犬山市・1892年）、永楽館（兵庫県豊岡市・1901年）、康楽館（秋田県鹿角郡小坂町・1910年）、八千代座（熊本県山鹿市・同年）、内子座（愛媛県喜多郡内子町・1916年）などが建築・修築されているが、現存総数は全国に30数か所しかない。

福井県内では、1923年に劇場が19館、常設活動写真館が5館あったという。小浜には旭座以外に八菱座などがあり、芝居、講話、映画上映などが行われた。

旭座の履歴書

旭座について詳しく見てみよう。もともとは旧小浜町住吉（現小浜住吉）にあった木造芝居小屋である。先述のように1869年建築と考えられているが、現存の建物のもととなった建造物は1910年ごろの建築と考えられている。翌1911年の正月興行ちらしには、「昨年以来当座新築之目論見致し御陰に依り漸く落成仕り候に付」と記されている。

旭座は、日露戦後期には小浜で最大の劇場だった。地方巡業一座の歌舞伎公演、文化人や政治家の講演・演説、品評会も開催された。京都帝国大学文科大学教授の「大講演会」、敦賀～小浜間の鉄道・小浜線開通祝賀会にも使われた、ということから、従来からの芝居小屋機能だけでな

「小濱・旭座」外観

く、近代の公会堂機能も有していたといえる。

　1920年代末ごろから戦後にかけては映画館として使用され、「旭館」、「新生劇場」などの呼称の時代もあった。田植え後の〝サツキヤスミ〟の特別興行に各地から多くの客でにぎわったことが、当時の新聞から確認されている。

　高度経済成長期を迎え、テレビ普及・映画産業衰退がはじまり、映画館は閉館となった。1957年からは自動車修理工場として、1964～2001年は酒造店倉庫として使われ、その後は空き倉庫となった。

旭座再生へ

　空き倉庫となって10年が経とうとしていたころ、旭座保存活用の機運が盛り上がった。2010年に福井県建築士会青年部が小浜市に要望書を提出し、市民有志によって「旭座再生の会」も発足した。

　2012年の建物調査で移築復原可能との結果が報告され、小浜市立図書館向かいの地で「小浜市まちの駅」の中核施設として活用するため、総事業費2億5千万円で移築復原された。構造補強によって安全性確保の工事も行い、2016年4月に竣工をみた（福井大学・高嶋猛氏による工事指導・監修）。

　再生した旭座は、移築前の部材を多く活用し、屋根には寒冷地仕様の若狭瓦が用いられている。内部は舞台、花道、1・2階に桟敷席があり、照明や手摺《てす》り、場内をずらりと囲む提灯など、いずれも往時の芝居小屋の雰囲気を漂わせている。座敷席で約170名、椅子席で約200名を収容できる規模の芝居小屋だ。

　まちの駅は、小浜中西部地域のまちづくりやまち歩き観光の拠点として、2016年5月にオープンし、指定管理者によって管理運営されている。

　この間、旭座は2014年に小浜市指

花道でトントントンと見得を切れば――花道は取り外し可能

定有形文化財に指定されている。指定理由は、小規模でも明治期の芝居小屋として復原できる建物であること、現存する近代の芝居小屋が30数か所という希少性、港町として栄えた小浜の娯楽文化を象徴する建物であることなどで、文化財的価値の高さが評価されたものである。

また、小浜市は２０１５年に文化庁日本遺産第1号として「海と都をつなぐ若狭の往来文化遺産群～御食国若狭と鯖街道」の認定を受けた。奈良時代以前からの寺社・町並み・民俗文化財など、多彩な文化遺産を守り伝えていることが評価された。

移築復原した旭座のこけら落とし公演では、（公社）上方落語協会会長の六代桂文枝ほかが口演した。三味線・太鼓などの和楽器、風情ある町並みなどともあわせて「落語のまち小浜」が内外に認知されてきているという。２０１６年には、同協会と小浜市は「『落語による地域振興』に関する連携協力協定」を結んでいる。

現在、旭座を会場に、小学校の音楽発表や婦人会などの利用、ジャズ・コンサート、落語などが行われている。幅広い分野で利用者がいるようだ。私が旭座を訪ねた２０１８年3月には、その週末に早稲田大学の学生劇団「雨の一座」の公演が予定されているため、準備にいそしんでいた。

表現・文化空間の現代的再生

前近代の社会でも、近代社会でも、人間は表現にふれ、表現をともにする喜びを体感できる空間を求めてきた。まちの芝居小屋、映画館は、日ごろの労働を癒す民衆娯楽の舞台でもあり、まちの外や海外の文化にふれる窓でもあり、地域の人びとと感情をともにする場でもあっただろう。

G・トルナトーレ監督映画『ニュー・シネマ・パラダイス』（１９８９年・イタリア）に、戦前からの映画館が爆破解体される場面があった。大衆娯楽、地域文化の殿堂と呼ばれて親しまれてきた施設の多くは、老朽化・経営困難に伴い用途変更や解体などの道を歩む。「表現空間」

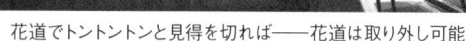

は単に建物を指すわけではないが、現代社会においても、地域に暮らす人々が打ち集って表現活動にふれたり、自らが舞台に立って表現活動をしたりする物的な施設空間は大切だ。

芝居小屋の盛衰と再生をみると、民衆文化を支えたあゆみのなかにも、建設当初の意図から離れていったり、用途の幅が伸縮していったりする様子がうかがえそうだ。努力を重ねた蓄積や跡が、私たちの暮らす地域のどこかにあり、また、現在も再生しつつあるのだろう。

いま、表現・文化の母体となる教育・文化施設のハード面の老朽化に伴い、統廃合や保存・再生など、さまざまな議論や施策が進んでいる。「時勢」ゆえの消滅か、継承か、再生か、といった検討・選択の際に、観光や「にぎわい」創出、地方・地域経済振興、あるいはノスタルジーだけでなく、根っこに、表現・文化活動の価値・質の現代的問い直しや、現代的創造の知恵・力が必要になると感じる。

再生した旭座が、子どもから青年、高齢者まで、落語やジャズ、学生演劇までと、幅広い活動を通じて、小浜の表現・文化創造の空間へと、さらに充実発展していくことを願っている。

（2018年3月）

〈参考〉
・近代建築福井研究会（2017）『小浜市指定文化財「旭座」復原工事報告書』小浜市教育委員会
（このほか、旭座説明資料・展示資料等も参照した）

地域に愛された学校

——山梨県都留市・旧尾県学校

森屋　雅幸（淑徳大学地域創生学部准教授）

地域の文化財保護

2018年に改正された文化財保護法は、未指定を含めた文化財を地域づくりに活かしつつ、住民を含め、地域社会総がかりで、その保存・継承に取り組んでいくことを目的とする。こうした住民が能動的に文化財保護にかかわる保存と活用の在り方を筆者は「地域主義にもとづく文化財保存と活用」と呼称する。

このような文化財保護は、官民による草の根的な実践から成り立つものといえるが、日々の実践のほとんどは記録に残されることなく、黙々と取り組まれているのが実情で、このような活動が一般にはあまり認識されていないと考えられる。

そこで、本書では明治期に山梨県内で成立し、住民の手によって保存・活用されてきた擬洋風建築の事例を紹介し、地域主義にもとづく文化財保存と活用の実践から、現代に求められる文化財保護の在り方の一端を示す。

山梨県の擬洋風建築と保存・活用

山梨県における擬洋風建築は明治初期に県令藤村紫朗が奨励したとされていることから、藤村式建築と呼称されることもある。こうした建物はおもに官公庁に用いられ、県内に２００棟余りを数えたとされ、６棟が山梨県内に現存する。いずれもが学校建築として建設されたものである。県内に現存する６棟は、国重要文化財の旧睦沢《むつざわ》学校（甲府市）、山梨県指定文化財の旧津金学校（北杜市）、旧春《つき》米《よね》学校（富士川町）、旧尾県《おがた》学校（都留市）、山梨市指定文化財の旧室伏学校（山梨市）、国登録文化財の旧千野学校（甲州市）である。いずれも廃校後に資料館などに転用されている。なお、県内には所在しないが、国重要文化財である旧東山梨郡役所庁舎が愛知県の博物館明治村に移設され、現存する。

ところで、当時の学校建設の費用は学制に沿って受益者負担の原則が採られていたため、学校の建設には住民の私財が投じられた。学校は苦心の末に開校に至ったといえ、建物に対する地域の愛着も強かったと考えられる。県内に擬洋風学校建築は37棟建てられたとされるが、２００棟あまりの擬洋風建築の内、学校建築のみが県内に現存することは単なる偶然でなく、住民の学校に対する愛着などの想いの帰結と考えられる。実際、廃校後に旧睦沢学校をはじめとした複数の学校で住民の保存運動が確認できる。廃校後も移設されることなく現地保存された旧津金学校と旧尾県学校では、現在でも文化財の保存・活用に住民の関与が確認できる。この2事例はほかの現存する建物よりも文化財への住民の愛着はことさら強いことが考えられる。本書ではこの内、旧尾県学校の保存・活用の事例を紹介する。

旧尾県学校の保存・活用の事例

旧尾県学校は都留《つる》市小形山《おがたやま》に所在する。都留市は県東部に位置し、小形山地域は市内北部の標高４２０ｍ付近の山間に位置する。２０２１年現在、６５５人が生活する地域である。

旧尾県学校は、１８７８年に開校し、１９４１年に禾生尋常高等小学校に統合され、廃校となった。しかし、新校舎が１９４６年に火災で全焼したため、復旧までの間、１９４９年まで臨時的に旧校舎である尾県学校が利用された。臨時校舎としての役割を終えた後、１９５１年に小形山区民集会で建物を維持することが決議され、地区の集会所や一部は戦後引揚者の住居に使用された。昭和三十年代の半ば頃には老朽化により取壊しの話も出たが、婦人会や卒業生から反対もあり、取壊しを免れた。１９６７年に市文化財審議会からの文化財指定の提案を契機に校舎保存に向け市関係者と地元の学

旧尾県学校（尾県郷土資料館）

校卒業生からなる「尾縣旧小学校保存会」が発足した。これは、１９６８年の明治百記念事業の機運が背景にあったともされる。その後、１９７０年に市有形文化財に指定され、１９７３年に復元工事を実施し、民俗資料を中心に展示する尾県郷土資料館として開館するに至った。１９７５年には山梨県有形文化財に指定された。

しかしその後、資料館は地元からの寄贈資料で雑然としてしまい、市内の都留文科大学周辺へ移設する話も浮上した。こうした事態を憂慮した地元の井上敏雄さんはじめ、住民有志が市教育委員会に働きかけ、１９８５年に市教育委員会と住民によって展示を民俗資料から教育資料に変更し、内装の復元工事も実施した。翌年、リニューアルオープンして現在に至る。

館の所有は市、所管は市教育委員会、管理は市教育委員会が住民に館長を委託する形で運営する。入館料は無料である。擬洋風というユニークな外観から、近年では、ドラマのロケ地にも利用され、ファンが資料館を訪れる。1階には館長の事務室があり、ここはリニューアルしてから住民が自然と集まる場にもなっている。

年間の入館者数は、近年２０００～２５００人程度で推移しており、入館者は小形山の住民が約半数を占める。こうした地元の入館者は、1階には館長の事務室に集う住民や後述する尾県郷土資料館協力会（以下、協力会）の活動による、地元からのイベント参加者が大部分である。

資料館を拠点とした住民の活動

１９８６年の資料館改装に携わった住民を核に資料館運営の協力を目的として、協力会が組織された。会員は２０２４年2月現在、60人（女性42人、男性18人）で、この内、小形山在住の65歳以上の会員は56人である。協力会の活動は、発足した当初は小形山地内を自然環境や歴史に触れあえる地域にするため、ローカル・アメニティ・ソサエティ構想を立ち上げ、史跡や自然環境の整備や保護を推進した。現在は、資料館内の清掃・前庭の花植えなどの美化活動や火災防御訓練、ホタルの観察会・秋の資料館まつり・放課後子ども教室への協力など旧尾県学校を拠点にさまざまな地域づくりにかかわる活動に取り組んでいる。

コロナ禍でも、館内清掃・館外美化活動や地元の小形山の住民を対象としたまちあるきを実施するなど着実に活動を継続させた。２０２１年の第34回秋の資料館まつりでは、都留市内ではじめて感染症対策をしたうえで、市教育委員会と共に根津ピアノコンサートのイベント開催に漕ぎつけた。こうして、コロナ禍においても活動を途絶えさせず、継続させた甲斐もあって、会員数はコロナ前よりも増傾向にある。

２０２３年10月には、淑徳大学地域創生学部・市教育委員会と共に尾県郷土資料館開館50年を記念し「地域創生戦略フォーラムin山梨」を開催した。このフォーラムでは、協力会の活動の軌跡を振り返り、その活動が地域に何をもたらしているのか、また文化財とこうした活動を未来につなげていくためにどのような課題があるのか、県内外の参加者と意見交換した。

旧尾県学校を拠点とする協力会活動

２０１１年に禾生《かせい》地区社会福祉協議会が実施したワークショップでは「地域福祉に役立っている人や組織、活動」という問いに対し「尾県郷土資料館協力会の活動は老人にただ与えられるだけの福祉ではなく、自分たちも何か役に立つんだという生きがいになるような活動をしています。また、小形山全地域に会員がいるので他地域のコミュニケーションもとれ、勉強会・研修会・慰労会など多方面にわたっている会員の笑顔がそれを物語っています。何かに役立ったんだという満足感でいっぱいです。健康にも良いと思います」という回答が確認できる。つまり、旧尾県学校を拠点とした活動は、住民の生きがいなどの心性に作用すると筆者は考える。

現在、協力会の会長をつとめる井上敏子さんは「自分が年をとっても何か役に立つという生きがいをもてるような活動」という父である井上敏雄さんの協力会の活動理念を受け継いだ。井上敏子さんは、協力会の活動は会員同士の笑顔に励まされ、お互いに感謝し合うことに根幹があるといい、会員はボランティアと旧尾県学校を守っていこうという気持ちときずなで活動しており、感謝しかないと話す。

ところで、要介護等認定率を高齢者の健康の指標として、都留市全体の数値と小形山地域の数値を２０１６、２０１８～２０２１年の５か年の平均値で比較すると、小形山地域の数値は市全体に比較して約５％低いことがわかった。

また、同期間の高齢化率の平均値を比較すると小形山地域の高齢化率は、市全体から約3％高く、小形山地域は、高齢者が多いにもかかわらず、比較的健康であるといえる。「厚生労働省第四十七回社会保障審議会介護保険部会（二〇一三）配付資料」によれば、ボランティア関係のグループへの社会参加の割合が高い地域ほど、転倒や認知症やうつのリスクが低い傾向があるとされ、資料館の館長の事務室が日常的に住民の交流の場となったり、資料館を拠点とする協力会とその活動へ参加したりすることが、地域の高齢者の心身に良好に作用していると筆者は考察する。

Well-beingという文化財の価値

旧尾県学校は年間入館者の半数程度が小形山の住民であり、住民にとっては地域の居場所のような存在で、社会参加の契機となる場所であると筆者は考える。2018年に文化財保護法が改正され、地域社会総がかりで、文化財の保存・継承に取り組む体制づくりが進められる一方で、文化財の活用も力点がおかれるようになった。この活用はおもに収益を目的とした観光に文化財を活用することを想定している。ただ、旧尾県学校の事例は入館料は無料であり、入館者の内訳も地元の住民が約半数を占めており、収益を目的とする観光には結びつきにくいといえる。

むしろ、協力会の活動は、会員同士の笑顔に励まされ、お互いに感謝し合うもので、こうした活動は会員だけでなく、広く住民の笑顔につながるような、地域の住民にとって意義をもつ取り組みと筆者はとらえる。こうした協力会の実践をみると地域主義にもとづく文化財保存と活用は、住民の心の豊かさの追求と地域で住民が健やかに生活する礎に資することに、その本質があるといえる。また、旧尾県学校の事例は、心身ともにまた社会的にも充実した状態を意味するWell-beingの観点から文化財を活用している事例であると筆者はとらえる。

こうした文化財に内在するWell-beingの価値は、入館者数や入館料などの数値で可視化することは難しい。こうした価値を顕在化していくことは、単に観光収益で「稼ぐ」という文化財の活用の在り方に別の視点を与えるといえる。また、文化財が地域の居場所や社会参加の契機になるという意味において、Well-beingという文化財の価値は、住民が文化財の保存・活用に対し能動的に生活の延長上で参加する契機として、地域社会総がかりで文化財保護に取り組む1つの方策を示すことにつながると筆者は考える。

（2024年2月）

〈参考〉
・森屋雅幸（2018）『地域文化財の保存・活用とコミュニティ―山梨県の擬洋風建築を中心に』岩田書院
・森屋雅幸（2019）「文化財と地域住民の健康・福祉の関わりについて―山梨県指定文化財旧尾県学校校舎を事例に」『社会デザイン学会学会

誌』10号、66-77頁
・森屋雅幸（2022）「里山住民による元校舎の活用が健康づくりに―尾県学校と協力会」松本茂章編『ヘリテージマネジメント―地域を変える文化遺産の活かし方』学芸出版社、54-62頁

「白磁の人」から白磁の里へ

――長崎県波佐見町・白磁の里の公会堂保存

大串 隆吉（東京都立大学名誉教授）

旧波佐見尋常高等小学校講堂兼公会堂と内部

桜陶祭

2019年4月に白磁の里、長崎県波《は》佐見町《さみちょう》で桜陶祭《おうとうさい》という焼き物市があったので出かけた。波佐見に初めて行った2017年、古い木造の建物があったので中に入ったら、地元児童合唱団の練習が始まるところだった。ヨーロッパ風の明かり取りの窓、高い天井。これは1937年建築の旧波佐見尋常高等小学校講堂兼公会堂だった。建物が古くなり、危険だということで町議会が解体決議をしたが、はんこ屋を営むジャズ喫茶の店主が、音響のすばらしさに気づき保存運動に乗り出した。この講堂で演奏した九州交響楽団のCDをもらったが、本当に豊かな音で、心地良い。

九州交響楽団、作曲家千住明、ジャズの渡辺貞夫、日野皓正《てるまさ》、放送作家・永六輔、建築家の池田武邦、長崎総合科学大学の建築学・音響学の専門家などが後押しし、住民の音楽愛好会がつくられ、町

議会は解体決議を撤回した。保存された講堂は国登録有形文化財になった。

　そのジャズ喫茶Dougの店主に会えた。町の中心を走る街道沿いで、裏が田んぼのお店に入ると、ぎっしり棚にならんだLP、大きな古いスピーカーが目に飛び込んできた。店主はクラシック音楽にも造詣がふかく、ふたりで音楽談義になった。中学生の時に真空管でステレオを作ったのが始まりだそうで、古いスピーカーや蓄音機はオークションで集めたそうだ。蓄音機で表だけしか録音されてない初期のSP盤を聞かせてくれた。こういう話になるとは思わなかったが、楽しかった。店主は九州ジャズユニオンを結成し代表になっている。帰ってからジャズ好きの友人に聞いたら、この喫茶店、ジャズ好きには有名だそうだ。

　ちなみに店主は1946年生まれ。東京・渋谷の電子工学の専門学校に行ったが、はんこ屋を継ぐために波佐見に来たそうである。ただのはんこ屋と思ったが、有田焼の深川製磁専属の模様印づくり屋でもあったのに驚いた。白磁の里らしい話である。それでは、白磁の人と里の話をしよう。

「白磁の人」――浅川巧のこと

　私は、「映画『道―白磁の人』を見る相模原の会」に参加した。白磁といえば、故郷有田を思い出し、その白磁が朝鮮白磁とつながりがあるため、「偏見や驕りに囚われずに朝鮮人と親交を結んだ稀有な人物」（映画のチラシ）と評価されている浅川巧《たくみ》（1891〜1931）を主人公にした映画に関心を持ったからである。映画の原作は、江宮隆之氏の小説『白磁の人』（河出書房新社）である。製作の経緯は李春浩『雲をつかんだおじさん』（信濃毎日新聞社）にくわしい。

　日本が韓国を併合したのが、1910年。その4年後に林業技師だった浅川巧は、兄伯教《のりたか》の影響で朝鮮に来て、ロシア、中国、日本の政府、資本家により伐採され、あるいは陶磁器生産の薪のためにため緑を失った朝鮮の山々に、緑を回復させる事業に取り組みながら、李朝白磁に惹かれ、朝鮮語を身に付け、朝鮮の文化や工芸品のすばらしさを紹介した。ソウル郊外の共同墓地にある墓はその地の人々に守られている。

　私は、この映画を見た後、日記も収録した『浅川巧全集』（高崎宗司編、草風館）を読んで、「稀有な人物」であることがよくわかった。1つは、朝鮮および朝鮮人にたいする蔑視感をもっていないことである。日記で「日本人は朝鮮人を人間扱いしない悪い癖がある」と指摘し、朝鮮の地名を日本的に改称することや景福宮の破壊計画を批判している。もう1つは、朝鮮の文化、とくに日常使う民芸品に対し偏見にとらわれない美的感受性をもって関心をもち、朝鮮の工芸品について論文を書き[1]、李朝白磁を愛し、朝鮮を理解しようとしたことである。彼は言う、「李王朝の陶磁器は、朝鮮人の生活を雄弁に物語っている。それらを静かに眺めいるならば、宛然《えんぜん》民族史を読むに等しく、又まのあたり昔の人たちと交際する感さえある」[2]。

李朝白磁は儒教の祭礼の道具として使われたのだが、巧は白磁が日常生活に使われていることに着目した。祭礼のために卓上に置かれ、眺められる美に対し、日常使われる――用途されるものの美に向かう。その最も身近な食器は、「毎日何回となく掌に載せ接吻すら敢えてする間柄である」、「用途に生きるということは器物存在上の強みである。用途を持つものは仮にその用から離れて置物にされても嫌味がない」という[2]。これは、なかなか良い指摘である。私も、白磁の小皿にチョン、チョンと小さく淡く桃色の花を描いた波佐見焼を使わずに飾ってある。眺めていると心が和む。

白磁は朝鮮で広く使われたらしい。映画では、床に置かれた焼き物を巧の婚約者が、「あらこれきれい」といって抱えると、巧から「それは便器だ」と言われ、慌てる場面が出てくる。白磁は巧が言うように、固く、水を通さず、炎にも強いため、磁器による諸道具は、文具、灰皿、花瓶などさまざまであった。

この浅川の着目から日常使われる工芸品を「民藝」と名づけ、その保存と発展を提唱した人物が柳宗悦（1889～1961）である。柳は、巧の兄の伯教を介して朝鮮白磁を知り、巧と親密となり、朝鮮民族美術館を建設する。彼は見る美が尊重されたため、「美しさと生活とがこれで隔離されてしまった」と指摘し、「美の教養は用いる工芸を等閑にしては正しく育たないのです。なぜなら、用いているときほど、生活で美を味わう場合はなく、したがってそのとき以上に美に親しむ場合はないからです」[3]

この浅川と柳の考えは、今流にいえば公民館の目的にある「生活文化の振興」ということになろう。しかし、それは減価償却とかで消費されるものではない。それは愛用されるからである。陶磁器の愛用のされ方を巧は偏見なく調べ、朝鮮文化の理解を深めた。「陶磁器は愛用さ

波佐見焼

れるための器物であるともいえる。それは陶磁器の美が愛用によって完成されるばかりでなく、使用上に疎漏があれば忽ち破壊されるからである。幸いに李朝の陶磁器は永年の愛用によって色づけられた伝世器に接することが出来る」[3]。

白磁の里

佐賀県有田町、伊万里市、武雄市、嬉野市と長崎県波佐見町、佐世保市三川内町という互いに隣接する地域はわが国有数の白磁の里である。豊臣秀吉の文禄・慶長の役（1592年～93年、97年～98年）により朝鮮の陶工が連れてこられ、国内はもちろんヨーロッパ、東南アジア、ひいては中近東までの販路拡大と相まって、陶石が採れたこの地域の白磁生産は発展した。ただし、近年この前にすでに磁器生産が始まっていたという研究もある。有田焼で有名な赤絵の染付技術は、中国の赤絵にヒントを得て日本独自に開発された[4]。

朝鮮人陶工の代表的な人が李参平で、その過去帳が母の実家の菩提寺で発見され、実在人物であることが確証されている。私は、その菩提寺から数百メートルのところで生まれたのである。そのへんには古い昔朝鮮人の住む集落があったと聞いたことがある。有田と波佐見には小高い山の上に朝鮮人陶工の立派な顕彰碑がある。また、鍋島藩の藩窯があった伊万里市大川内の林の中にひっそりと朝鮮人陶工の墓が建てられている。李参平の故郷にも日韓の市民団体による顕彰碑がある。それを眺めていたら、現地の人による1919年の三・一独立運動の記念碑があるのに気がついた。韓国の人の心情を聞くおもいがした。

ここでは、波佐見町に触れてみたい。その理由は先述した浅川、柳の言う用途の磁器が主に作られてきたからである。有田の長崎県側の隣町が波佐見である。

朝鮮陶工の顕彰碑

波佐見焼は濃い青が印象的である。すでに江戸時代、波佐見焼は大量生産した安い食器を大阪などの上方で、これで「めしくらわんか」と言って売ったことから、「くらわんか碗」と呼ばれるようになった。この大量生産を可能にしたのが、山の斜面を利用した全長百メートルを超える登り窯であった。そのため、庶民の食器として一般家庭でそれと知らずに使われ、街の飲食店ではそれと知らずに客は料理を食べている。先日、久しぶりに入った飲み屋で波佐見焼に会った。

先に述べた浅川が指摘した用具の愛用は、今も生きている。製作者の吉村聖吾氏は言う。多くの人に使っていただいて「ほっと」するような食器を作るようにしています。食器は見た目の良し悪しもですが、手に取ったときの感触、実際に使ってみたときの使い良さ、食器棚に納められたときに醸し出す雰囲気など、総合的に判断されます、と。[5] 総合的な判断も「ほっと」する心も、生活文化のありようを表している。生活文化は変化する。浅川巧は用具としての陶磁器は「生活様式の変遷に対しては最も敏感である」と指摘していた。私たちは陶磁器から、自らの生活文化の何を見ているのだろうか。

（2019年7月）

〈引用〉
1 浅川巧著、高崎宗司編（2003）『朝鮮民芸論集』岩波文庫
2 浅川巧（1996）「朝鮮陶磁名考」高崎宗司編著『浅川巧全集』草風館
3 柳宗悦（1984）「民藝の趣旨」柳宗悦『民藝四〇年』岩波文庫
4 伊万里市教育委員会編・発行（2002）『伊万里市史陶磁器編古伊万里』
5 長崎県立大学学長プロジェクト（2016）『波佐見焼ブランドへの道程』石風社

〈参考〉
・高崎宗司（2002）『植民地朝鮮の日本人』岩波新書
・浅川伯教（2017）『朝鮮古陶磁論集1』『同2』浅川伯教・巧資料館
・姜敬淑（2010）『韓国のやきもの―先史から近代、土器から青磁・白磁まで』山田貞夫訳、淡交社

新「新しき村」という希望

――多津衛民芸館の二十九年

吉川 徹（前多津衛民芸館長）

多津衛《たつえ》民芸館は佐久市望月の御牧原台地に建っている。南に蓼科山、西に美ヶ原を望み、ここは奈良平安の頃、京に駿馬を献上する信濃最大の牧であった。私は今年（2024年）4月までこの館の館長をつとめていた。今も開館時は館にいて、説明などをしている。来年は開館30周年を迎える。

小林多津衛は1896年（明治29年）、長野県協和村（旧望月町、現佐久市）に生まれた。代用教員の後、長野師範に入学し、図書館で柳宗悦著『ウィリアム・ブレーク』に出合い驚嘆、雑誌『白樺』の読者となった。『白樺』は志賀直哉、武者小路実篤、有島武郎、柳宗悦らによって1910年（明治43年）から1923年（大正12年）の関東大震災まで刊行された雑誌である。

春、芽吹きの頃の多津衛民芸館

1918年（大正7年）、多津衛は師範卒業後、塩尻尋常小学校訓導になるが、武者小路への想いが断ち切れず、辞表を出して宮崎県日向の「新しき村」へ向かう。まだ村は建設されておらず、土地を探している時期であったが、武者小路に温かく迎えられた。しかし、宿に着いてしばらくして悪性の感冒にかかり、帰路に就いた。帰りの汽車賃は武者小路に出してもらったと後に語っていた。帰ると校長は、辞表を引き出しに入れたままにしてくれていた。（多津衛は武者小路との交流をその後も続け、生涯「新しき村」の村外会員であった。「新しき村」は現在、埼玉県毛呂山町にほとんどが移転している）。

白樺と民藝

当時、雑誌『白樺』の読者は、東京に次いで長野県が多かったという。その読者の多くが青年教師であった。彼らは修身の教科書などあまり使わず、武者小路の小説をガリ版刷りにして読んだり、ミレーの絵を観賞したりして「自己を生かす教育」を大切にしていたので、これが県議会などで問題となり、1919年（大正8年）、白樺派教師の中心であった赤羽王郎らが免職になった（戸倉事件）。

この大正8年という年は、日本が植民地支配を進めていた朝鮮半島で、独立運動が全土に広がった年であった（三・一独立運動）。柳はその直後、「朝鮮人を想ふ」という一文を読売新聞に掲載する。「日本は多額の金と軍隊と政治家とをその国に送ったであろうが、いつ心の愛を贈った場合があろうか」「反抗する彼らよりも一層愚かなのは圧迫する我々である」。そして翌年には雑誌『改造』に「朝鮮は日本の奴隷であってはならぬ。それは朝鮮の不名誉であるよりも、日本にとっての恥辱である」（「朝鮮の友に贈る書」）と書いた。柳は宗教哲学の研究者であったが、浅川巧の兄浅川伯教がロダンの彫刻を見に柳邸を訪れたとき、土産に持参した朝鮮のやきもの「染付秋草文面取壺」を見て、民衆が生み出す工芸の美に魅かれ、その後たびたび朝鮮半島を訪れていた。

民藝という用語は1925年（大正14年）、濱田庄司・河井寛次郎とともに、柳宗悦がつくった言葉だが、民藝運動の出発点には朝鮮文化への敬愛と植民地支配に異議を唱える勇気があったのだ。（柳は後に、東京駒場に日本民藝館をつくり、初代館長になった）

多津衛は戦前戦中を苦渋の中で生き、敗戦を迎えたとき49歳であった。戦後、多津衛は小学校長や教育会長を歴任するが、ほとんどすべて平和をテーマにして総会や講演会を開催した。浅間山麓の米軍基地反対闘争にも参加した。退職後郷里に帰って公民館長を務めたりしたが、青年団や婦人会で常に平和の大切さを語り続けた。104歳で亡くなる前年まで、「君、憲法は大丈夫かや」と私たちに問うておられた。

民芸館の建設

私が望月町教育委員会に社会教育主事として就職したのが1962年（昭和37年）、そのとき多津衛は校長も教育会長も辞め、郷里に帰って非常勤公民館長になっていた。青年団や婦人会の講座や行事にも参加してもらい、多津衛を塾長にして望月住民大学という勉強会を開いたりした。やがて私たちはさまざまな住民運動を経験したが、そこでも大きな力をもらった。みんなが何でも話し合う、仲間のような付き合いだった。

多津衛の自宅へ行くと、古い時代の皿や茶碗や布を戸棚から出して、「どうだ、これは」といつも楽しそうに話すのだが、倉庫のような2階の部屋に上がると、甕や壺や木工品までが所狭しと置かれていた。若い頃から柳宗悦の影響を受けて、長い年月をかけて蒐集した民藝の品々だ。

「先生、これだけのモノを年1回の民藝展に飾るだけじゃもったいないですよ。常時展示して多くの人に見てもらいましょうよ」。この考えに仲間たちはみんな賛成だったが、しかし資金はどうする、出来たあと運営はどうする、そこで議論は止まってなかなか前へ進まないまま10年以上が経った。

90年代になり、町内に場外馬券売り場を建設するという動きがあり、議会でも推進が決議された。賛成反対の激しい運動がそれぞれ展開され、建設は阻止されたけれど、では町はこれからどう生きていくのかという問いは残り、私たちは反対だけでなく、地域が生きていくための新しい「創造」が必要であることを痛感した。新酒づくりやそば祭りなども始まったが、民藝の館を造ろうという機運も高まった。

1994年（平成6年）、建設よびかけ人78人、900人余から3千万円余の浄財が寄せられ、翌年、多津衛民芸館が建設された。多くの仲間たちとの議論を経て、次のような「多津衛民芸館の願い」が生まれた。

①自己を生かす教育

武者小路実篤の言葉「君は君なり我は我なり　されど仲よき」。絵の好きな子どももいれば、スポーツに長けた子どももいる。その個性を伸ばし、個性が違うからこそ仲よくなって、お互いを補い合い学びあうことができる。これは大人の社会も同じだ。違う意見に耳を傾け、尊重し合うところに民主主義がある。国際社会も同じかもしれない。違う文化や宗教、社会状況を認め合い、助け合い、尊敬し合うところに「平和」がある。

②暮らしの中に「美」を生かす

多津衛は常に、「美しいものをたくさん見る、それをできるだけ日常で使う、そしてたとえ稚拙でも自分で作ってみる」と言っておられた。今、多津衛民芸館も展示室（見る）、喫茶室（使う）、作業室（作る）という場をつくって活動している。

③手仕事の大切さ

日本の江戸時代は、陶磁器、金箔、漆塗りなど、世界に誇る職人の技術が高度に発達した時代である。そしてそれは、多くが手仕事であった。機械文明が発達した今、人間の熟達した技術は後退し、地域の特色ある製品が失われ、画一化し、スピードばかりがもてはやされる時代となり、大量生産大量廃棄の時代を迎え、地球環境が問われることになった。もう一度、手仕事を見直すことが現代の課題ではないか。（モノの画一化はヒトの画一化を生み、異文化共生を否定するファシズムにつながっていくのではないか。使い捨てのコップ・皿などによる大量廃棄は環境を破壊し、やがて非正規雇用などヒトの使い捨てにつながるのではないか）

④他人《ひと》がうれしいとき、自分もうれしいという労働の契機

自分が働くのは賃金を得て自分の暮らしを支えるためだが、同時に、自分の労働で他人が喜んでくれたとき、自分も幸せな気分になる。本来の仕事にはそういう要素があるのではないか。職人や農民の誇りと矜持。laborからworkへ。

民芸館主催の「平和と手仕事展」

⑤平和への願い

「隣国の文化への尊敬が、平和への願

いの基礎である」（多津衛の言葉）。民藝の世界では、沖縄や東北、アイヌがもつ高い文化に注目し、朝鮮の陶磁器や木工品をこよなく愛した。

戦争は始まる前に必ず相手国への蔑視が喧伝される。前の戦争では鬼畜米英といい、中国や朝鮮への蔑称があった。世界の国々や民族、また国内のさまざまな地域がもつ固有の文化を認め合い、尊敬しあう社会をめざしたい。

過疎地に生きる若い世代

日本の、多くの農村で過疎が進行している。2005年の町村合併時、旧望月町の人口は1万6511人であったが、本年2024年4月1日は7855人、19年間で25・9％減少した（佐久市住民基本台帳）。佐久市の調査によると、望月地区の空き家は518戸となった。世帯数3470戸に対して比較すると、14・9％にあたる（佐久市無居住家屋等対策計画2023年　佐久市）。この統計を見てみんな驚いたが、自分の集落で近所を見れば、この数字は実感する。望月宿は中山道の江戸から数えて25番目の宿場で、明治以降も養蚕の集荷場で栄えたところだが、その宿場の中も既に10軒余が空き家である。

しかし一方で、新しい動きもある。ここ10数年、望月に居を構えて有機農業を生業とする若者が増えている。単身で、ご夫妻で、また子育て真っ最中の家族も多い。そして近年はさまざまな仕事をする若者たちが移り住んできた。多津衛民芸館では毎年「平和と手仕事」という機関誌を発行しているが、23号は彼ら彼女ら21人に原稿を書いてもらい「愛ターン特集」を編集した。続けて24号では地元生まれの若い世代を含め22人に原稿を寄せてもらい「過疎地に生きる若い世代」を特集した。跡継ぎがここにいない高齢者の田を引き受けて耕作する人、地元野菜ブランドであるマル月（月）の銘柄を守って高原野菜の生産地に生きる人、かつて盛んだった酪農業を今も営み、堆肥が農家の肥料になって農業の地域内循環を支える人、特産の石材業を営む人、神社、寺院、政治、音楽文化を支える人たち、そしてこの地元生まれと愛ターンを結ぶカフェや料理店。パートナーも含めると、この2冊で58人が登場している。20代30代から50歳くらいまでがほとんどである。

かつて青年団や学習サークルを経験し、地域のさまざまな課題に取り組んできたシニア世代とこの若い世代の交流も少しずつ始まってきた。この若い母親たちが中心になって、2017年「ツキヒト満ちるプロジェクト」という集団が生まれた。シニア世代を講師に招き味噌づくりを学び、保健所の許可も取って販売を始めたり、演奏家やバレリーナが中心になって「望月の駒へのオマージュ」という舞台公演を実現したりしているが、5年程前、閉校になった小学校の校庭で「ツキヒトマルシェ」が開かれた。多津衛民芸館も皿や冊子の販売で参加したが、出店は数10団体に及び、来場者も３００人を超える盛況だった。アフリカの太鼓演奏が会場を巡り、ヨガ教室なども開かれ、賑やかな集いだったが、このマルシェのチラシに書かれたテーマは「オーガニック・ネイチャー・ハンドメイド・ローカル」であった。

子育てに真剣で、食品の危険や地方の崩壊、地球環境の危機を肌で感じている若い親たちは、かつて柳が民藝運動で提唱し、多津衛が地域で実践しようとした方向に、明日を見ていると感じた。

住民運動やさまざまな学習を経験してきたシニア世代の女性が私に言った。「これが現代の『新しき村』なのよ」。そうだ、新「新しき村」は、自立と共生の新しい暮らしを私たちに提示しているのではないか。

（２０２４年９月）

映画「虹をつかむ男」から復活した地域劇場

——徳島県美馬市脇町・脇町劇場（オデオン座）

堀本　暁洋（東京大学大学院教育学研究科博士課程）

虹をつかむ男

徳島県の小さな町にある古い映画館「オデオン座」。経営難と闘いながら、名画の上演会と地域での巡回映画の活動に精を出す主人公の映画館主（西田敏行）をめぐる人間模様が描かれている。山田洋次監督の松竹映画「虹をつかむ男」（１９９６年12月公開）である。「男はつらいよ」シリーズに代わる作品で、この舞台・ロケ地となったのが、徳島県美馬《みま》市脇町《わきまち》の「脇町劇場（オデオン座）」である。

今回は、脇町劇場の歴史、地域での保存・活用の歩みを記してみたい。

筆者は２０２１年12月に脇町劇場を訪問し、また２０２４年２月に電話での聞き取りを行った。ともに、施設の指定管理者となっている穴吹エンタープライズ（株）のスタッフの方が応対して下さった。

劇場に入ると、入り口付近の壁には興行に訪れた歌手、落語家らのサイン色紙やポスターがびっしりと飾られている。このほか、「虹をつかむ男」のロケ風景、スケジュールなどを収めたパネルや「男はつらいよ」シリーズのポスターなどが展示されている。

１９３４年に芝居小屋として建てられた脇町劇場は、１９９９年の改修工事を経て開館時の姿に修復され、現在まで公開・利用されている。舞台機構も特徴的で、四国ではほかに内子座（愛媛県）や金丸座（香川県）にみられるような「廻り舞台」や花道が備え付けられ、地下に降りると奈落や廻り舞台の構造などを見学することができる。現在の収容人員は176人で、畳敷きの2階客席や「大向こう」、1階の「うずら桟敷」、舞台の裏にある楽屋なども見学できる。

うだつの町並み

徳島県北部の中央に位置する美馬市脇町は、吉野川北岸を東西に結ぶ主要街道と讃岐（香川県）への街道が交差する上に、吉野川に面しているため水運にも恵まれたことで、阿波藍の集散地、県西部の商業の中心地として栄えた。江戸時代中期から昭和初期にかけての歴史的な建造物は、商人たちがその繁栄ぶりを示すかのように、本瓦葺きで装飾された「うだつ」を町家の両端に上げていることが特徴で「うだつの町並み」として親しまれ、現在に至るまで観光の目玉になっている。

「うだつの町並み」近くに位置する脇町劇場は、1933年に地元の有志（清水太平氏・藤中富三氏ら）が中心となって計画し、町内の事業家（森幸雄氏・吉川長次氏ら）が用地を提供するなど協力して、翌34年に建設された。西洋モダン風の外観、間口が14・5m、奥行27・3mの木造2階建てで750人が収容できるとされていた。戦前は歌舞伎や浪曲が頻繁に上演され、戦後は映画の上映が行われた。

当時の脇町中心部には、脇町劇場以外にも5~6か所の劇場・芝居小屋、映画館があり、明治から大正、昭和にかけて、人々の娯楽の殿堂として大きくにぎわった。多くが繭問屋や地域の商工組合によって建設されたもので、なかには養蚕の乾繭場や倉庫と兼用で建てられたものもあった。劇団一座の巡業や操り人形芝居、映画の上映が行われ、映画フィルムの一部は複数の劇場で共有して上演されたことが記録されている。大正期には町民大会が開かれるなど、地域の集会場としての役割ももっていたと考えられる。

劇場での映画上映は1950年代が最盛期であり、その後はテレビやビデオデッキの普及、映画産業の衰退により、脇町劇場を除くほかの劇場・映画館は軒並み1960年代には閉館することとなった。自身も脇町の出身というスタッフの方によれば、1980年代の脇町劇場はもっぱら映画の上映を行う施設となっており、その存在を知る人はいても、映画ファンの町民を除くと利用する人は多くなかったという。脇町劇場はその後も映画上映を続けたものの、観客が2、3人しかいない日が続き、建物の老朽化が進んだことで1995年に一度閉館することになった。

映画「虹をつかむ男」と地域住民

閉館となった脇町劇場は、保存に向けての道を模索する一方で、取りこわして駐車場にするという話も出ていたという。しかし翌96年に松竹映画から、先述した映画「虹をつかむ男」ロケ地への申し出があり、これが大きな転機となる。脇町の行政は、新しい観光地として全国にPRするチャンスとして申し出を受けることとした。11月5日から22日間にわたるロケは、脇町をはじめ周辺5つの町で撮影が行われた。現在の脇町劇場に展示されているパネルを見ると、ロケ中の様子や映画完成後の上映会を報じる新聞記事で、多くの町民らで賑わったことが記録されている。

一連の映画ロケ・公開を通じて、脇町劇場をめぐる保存への動きが大きく変わることとなった。

まず、地域住民の間で脇町の良さ、そして脇町劇場の良さを再発見することができた点である。新聞記事での町民インタビューでは、映画を通して町の自然や、あまり注目してこなかった脇町劇場の歴史に目を向けることになったと記されている。また、無声映画や芝居を家族で観たことを思い起こす人の声も聞かれた。こうした劇場に対する新たな発見が、後述する保存の運動にもつながったと考えられる。また、ボランティア活動など、地域住民によるまちづくりが一層進展した。

ロケの際には地元の負担金が課題となったが、映画のマーク入りジャンパーを製作してその利益を受け入れ資金の一部としたり、交通整理やロケ現場での食事を「生活改善グループ」と呼ばれる複数の地域団体や地元農家、地域のボランティアの協力を得たりして、最終的な町費負担を600万円で済ますことができた。住民による協力については、山田監督も「町民の方はエキストラでもたくさん出ていただきましたが、それよりも映らない部分で多くの人の助けがありました」と、ほかに例を見ない地域からの応援に感謝の言葉を寄せている。

この背景として、脇町ではうだつの町並みを中心とした地区（脇町南町）の町内全戸が参加して「町並み保存会（1988年）」を結成するなど、行政とともに歴史的景観の保存や整備を行ってきたことが挙げられる。また、住民参加のまちづくりとしては、ロケと同じ1996年から町の総合振興計画（10か年計画）づくりのための「百人委員会」を発足させており、地域のボランティア育成にも取り組むようになっていた。

その結果、来訪する観光客向けの「観光ボランティアガイド」のグループも生まれた（96年）ほか、ロケの前後には地元の有志によって「脇町劇場保存会」が設立、地域住民の手によって脇町劇場の保存の動きも生まれることとなった。当時の脇町長である佐藤浄《きよし》氏は、「映画のロケを通して、町民の中から町おこしを自分たちの手でやっていこうという動きが出た」と振り返っている。

修復オープンと地域住民の活用

映画による人気の高まりと住民による保存運動の結果、脇町劇場は「うだつの町並み」の観光拠点地区施設整備事業の一環として、約1億6000万円をかけて昭和初期の創建時の姿に修復され、町の指定文化財として登録された（現在は美馬市指定有形文化財）。9か月間の改修工事ののち1999年6月にオープンし、名誉館長には山田監督が就任した。映画と同じ「オデオン座」のネオン看板を掲げ、それが劇場の愛称となって定着している。修復オープンの際には「脇町映画博」が約1か月間開かれ、映画ロケの写真展や浪曲、人形浄瑠璃、地域住民による踊りなどが繰り広げられている。

脇町劇場（オデオン座）外観（2021年12月、筆者撮影）

再オープン後は文化財としての保存、観光客に向けての施設公開に加えて、地域住民による利用も積極的に行われてきた。先述した「脇町劇場保存会」の活動のほかに、「虹をつかむ男」で主人公が力を入れたものと同じ「土曜名画会」の活動があったことも記録されている。

また、劇場を拠点にした町民劇団をという声も上がり、改修と同時期に町民劇団「うだつ座」、2004年には町民児童劇団「うだつ劇団寺子屋」が発足した。のちに美馬市観光大使を務めた矢田清巳氏（「水戸黄門」監督など）が演出し、東映に所属する若手俳優と「寺子屋」や美馬市民劇団「あおいろ」に参加する市内の子どもたちが共演する「うだつがあがる芝居公演」も、2010年代にかけて定期的に行われた。

再び、地域における文化の殿堂として

改修オープン後の脇町劇場は、町が出資する第三セクターや一般社団法人によって管理・運営がなされてきた。2021年度からは「穴吹エンタープライズ株式会社」が指定管理者となっている。同社は隣接する美馬市地域交流センター「ミライズ」（美馬市立図書館、美馬市民ホールのほか、練習室・会議室等を併設し

た複合施設。2018年開館）の指定管理も行っている。スタッフの方によれば「ミライズで行われる活動やまちづくりの動きとも連携しながら、オデオン座ならではの歴史や舞台を活用できる場面を増やしていきたい」と話す。オデオン座の自主事業として、落語会や映画上映会、「うだつの町並み」の近隣施設と同時に開催する華道展「うだつをいける」などを開催している。

　こうした自主事業のほか、和楽器、落語、大衆演劇、フラメンコといった多彩なジャンルの興行、そして地域住民へ向けた貸館での利用が行われている。地域の女性たちが日本舞踊などの練習・発表の場として利用しているほか、地元企業が会議やワークショップ、研修会の会場として利用することがあるそうだ。予約が入っていない時間は、施設の見学が可能になっている。

　規模の大きな催しが開かれる「ミライズ」に対して、オデオン座では、風情ある小規模な会場、舞台を活かしたいと考える主催者・地域住民からの利用が多いという。

　1本の映画が大きな契機となって、地域における劇場の意義がとらえ返され、建物や景観だけでない文化的な価値を発見することにもつながった。改修後の脇町劇場は観光施設でもあり、なおかつ地域内外の芸能や文化に触れる場、そして住民自ら行う文化活動の場としても定着してきている。住民の文化活動とその楽しみを支える「殿堂」として、再びその役割を担っているのではないだろうか。

（2024年3月）

〈参考〉
・脇町史編集委員会編（2005）『脇町史　下巻』
・佐藤淨（2000）『21世紀のまちづくり　美感優創うだつの町を』
・徳島県美馬市『広報みま』各号
・読売新聞1999年10月31日付朝刊、および2000年7月6日付朝刊

酒工場から文化拠点への転身
——台湾台北・華山1914文化創意産業園区

林　忠賢（宮崎国際大学国際教養学部講師）

好きなことの価値

　2006年、学生だった筆者は初めて「シンプルライフ」というイベントに参加した。当時の台湾社会では、エリート主義や学歴社会の風潮が強く、若者が勉強以外に好きなことをすることや自己表現は許されにくかった。それに異議を唱えて「好きなことをして、そこに価値がある」と掲げたこのイベントでは、週末2日に初めての開催で3万人余りの参加

文化拠点となった酒工場

者が集まった。いくつもの室内外の会場に分かれ、野外舞台では地下バンドが生楽器だけで演奏し、気に入ったらその場で床に座って音楽を楽しむことができる。室外の露天マーケットでは新鋭のデザイナーや学生が自主制作の作品を販売し、制作者に制作のストーリーを伺うことができた。側にテントを張ってサロンのような講座も行われた。このような、かつてない新形態のイベントは自由で活気いっぱいであった。魅了されて虜になった筆者がその後、何度も足を運んでいたのが「華山文化創意園区」である。

日本植民時代の酒工場から文化拠点へ

大きく分けて華山文化創意園区は「酒工場」「廃墟」「文化拠点」の3つの時期を経ている。１９１４年、日本酒と樟脳の製造工場として登場し、その後１９２９年に日本政府に徴収された。戦後、１９４５年この工場は国営企業として台湾政府によって運営されていた。１９５０年代中盤から、農産品の振興やフルーツ農家の収益向上といった政府の政策のもと果実酒の開発が進み、果実酒工場として知られるようになった。その後、加速していた都市開発及び水質汚染の問題で１９８７年郊外に移転することになった。

郊外移転による閉鎖後、一時は周辺の空き地が駐車場として利用され、内部の工場は廃墟化が進んでいた。１９９７年に無許可のアートプロジェクトが行われ、アーティストが逮捕されたことで、この酒工場の跡地が社会の注目を集めた。これがきっかけとなり、所有者である国は「アーティストのパフォーマンス、交流」「芸術に関するアカデミックなイベントの開催」「国際アーティストのスタジオ」といった目的を掲げて芸文特区（芸術文化特別区域）として利用することとした。

ほぼ同じ時期に、産業構造の変化を図ろうとして芸術文化及びイノベーションに重きをおくような議論を重ねて２００２年５月、台湾政府は「挑戦２００８：国家発展重点計画２００２−２００７」を打ち出した。そのなかで「文化創意産業」について方向性を提示し、芸術文化活動を産業化して、ある種のビジネスモデルとして改めて定義した。こうした動きを受け、その受け皿である芸文特区は光が当たるようになった。２００３年末から、ブロック塀の解体から一連のリノベーションが始まり、「華山創意文化園区」として芸術界や大衆に向けて開かれた。敷地内にいくつの建造物やエリアがあるため、それぞれを最大限に活用すべく、３つの委託形式を取り入れた。全体の運営は、ＲＯＴ（Rehabilitate-Operate-Transfer）政府の奨励政策により民間企業が自ら資金調達を行い、政府が所有する既存施設を改修・補修する。契約期間中は、施設を所有して維持管理・運営を行い、行政からの支払いと利用料金収入で資金を回収する。契約期間終了後は施設の所有権を行政へ移転する）。そして、映画館はＯＴ（Operation-Transfer　行政が建設した施設を民間企業に運営を委託する形で、一定期間が経過すると、その運営権が行政に返還する）。さらに新設の建物に関してはＢＯＴ（Build-Operate-Transfer）民間事業者が施設を建設し、維持管理及び運営し、一定の期間を経過したら政府に施設所有権を移転する方式）。こうして、「文化創造」と「産業」を接合するさまざまな試みがされてきた。

豊かな生活を求める意識の台頭

２０００年に入り、ロハス（ＬＯＨＡＳ）やクオリティ・オブ・ライフ（ＱＯＬ）といった表現がメディアに取り上げられ、豊かな生活を求める意識が芽生え始める。先述の政府の文化政策も拍車をかけた。

このように、華山文創園区は政府主導の芸術文化の振興、そして国民の意識向上が掛け合わせとなって文化の拠点になりつつある。

華山文創園区は日本政府そして台湾政府に所有されて、異なる種類の酒の製造や酒に関する作業によって形式が異なる建築群がある。この20年、芸術文化エリアとして開放するため、その建造物を保存しつつ、修復と改築も行われた。室内の空間である蒸留所、酒蔵、仕込み室、貯蔵庫、ボイラー室、作業場といった建物は、主にレストラン、カフェ、展覧展示会場、演劇やダンスのスタジオとして使われている。通路や空きスペースはハコのない展示スペースやポップショップとして利用されている。緑あふれる広場は公園や露店舞台としてお子さん連れの来場者で賑わっている。建造物自体ができるだけ当時のままで保存されているため、日本植民時代と台湾早期のレトロな情緒が残りつつ、現代では見かけない建築形式が人寄せとなり、カメラを構える写真家や、インスタ映えスポットを求める若者の姿をみせている。

建物以外に、華山文創園区では1年を通してさまざまなイベントが開催している。こじんまりとした定員10人の小規模のイベントがあれば、１日数万人規模のイベントもある。例えば、展覧スペースでは、海外アーティストとの連携で開催される展覧会はもちろん、大学生の卒業制作の展示、自由に入場できる対談イベントまで活用されている。通路の端にスペースがあれば、休日にストリートアーティストの舞台となり、あるいは学生団体のパフォーマンスのリハーサルの場所にもなる。２階にあるスペースでは、ワークショップ、台北芸術大学との連携で市民向けのダンスレッスンも開講されている。このように、多様なイベントが開催されている。主催者に関して、学生から、個人の起業家、アーティスト団体、出版社、ＮＰＯ法人、そしてコンサルティング会社まで多岐にわたる。参加者は、一般市民からサブカルチャーの愛好者まで幅広い人々が集まる。新型コロナウイルスの流行の前年度２０１９年には、計２５１４回のイベントが開催され、延べ３９７万人近くが参加した。

このように、華山文化創意園区はプラットフォームとして役割を果たす一方で、文化創造産業に良い循環をさせ、運営利益の一部を新しいブランドに回して支援・サポートも行う。このように対話的な交流が成り立っている。なんでも成立し、なんでも受け入れてくれるような場所である。目当てのものがなくても、台北市内の公園として一息入れる場所としてもよい。芸術文化が好きな人にとってはエネルギーチャージするような常に新しい発見があり、豊かな芸術創造・活気が溢れる場所である。

コミュニティの形成と一味違う本屋

華山文化創意園区にいくつかのインデペンデント書店がある。小規模なインデペンデント書店ではオーナーの好みや、店の理念に沿ったルールで販売書籍を選ぶといった性格を前面に出している。このような書店は単なる書籍の販売ではなく、社会問題、食品安全、フェアトレードの農産物、ジェンダー、国際問題といったことを発信する場所でもある。こうして、同じ関心をもつ、あるいは書店の意識に賛同する客が集まり、新たなコミュニティが形成される。運営に関して他業種の併設や、台湾に根差した商品開発にも力を入れている。そのほか、多元的に交流できるイベントの開催や華山文化創意園区内の他店舗との連携も行われている。ここでのインデペンデント書店はもはや独立という意味ではなく、華山文化創意園区との共同体となりつつある。

情報が溢れるネット時代、書店の経営不振が続く状況において、ここでのインデペンデント書店は書籍の取り扱いだけでなく、音、本のある空間を含めた要素で、インデペンデント書店ならではの雰囲気や性格を醸し出している。さらに、華山文化創意園区にあるからこそ多様な連携ができており、路面店舗のインデペンデント書店と一味違うものがある。

購入行為という1票

毎日、消費者である我々は何も意識せずに商品を購入している。その商品が誰によって、どこでどのような方法で生産されているのかといったことに関心が向けられることは多くない。このように、数多くの商品の中から何らかのものを購入する無意識の行為が、実は選挙における投票と同じように、特定の産業を支持することとなる。また、その商品を購入することによって、生産者の支援・自立を支えることにつながることもある。

例えば、消費者の手に届く1本の牛乳の背後に生産のストーリーがある。それを理解してもらおうと、華山文化創意園区では展示展覧会、マーケットイベント、講演、飲料メーカーとのコラボのポップショップという4つのイベントが開催され、酪農の価値を伝える試みがなされた。参加者は体験、展示に参加し、講演を通して理解が深まり、さらに小作酪農家の支持にもつながる。画面越しで世界のニュースが放送されるが、華山文化創意園区では、1本の牛乳に関心をもつことから始まるこのような対面でのつながりをもつことを大事にしている。

先入観から外れたからこそできること

これまで見てきたように、酒製造工場から廃墟、文化芸術向けの特別区域、そして文化創造産業の拠点として変容してきた華山文化創意園区は、文化財という1つの概念に収斂するものではなく、1つの形に当てはめることができない。このような場所だからこそ、冒頭で述べた「シンプルライフ」のような自由なイベントが許される。

また、人々を引き寄せるその魅力をまとめてみると、建築物自体が歴史を語るものとして自立しており、それが博物館や美術館とは異なるハコモノである。そして対話的な空間を常に提供しており、それによってつながりをもつ人々が支え合いながら、より良い循環となっていく。

また、このように工場跡地であった華山文創園区が民間の求めにより活用されたことを皮切りに、建造物再利用の動きが台湾各地に進んでいる。それぞれの建物の特性を生かすような試みが見られる。

華山文創園区はその空間と雰囲気全般、そしてそこで利用する参加者もその一部に含まれて文化芸術の拠点に変身した、物理的建造物を超えた暮らしの公共空間であり、学びの空間でもある。

（２０２２年７月）

〈参考〉
・華山文化創意園区のホームページhttps://www.huashan1914.com/w/huashan1914/Index
・華山文化創意園区各号年報
・「Huashan1914 Creative Park—官民連携で産業遺構を文化拠点に変える」、『JA：the Japan architect』１１６号、２０１９年12月、90-95頁

「戦没画学生慰霊美術館 無言館」を訪ね歩いて

相馬 直美（地域文化研究会）

戦没学生慰美術館 無言館

何も言葉が持てない

２０２２年８月、地域文化研究会メンバーの山﨑功さん、田所祐史さんと共に「戦没学生慰美術館　無言館」を訪ね歩いてきた。

長野県上田市郊外の丘の頂に建つ「無言館」は、旧「信濃デッサン館」の分館として１９９７年に開館した。館内には、戦没画学生の遺作とともに彼らの戦地からの手紙や生前の愛用品、写真などの数々がケースに入れられて展示されている。「無言館」という名前は、「つけた名前」ではなく、「産み落とされた」ものだと、館主の窪島誠一郎氏は言う。

「自分が絵の前に立ったときには、ただ頭をたれて絵を見ているしかない。しかし、このこみあげてくるものは何だろう、それが『無言館』だった」「素直に黙るしかない、何も言葉が持てない――名前はそちら側から来ました」（『無言館はなぜつくられたのか』１４４頁）

「あと五分……、あと十分……」

右手に「傷ついた画布のドーム」を見ながら、蝉の声もおさまった坂を上っていくと、「戦没画学生慰霊美術館　無言館」と刻まれた無骨な石が出迎えてくれる。８月最後の日曜日ということもあり、訪れる人は多い。

木製のどっしりした扉を開けて中に入った途端、一枚の自画像に見つめられ、足が止まる。その絵に添えられた「あと五分……、あと十分……」という言葉に、押さえることのできない感情が胸に込みあげてくる。

その絵の前から立ち去りがたい思いをこらえて薄暗い館内を進んで行くと、む

「傷ついた画布のドーム」　天井には画学生のデッサンなどが貼られ、「オリーヴの読書館」を併設（絵本を含め 15000 冊配架）。庭には沖縄の摩文仁の丘の石が敷かれている。

き出しのコンクリートの壁に飾られているそこかしこの絵は、小さな閃光を放ち、故郷の景色や家族や恋人、友人たちとのありふれた暮らしを照らし、死の執行猶予を受けた画学生たちが刻んだであろう命の時間が立ち上がってくる。

・「自画像」「裸婦」

日高安典　ルソン島バギオにて戦死　享年27

あと五分、あと十分この絵を描かせてくれ……

小生は生きて帰らねばなりません。絵をかくために……。

・「風景」

曽宮俊一　湖北省光化県老河口にて戦死　享年24

達者か……早く帰ってこい……おまえには芸術があるぞ……。

・「祖母の像」

蜂谷清　フィリピン・レイテ島にて戦死　享年22

ばあやん、わしもいつかは戦争にゆかねばならん。

そしたら、こうしてばあやんの絵もかけなくなる。

それらのなかには、私の故郷、新潟の画家もいる。

・「子供たち」「姉の像」

金子孝信　華中・宜昌にて戦死　享年26

孝信は、出征の朝までアトリエで天の岩戸を題材にした大作を描きつづけ、「これは自分の最後の作品、天地発祥のもとである天の岩戸に自分は帰っていくんだよ」と語って出征していったという（『無言館 遺された絵画展』）。

感動は口にできない

旧「信濃デッサン館」は、1979年に山の麓の真言宗前山寺の山門近くに建てられ、開館した。「無言館」はその分館である。開館以来39年間にもわたり営まれてきた旧「信濃デッサン館」は2018年に閉館、2020年に「KAITA EPITAPH 残照館」と改名し、現在も多くの人々を迎え入れている。

壁のパネルには、『残照館』とは、いつのまにか日暮れのせまった道を歩く男の感傷から生まれた館名で、KAITA EPITAPHは、私が半生を賭けて愛した大正期の夭折画家村山の「墓碑銘」を意味している」と記されていた。

館内は、夭折の村山槐多《かいた》（1896〜1919）やエゴン・シーレ（1890〜1918）のデッサン画などで全体が統一されている。そのせいか「無言館」に比べると軽やかな空気が感じられ、奥には夭折の詩人・立原道造（1914〜39）の作品や遺品を展示した小部屋もある。

壁には、デッサン画の余白を使うように、「感想は口にできても感動は口にできない」など、先の「無言館」での実感を端的に表すような〈残照妄言〉がところどころに貼られている。

「無言館」で最初に目にした日高安典の絵の前で、ただ黙るしかなかった。絵に刻まれた命の時間に、言葉は吸い込まれ、無言を通り越したその奥底から湧き上がってくる、いま、ここに生きている自分の声、声、声……。

「あと五分……、あと十分……あったら、私は何をしていたいだろうか」

「もしかしたら明日は会えなくなるかもしれない　大事な人たち」

「もっと大切にしたい　日々の暮らし」

「どうか平和でありますように」……。

「残照館」の庭に出てみると、拓けた風景の中で、夏の終わりの日差しをベージュ色の傘で受け、椅子に身を沈めて電話をしている窪島誠一郎氏が見えた。その電話を終えるのを待って、同行している山﨑さんが挨拶しにいくと、同じ歳だという彼に「お互い、1秒でも長く生きしましょうや」と声をかけてくれた。

その場を離れた後、手帳を開いたり、目を閉じてもの思いにふける窪島氏の静かな佇まいを庭のテラスでお茶を飲みながらしばらく見入っていた。視線の先には、塩田平の空と里山の風景が広がり、近くには濃いピンク色の木槿が揺れている。朝に咲き、夕にはその命を閉じるは命短し一日花である。「1秒でも長く」と、木槿《むくげ》の命の声が聞こえてくるようだった。

なぜ絵を描かなければならないのか

「絵は描こうという対象を愛していないと描けない。……夕焼けだろうが花だろうが、人だろうが、憎んでいたら、絵

「残照館」からの眺望

は描けない。……絵はすくなくとも絵を描いているときだけは描く対象を愛していないと、描けない。これは他の芸術表現にはない点だと思うんです。……そこに絵があることじたいが『平和はいいな、人を愛することはいいことだな』という証なんですから。『平和を守りたい』のは、自分の愛した妻を描き、恋人を描いていたその時間を守りたいからでしょう。その時間を守るために平和が大事なんでしょう」（『無言館はなぜつくられたのか』170頁）

　野見山暁治氏は、窪島氏とともに戦没者の家を訪ねることにした理由を、「人間の本質にひそんでいる暴力の、その奪っていくものの怖さにあがいて、どこかにひそかな平穏を探る気持ちがあるのだろう」と語っている。（『祈りの画集　戦没画学生の記録』55頁）

　それは「なぜ絵を描かなければならなかったのか」という問いへの本源的なこたえでもあろう。

戦争がなければ

　窪島氏は、ロシアのウクライナ侵攻の終結と平和を願い、新聞に黒地に白い文字を残照で浮かびあがらせたような全面広告を掲載した。

「無言館」は
本来、存在してはならない美術館です

今、地球上で起きている
あらゆる戦争や紛争が
一日も早く終息しますよう
「無言館」の画学生たちは祈っています
第二、第三の「無言館」を
生まれさせないために

（信濃毎日新聞　2022年6月4日）

「生母が残した『あの子は戦争に流されてきた子だから』という言葉は何度も反すうしてきた」という窪島氏は、さらに自らを「流木」に例えた『流木記』（白水社）を世に出した。その取材では、「僕だけでなく、養父母も生父母も、庶民全部が流されてきた」「（戦争がなければ）もっと別の生き方があったんじゃないか」と語る。

（信濃毎日新聞　2022年6月25日、括弧内は筆者）

　戦争は過去のものではない。ウクライナやロシアで、今、私たちが生きているこの地球のどこかで、「あと五分……、あと十分……あったら」と切なる思いを抱く人たちがいるであろうことを忘れてはならない。

　「残照館」の庭のテラスから拝見していた窪島氏の胸中はうかがい知ることできないが、80歳を超え、病を得た氏の背中が、「いまを、1秒でも長く生き切れ」と言っているように思えるのだった。

（２０２２年11月）

〈参考〉
・窪島誠一郎監修（２００５）『無言館 遺された絵画展』ＮＨＫきんきメディアプラン
・野見山暁治・宗右近・安田武（１９９７）『祈りの画集 戦没画学生の記録』日本放送出版協会
・野見山暁治・窪島誠一郎（２０１０）『無言館はなぜつくられたのか』かもがわ出版
・窪島誠一郎（２０２２）『流木』白水社
・窪島誠一郎（２０１５）『父・水上勉をあるく』彩流社

インタビュー

暮らしの問題として文化をとらえる

吉川 徹さん
（前多津衛民芸館長）

生活のすべてを文化と捉える吉川徹氏の視点は明快である。そこには日々の暮らしはもちろんのこと、地域の産業や政治、差別問題などの軋轢も含まれる。職員として、町長として、そして民芸館館長として、多くの若い人が参加しながら地域づくりを進めてきた吉川氏の歩みに学ぶ所は多い。

望月町へ

東京教育大学に通っている頃、東京大学の社会教育担当教授の宮原誠一先生と知り合って、東大に研究生で1年通いました。そのときに助手だった千野陽一さんに誘われ、望月町教育委員会に就職することになりました。

戦後日本の農業政策は、最初は食料増産を進めます。１９４７年の農地改革で今までの地主制度がなくなっていく大きな改革でした。しかし１９５４年にはＭＳＡ協定で、アメリカの余剰農産物、特に小麦粉の受け入れが進み、食料増産という農政は変わってきます。１９６０年に農業問題基本調査会の答申が出て、61年に農業基本法が成立しますが、米麦中心の食料増産から畜産、果樹、野菜などの選択的拡大へと、日本の農政が大きく転換する時代を迎えました。

当時の酪農は望月町でも農家が牛を１、２頭飼って出荷が行われていましたが、乳価の安さから、佐久の酪農家は乳価闘争に立ち上がりました。１滴も出荷しないという、全国初の農民のストライキです。その後の農民運動の１つの原点にもなったこの乳価闘争に、望月の青年たちも参加していました。戦争中の「父よ、あなたは強かった」という標語をもじってプラカードに「乳よ、あなたは安かった」。これが、新聞でも大きく話題になった乳価闘争です。

宮原誠一先生が中心となって、１９６０年長野県に、「信濃生産大学」が生まれます。長野県各地の農業青年たちがつくった農業近代化協議会（農近協）と東大と信州の研究者たちが一緒になって、１９６６年まで続きました。

１９５９年に4か町村が合併して望月町が誕生します。町政は新しい産業を興そうと産業振興を政策の柱にしていたんですが、信濃生産大学に参加していた望月の農近協や青年団の人たちが、産業振興にはまず人づくりを、と社会教育主事招致の運動を起こしました。人口1万人以上のところには社会教育主事設置が望ましいという方針が文部省から出された時代でもありました。信濃生産大学でつながりができた東大宮原研究室からぜひと、青年たちは町当局に交渉し、私が就職することになりました。

青年サークル

昭和20年代は青年団が地域の中で大きな影響力をもっていました。１９６０年以降、高度成長以降の全国の農村がそうですが、農業だけではもう生活ができない。都市へ行って働く、あるいは地元に残っても近くの工場に働きに行く。その流れの中で、青年団は減少し、一方農業問題学習会、合唱団などさまざまな青年のサークルができました。例えば「どんぐり合唱団」は、始まりは少人数でしたが、次第に人数は増え、週2回夜、50～60人が集まって練習する大集団になっていきました。

――長野はよく教育県だと言われますが、それを実感するようなことはありましたか。

長野県が教育県だというのはもっと別の視点から言われたので、これは別の機会にお話ししたいと思います。

戦後、全国の青年団運動の中で福島、長野、京都は最も活発な御三家と言われました。長野県の場合、昭和20年代から青年団活動は非常に活発でした。その基礎には、農村文化協会（農文協）の活動やさまざまな学習運動がありました。農文協の活動、勉強会が全県に広がっていったことも1つの基礎になって、信濃生産大学が生まれました。

社会教育を守る会

１９７０年になって政府は米の生産調整を始めます。減反政策です。１９６０年代に小さな田んぼを大きくする構造改

多津衛民芸館の理事・監事と（2名欠席、2023年5月。前列左端が吉川さん）

吉川 徹　1937年東京生まれ。東京教育大学卒業後、東京大学教育学部研究生を経て、1962年長野県望月町（現佐久市）に社会教育主事として赴任。青年団や婦人会の仲間と共に町の活性化に取り組む。1999～2003年望月町長。1995年、町内に多津衛民芸館を設立、2024年4月まで館長を務めたほか、現在もさまざまな地域活動にかかわる。

善事業が行われます。1960年代の後半には全国的に行われ、農家は借金をして田んぼの整備をする。その借金をまだ返さないうちに政府は米の生産調整を打ち出すわけです。

この減反政策とはどういうものか、また同時にあった産業廃棄物処分場の問題、この2つを婦人問題研究集会で取り上げたところ、町当局と議会は「これから推進していく減反政策に疑問を投げ掛けるような学習をするのは許し難い」と、社会教育主事の吉川を商工観光係長へ異動させる辞令を出しました。その日のうちに青年団、青年団体協議会、婦人会の役員が集まって、「これは吉川の問題だけではなく、住民の自由な学習に対する攻撃である。自由な学習は住民の権利だ」ととらえて、社会教育を守る会が結成されました。当時青年団長で、今でも仲良くいろんな活動を一緒にやっている伊藤盛久が会長になって、1週間で有権者の過半数（4600余）の署名を集め、1か月半ぐらいのうちに、守る会のニュースを9回、3500戸ぐらいの全戸に配布、3日か4日に1回チラシを入れました。

町長交渉をくり返し、町長室で夜中の1時まで交渉したこともありました。最終的に吉川を3年以内、早い時期に教育委員会に戻す、社会教育を充実させるという協定書が守る会と町側で交わされて妥結をしました。私は1年8か月ぐらい商工観光係長をやった後、社会教育に戻りました。戻った時には社会教育職員も2人になって、この約束は守られました。

その時に、社会教育を守る会の活動をまとめた冊子「いろり」を発行しました。この中で、行政の社会教育主事というのは、町政とぶつかったときに異動させられるが、住民1人ひとりが社会教育主事になれば、異動もないし、どこからも制約を受けないと話し合い、社会教育の勉強会も始めました。地元で農業をやっている青年団や婦人会の人たちはこういうときになると一歩も引かないのです。その姿を見て、私はとても励まされ、勇気づけられました。

そして私はこのときとても感動しました。もちろん彼ら彼女らは「これは吉川のためにやっているんではない。オレたちの学習の自由を守るためにやっているんだ」と言うのですが、私の異動に対してこれだけの運動を地域の人たちがやってくれたことに非常に胸に迫るものがありました。それまでは町営住宅に住みずっと望月にいるとも思っていなかったのです。これを経験して、この仲間たちとずっと生きていきたいと思うようになり、借金をして家を建てました。

抵抗から抵抗の中の創造へ

その後さまざまな運動を経験しました。青年団や婦人会、青年団体協議会、いろんなサークルの人たちと活動を広げました。運動すれば行政は動くという実感もありました。地域の主人公は住民であると思いました。

4つの小学校が1つに統合するときも反対署名が行われました。教育委員会は各地区で懇談会を開いたんですけど、青年団、婦人会も出席して、小学校1校にするということは総体として教員の数を減らすということだ、と反対しました。小学校を統合すれば子どもの厚飼になる、という認識が広がって、統合は中止となりました。今は残念ながら1校統合になってしまいましたが、このときは4校存置で4校全部建て替えが行われました。

中学校1校と4小学校の給食を1つにするという給食センター化への反対もありました。地元の農産物を使うことが学校給食では大事ではないか、と阻止しました。しかし、今は給食センターになっています。

それから、産業廃棄物処分場反対。河川の上流に処分場を造るという計画があって、これも最初は4~5人で始めた運動が地域全体の運動に広がって、処分場建設は阻止されました。

同和教育にも取り組みました。部落のお母さんたちと一緒に差別戒名の勉強会などもやり、今は外国人労働者問題、技能実習生の問題にも取り組んでいます。

当時の住民運動で大変盛り上がったのは、場外馬券売り場反対運動です。望月の一角に高崎競馬の場外馬券売場を造ろうと県畜産課から提案があり、しかも初めは「馬事畜産啓蒙施設」と言われたものですから、馬券売り場だとはみんなわからなかった。ところが、その資料を読んでいくと、どうもこれは馬券売り場のようだとわかりました。議員は16人が賛成、反対は4人。反対派の議員を中心に場外馬券売り場を阻止する会を結成しました。青年団体や婦人会、ＰＴＡ、育成会、地区評、教職員組合などが結集して非常に大きな反対運動になり、賛成派、反対派で激突しました。

反対の立場で、８００人を超える今までやったことがないぐらいの集会が開かれました。町始まって以来のことでした。「若いころから競馬に凝って金をつぎ込んで、店の経営もおかしくなったし、女房にも逃げられそうになった。その俺が反対って言うんだから、みんなわかってほしい」という人もいて、運動はこうして広がるんだとそのとき実感しました。場外馬券売り場について中学の文化祭でも展示がありました。そういうことがあって、推進派だった町長は議会にも相談せず、新年の挨拶で場外馬券売り場建設中止を発表しました。これは地元の信濃毎日新聞の一面トップに翌日出たぐらい、全県的なニュースになった運動でした。

この運動の中でこういう意見が出てきました。「あなた方の反対する気持ちはよく分かる。馬券売り場にしても、減反政策にしても。だけれども、反対ばかりしていても町は過疎が進むばかりじゃないか。どういう地域をつくるかという展望が必要ではないか」。ここから「抵抗から抵抗の中の創造へ」という言葉が生まれました。山の開発にしても、ゴルフ場を造るのは反対だというと、「あんた方の言うのはわかるけれども、ゴルフ場を造ってその収入で周りの山を管理していくんだ。収入がなければ山の管理なんてできない。ただ山守れと言って、その金はどうするんだ」と言われました。反対だけでは、そこに展望がない。だから「抵抗から抵抗の中の創造へ」を考えなければならないことにだんだん気がついてきました。

宮本塾

１９９２年、当時は大阪市立大学教授だった宮本憲一先生を囲んで宮本塾を発足させました。私が労働組合の委員長だったときに書記長だった北沢正和君が、40歳ですぱっと役場職員を辞めてそばの修行をやって、今は全国で有名な「職人館」というそば屋をやっています。その北沢君が、地方自治研究全国集会で宮本先生と知り合いになり、先生を望月に案内したのが最初です。

宮本先生を囲んで、みんなで酒を飲む、ワーワーやることを繰り返しているうちに、先生は佐久病院の若月俊一院長と親しかったこともあり、望月に山荘を造りました。ただみんなで楽しんでいるんじゃもったいない、勉強会をやろうと私が提案し、「もちづき宮本塾」が発足しました。宮本先生は、1月、2月を除いて1年10回、毎月来てくださるようになりました。

今でも申し訳ないと思っているんですけど、謝金も旅費もなく、毎月京都から宮本先生は望月に通ってくださいました。発足時は60数人で、内発的発展とは何か、から勉強が始まりました。

「抵抗の中の創造」として「かたりべの会」も生まれました。低農薬の米を使って、大澤酒造が純米酒を造る。その酒を職人館の料理で出す、ハニー牧場の蜂蜜でどら焼きを作る、異業種が交流して支え合うという試みです。「えいっこの会」では年4回そば祭りをやって、そのたびに300人ぐらい人が集まりました。この時期に多津衛民芸館も、900人ぐらいの寄付で自分たちで造りました。

町政を担う

「抵抗から抵抗の中の創造へ」というなかで、町政も変えていかなくちゃいけない、町長選に誰が出るか、と言っているうちに、私が出ることになりました。第1回は落選、2回目に当選しました。たった1期で終わっちゃうんですけど、取り組んだこととしては、夜間役場や入札改善。ゼロ歳児保育、町営バスを山間地に通す、特別養護老人ホーム「結《ゆ》いの家」を街の真ん中に建設することもやりました。安全な通学道路、バイパスづくり、「土作りセンター」という堆肥センター、公衆トイレを作る、いろんなことをやりまして、財政基金を増やし起債は減らしました。

山田洋次監督も、『たそがれ清兵衛』を作るときに、望月を気に入ってくださって、90人ぐらいのスタッフが2週間ぐらいにわたって滞在しました。あれは半分は望月で撮った映画です。そのとき山田監督が望月はとても良かったというので、『家族はつらいよ』も望月を舞台に撮ってくれました。

町政で議論になったことを2つ紹介すると、1つ目はゼロ歳児保育。それをやるかやらないかというときに議会で、「子どもは3歳までは親がみるべきだ」という議論があって、なかなか進まなかった。私は「もちろん3歳まで親がみる家があってもいい。でも0歳から預けたい人もいる。行政は、特定の価値観をもつのではなく、多様な価値観に応える組織であって、こうあるべきだということは行政が言うべきではない」と主張して、ゼロ歳児保育を実現できました。

もう1つは、山間地のバス路線。町営バスは毎年3000万の赤字でしたが、山間地からの強い要望があった。このとき初めて気がついたのですが、税金は一部の人のために使ってはならないとよく言うんですけど、考えてみれば、道路1本作ったって、全ての人が歩くわけではない。つまり税金というのは一部の必要な人のために使うべきだと主張した。懇談会をやったときに、「若い人はバスなんか乗らないけれども、年寄りが困ってんだからいいじゃねえか赤字でも」と言った青年がいた。それがきっかけになって、バス路線増設も実現しました。

そしてこの頃町村合併の嵐が吹き荒れ、合併しなければ財政がやっていけないという宣伝もありましたが、私は合併反対、自立を主張し、一対一の選挙になり、佐久市合併を主張した相手が当選をし、私は2期目は落選しました。町村合併問題で住民投票も行われたんですけれども、その結果も賛成多数ということで、２００５年に望月は臼田町・浅科村と一緒に佐久市に合併しました。

若い世代への広がり――その根底にあるもの

行政上は佐久市になっても、この望月の歴史と伝統は後世に伝えていこうという目標で、我々はＮＰＯ法人「未来工房もちづき」を作り、今でも活動しています。最初に取り組んだのが、比《ひ》田《だ》井《い》天来《てんらい》という日本で最初に芸術院会員になった書家が望月出身で、この天来の自然公園を作ること。中国の西安から王建虎さんという人を呼んで、石碑に書を彫って、公園を造ったんです。それ以来、天来まつりという催しを毎年開いています。そして佐久全国臨書展が佐久市立近代美術館で毎年開かれるようになりました。主催は市、実行委員会は私どもが市の職員と一緒にやっているんですけど、全国から３０００点ぐらいの書が毎年集まるようになり、非常に大きな書道展に発展してきました。その石碑公園に、望月小学校の3年生が、全員で毎年来てくれるようになりました。

奈良平安の頃、この地域は毎年京都に20頭献上するという大きな牧でした。未来工房もちづきの呼びかけで、そのことをうたった合唱組曲「望月の駒」をうたう合唱団がつくられて、2年に1回定期演奏会が開かれるようになりました。

ほかにも、未来工房もちづきで、バスで福島まで勉強に行って、実際に被災した人たちと交流会をやりました。「おんなしょうの会」という会も生まれて、味噌作りをやるとか、勉強会や修学旅行も実施しています。「望月小唄保存会」というのもあって、望月の榊祭りで演奏、私も三味線を弾いています。

若い世代の女性たちが中心になって「ツキ・ヒト満ちるプロジェクト」という会もできました。先ほどのおんなしょうの会の指導で味噌作りを勉強したり、マルシェを開いたり、様々な勉強会をやったりしています。ツキ・ヒトの人たちは、廃校になった小学校の校庭で、マルシェを開いてくれたんですが、どうしてこんな若い人たちや子どもたちが集まってくるんだ、と近所の年寄りたちが驚いていました。ネットで繋がる今の若い人たちが大勢集まり、物を売ったり食べたり、歌を歌ったりという非常に楽しい時間で、私も感激しました。ここから気候問題を勉強する集団も生まれて、気候変動を考える「リトリート」という集会も開かれました。

　望月は過疎地域ですから、人口は減少し高齢化は進むけれど、逆に移住者は増えています。多津衛民芸館の『平和と手仕事』という冊子で、2回特集をして若い新しい移住者たちを50人ぐらいご紹介しました。有機農業とか、半農半X、あるいは音楽家、様々な人たちが、この農村に住みつき始めている。風が種を運び、土がそれを育てる、これが「風土」という言葉だと思いますけれども、移住者をしっかりと受け止め、土着の人々との交流で、そこに新しい文化が生まれるのではないかと思っています。

――新しいメンバーが入りながらもずっと活動、学習を続けてこられた。その継続には何か大切な要素があったのでしょうか。吉川さんご自身は悩まれたことなどもありますか。

　基本は、仲がいいことがあるんですね。20代から30代の頃やった「どんぐり合唱団」では、何しろみんな仲良くなる。別にそこで何かしようっていうんじゃないんですけど、お互いのことを本当によく知ってる、お互いが悩みを語り合う、そういう若い時の経験が、集まって話し合い、議論し学習する基礎になってるかなと思っています。

　一度ものすごく自信を失って、もう社会教育はやめたいと言っていた頃もあります。40ぐらいのときだったかな。20代から30代の頃はみんなでワーワーやっていたけれど、だんだんみんな大人になって、それぞれの暮らしをし、様々な活動をするようになる、議員にもなる。それを見ていて、もう私なんか用がないんじゃないかと感じて、やめたいと思ったのです。そのときにどういうわけか、岡本一道《かずみち》という陶工を訪ねて、「焼き物を私に教えてください」と頼んだ。弟子は取らないと言うので、押しかけ弟子という感じで2年ぐらい岡本さんの窯に通って、ろくろを回しました。民芸に対する理解もそこらへんから始まっているんですけど、焼き物を作るようになって、それで少し自分の自信もまた、違ってきたところがありました。

若い世代が主催した集い。テーマは「オーガニック・ネイチャー・ハンドメイド・ローカル」

多津衛民芸館――「文化」を広く捉える

この民芸館は「平和と手仕事　多津衛民芸館」といいます。信州白樺を生きた小林多津衛《たつえ》は、大正から昭和の初期、全国で柳宗悦《むねよし》や武者小路実篤らがやっていた『白樺』の読者でした。東京についで読者が多かったのが長野県ですが、それを読んでいたのは青年教師でした。その中心が赤羽王郎、後に戸倉事件で教員を辞めさせられてしまう人です。その赤羽のもとにいた青年教師の1人が小林多津衛です。多津衛は、「修身」の教科書などあまり使わず、ヨーロッパの絵画や武者小路の小説などを教材にしていたので、昭和のはじめになって弾圧を受ける。白樺派といわれる人たちは多く弾圧を受けますが、小林多津衛は最後まで教員を続けた1人でした。その人が、白樺の影響もあって、昭和のはじめには柳を信州に呼んで、直接薫陶を受けています。戦後も多津衛は柳を招いています。

多津衛が柳の影響を受けて、若い頃から蒐集した焼き物や布を展示する館を建てようということで、どこの援助も受けずに寄付金を９００人から集めて、多津衛民芸館という70坪ばかりの建物を１９９５年に建てました。建てたときはまだ多津衛は生存中でしたので、もちろん多津衛が館長でしたが、建てて５年後に亡くなり、その後、事務局長だった私が館長になりました（2024年3月まで）。

我々の考え方の基礎は、民芸館で出している『平和と手仕事』という冊子の題名の通りです。何よりも大切なものは平和であるということ。それから労働というものが、いわゆる賃金のためだけではなくて、人のために役に立つ喜び。この喜びの原点には、かつての職人の仕事があったと思います。この焼き物をろくろで引く、建物を大工が作る、東北の人たちは蓑をみんなで編む、自分のうちで機織りをやる。そういう手仕事の中に、労働本来のあり方、原点があるのではないか。労働のあり方そのものを問い直さない限り、現代社会の基本的な問題は解決しないのではないか。そういう意味を込めて、「平和と手仕事」が多津衛民芸館を支える基礎になっている。武者小路の個性を生かす教育、暮らしの中に美を生かす、仕事の大切さ、人が嬉しいとき自分も嬉しいという労働の契機、平和への願いなどの5つが多津衛民芸館の基礎です。最近、若い人たちと民芸に関する勉強会をやりました。柳はどう戦中を生きたのか。平和という問題をどう考えていたのか。なぜアイヌや沖縄、東北の文化を大切にしたのか。柳のもっている本質を現在の我々として学ぼうと考えています。

――「文化」というと芸術中心に狭くとらえがちですが、民芸館では、地域全体、地域の人々の生活全体を大きな意味で文化としてとらえている。そこには、人が集まって、みんなで何かを考え、学ぶという柱があるのかなと感じました。

文化というものを暮らし全体の問題としてとらえてきました。例えば1つの地域のさまざまな農作業の形態も、文化としてとらえていくことが大事なのではないか。かなり若い頃、真壁仁さんや無着成恭さんのことも勉強させていただきました。日々の農業に従事する、そういう労働のあり方と文化とは、非常に密着していると思っています。

今の地域社会がどういう状況にあるのか。例えば食という問題を考えても、「食文化」というように、食を文化の問題としてとらえる。あるいは、日々使っている茶碗やお椀も、文化の問題としてとらえていく。そういう視点が重要じゃないかなと、若い人たちと勉強会をやっております。

引き継ぐということ

これも「文化」にかかわりますが、「居場所作りという町作り」というのが1つの結論のようなところです。望月町は、町村合併時、1万6００人いた人口が現在8４００人、16年間で20％減。江戸中期以来の用水が管理できなくなって、水田80枚ほどが耕作できなくなった集落、高齢者4世帯5人になった集落など、非常に厳しい。しかし一方で、ぜひ農村で暮らしたいという若者も増えて、ここ20年ほどで100人近くが移住してきました。この辺りでは自然薯という地元生まれの人とIターンの交流も始まった。これが新しい風。

私たちは今まで、自分たちがやってきたことを若い人たちに引き継ごうと思ってきた。しかしこれは少し違うようです。若い世代がやろうとしていることをシニア世代が手伝う。ここに交流が生まれ、お互いが影響しあう。これが引き継ぎという意味なのではないか。

青年団時代からの仲間たちと民芸館に寄ってはいつも話し合っています。今やっている住民運動や学習運動を若い人に引き継ぎたい、という考えは少し違うかもしれない。今若い人たちがやろうとしていることをどう手伝うのか。そういう発想が必要なのではないか、と考えています。今若い人たちは気候危機や農薬問題に関心がある。それを一緒にやっていきたいのです。

「教育はその人の発達を援助する行為である」という宮原先生の言葉を思い出しています。

――若い世代の挑戦をシニア世代が手伝うような交流の仕方に強く共感しました。まずその地域や集団が居場所として機能していたからこそ、何か挑戦してみようという気持ちが生まれたのではないか。そういう安心できる基地や居場所みたいなものとして機能していたのは、どういうポイントがあったのでしょうか。

社会教育というのは、理論だけではなくて、技術も非常に大事だと思っています。例えばみんなが話し合っているときに、この人は何を言いたいんだろうか、あるいは黙っている人に対しては、どういうときに「○○ちゃんどう?」と聞いたらいいか。こういう社会教育における技術論も非常に重要だと私は思っています。

私は、社会教育主事というものが染みついてしまっていて、例えば20人ぐらい集まってみんなでワーワー話し合っているときも、誰かしゃべっていない人がいるかいつも見てしまいます。居場所をつくるには、社会教育の技術が重要ではないかと思います。

――相手の立場に立って考えるという姿勢をこれまでの活動を通じて育んでこられたように思いますが、それはどのような経験の積み重ねなのでしょうか。

それは自分ではいつも意識しています。社会教育主事になったまだ20代の頃、農業問題の学習会を4地区に作って勉強していたんですけど、だんだん人が集まらなくなる。１人も来なかったとき、その会員の家を訪ねて行ったら、ちょうど花の菊の出荷を準備している最中だった。「今の日本の農業が、高度経済成長という時代に、どんどん厳しい状況に置かれている。それは何回か聞けばわかったが、どうやって我々はその中で飯を食っていくのか。今の世の中のここが間違ってる、ここが大変だと言っているだけではなく、自分たちはどうやってこれから生きていくのか、この厳しい中で農業をどうやって続けていくのか。ここのところをもっとみんなで勉強しなければ、学習会にならんぞ」という指摘を受けました。１人ひとりがもっている課題に寄り添っていかなければ学習は成立しないというのをこのとき実感しました。

その上で、地域の具体的に起きている問題を社会教育とか公民館の担当者は学習課題としてどう扱うか、それが専門性だと思います。専門性をもっている社会教育関係者が、そういう地域の課題をどう学習課題にできるのか、それが問われていると思います。私もまだまだダメなんですけど。

（記録・構成：杉浦ちなみ）

本稿は、東京大学教育学部での２０２３年1月23日の講義と、地域文化研究会で２０２２年1月９日に実施したインタビューの記録を元に編集した。
吉川氏の活動は、ＮＰＯ法人多津衛民芸館所収『平和と手仕事』第26号所収の自分史「私の半生と反省―社会教育という仕事に生きて」に詳しい。

4章 文化を支え、地域をつくる仕事

文化と地域をつくるのは人だが、その活動を支え励ます人が必要である。ここでは主に社会教育の立場から、文化の保存継承を支え、地域をつくる仕事の醍醐味について考える。各章末のインタビューに加えての本章では、今も文化活動を支える各地の職員の方々に、地域の過去、現在、未来を仕事のやりがいを語っていただいた。

芸術文化で感性を育む
――北九州市での取り組みから

四宮　嵩世（元福岡県北九州市社会教育主事）

社会教育との出合い

私が東京から福岡県に移ったのは1985年4月で、あれから39年が経った。当初は中間市《なかまし》という、かつて炭鉱で賑わい、勢いのあった街がすっかり衰退し商店街とは名ばかりの町に越してきた。3年ほどそこで過ごし、北九州市の副都心と言われる黒崎という町に引っ越した。

社会教育との出合いは、長女が転入した黒崎にある筒井小学校の家庭教育学級とのかかわりが最初で、家庭教育学級にたずさわっていた公民館職員の方が社会教育という言葉をよく使っていらした。私が家庭教育学級の委員長を引き受けて、何年目か、生涯学習ボランティア講座や、リーダー研修の講座の受講を勧めてくださった。

何か月かの受講を終了したときに、また国内研修生の募集に応募しなさいと言われ、作文と面接を受け、北九州市7区の八幡西区の代表として選ばれ国内研修に行かせていただいた。国内研修生は女性ばかりで、このときに国立婦人会館で研修があり、北海道から70代の女性の方が自費で参加されていたのが驚きだった。「社会教育は知らないことが多いから、学びに来ました」とおっしゃっていたことが心に残った。

国内研修の後、「生涯学習コーディネーター」という公民館ボランティアになり、公民館主事を経て、公民館から名称が変わった「市民福祉センター」に小倉北区の館長として配属になった。民間の館長はまだ歴史が浅く先輩諸氏に迷惑がかからぬよう、また後輩の方たちの道を阻むことのないように、まだ自分に足りない社会教育の学びを深めながら仕事をさせていただいた。

社全協での出会い

社会教育推進全国協議会（社全協）の全国集会に参加したのもこの頃のことだった。初めて参加したのは沖縄集会で、分科会が「地域文化の創造と社会教育」であった。このとき出会った、発表者の平田大一さんにお願いして市民福祉センターの人権講座で、お話と三線、エイサーの1人舞台を披露していただいた。

沖縄集会での平田氏の発表は、地域の子どもたちに劇場で演劇をさせるまでの話だった。最初乗り気で無い子どもたちが変化していく様子や、親たちやおじい、おばあの感動など、また、島おこしの話などに興味がわいて、すぐに講師をお願いした。生涯学習の講座の予算がなかったので人権講座でお願いしたことを思い出す。

文化不毛の地、北九州市で

越したばかりの北九州市は、市長選の最中で、立候補者の「文化不毛の地と言われる北九州で……」という言葉が耳に入ってきた。「あら、まあ、ええっ」である。

当時、長男が幼稚園に入り、保護者の方が紙芝居をつくるお手伝いの人を募集していた。絵本から書き起こし、紙芝居にするというやり方だった。その頃はまだ著作権などうるさくなかったと思う。その方のお子さんが卒園し私が責任者になって「花咲き山」の紙芝居に曲が欲しいということになった。東京に作曲家の知り合いがいたので曲を付けていただいた。その曲を聴いた保護者が当時では珍しいシンセサイザーの音に惹かれて、生で聞いてみたいと言う要望があった。私も演奏会など越して来てから行ったことがなかったので、それでは自分で企画してしまえと無謀にも企てた。

「文化不毛」と言われた北九州である。公演会の切符は企業から頂くもので、買うものではないと言われた。切符は売れない、まして１０００円の切符は絶対売れないと言われ、やむなく７００円の切符を売り、何とか満席の２７０枚を売ることができた（私はまだ売れた枚数の7割ぐらいしか聴きに来ないとは知らなかった）。お陰様で皆様に感動していただいたが「来年もするんでしょ」の声に素直にうなずけなかった。

このときの経験で、自分でお金を払って観に行ったり聴きに行ったりする大人に、子どもたちを育てようと思った。

家庭教育学級での公演会活動

小学校や中学校の家庭教育学級では、フルートやギター、チェロなどの楽器がどんな音を出すのか知って欲しくて、家庭教育学級の保護者と全校生徒に生の演奏会をした。また狂言師の野村万之丞《まんのじょう》氏もお忙しい中を時間を割いて狂言の話や演目をしてくださった。早世されたことを残念に思っている。

そのときの中学の校長先生が演奏会に積極的にかかわってくださり、先生方に授業の調整を促してくださった。小学校では難しいらしく、子どもに聞かせるのを諦めていたが、前日の準備のときに息子の担任の先生に「何かあるんですか？」と尋ねられ、「明日、ウイグルからいらしているトルソンさんという方の演奏会をします」と答えると「ぜひ子どもたちに聞かせて欲しい、学年でできるようにほかの先生に相談します」ということで実現した。トルソンさんはウイグル自治区で歌手として活動していた方で美しい歌声と珍しい楽器の演奏に子どもたちも目を輝かせていた。彼は内乱で帰国し、今は消息が知れない。

音楽家の皆さんはプロの方たちである。皆さん子どもたちに聞かせたいと申し上げると快く引き受けてくださった。

小さいときに本物に触れるということはとても大事だと思っている。偽物をたくさん観ても本物はわからない。絵画でも彫刻でも同じである。

市民センター講座

平田さんのコンサートをきっかけに、市民センターに集まる人のコンサート熱が高まり、毎年コンサートを開催し年々観客が増えて隣の市民センターから椅子を借りてきて150席近くの席をつくり満席になった。

北九州市の市民センターでは、土曜日に子どもたちの講座をするようになっていて、月に1回か2回開催している。その講座で何回か玉川大学の太宰久夫先生に教えてもらった表現遊びを取り入れた。プログラムは「集中のエクササイズ・動きのエクササイズ・アクションのエクササイズ・声のエクササイズ・感覚のエクササイズ」がある。

自分の体や身近なものの認識や再発見、気がつくこと、発想力、コミュニケーション、想像力、空間認識などを高める。楽しみながら子どもたちが発達していく。

ちなみに現在、筒井校区社会福祉協議会で開催している高齢者サロンのプログラムに取り入れているが大いに盛り上がっている。

北九州市には江戸時代の長崎街道が残っていて、小倉から始まり、八幡西区まで続いている。

せっかく地域にある長崎街道なので、市民福祉センターで歴史の講座を開設し、勉強を大人にしてもらい、子どもたちの土曜の講座で開催したウオークラリーのお手伝いをしていただいた。地域を4分割して歴史にまつわるウオークラリーで、回ってくる子どもたちに歴史の話をしてもらった。

子どもたちも先生にではなく、近所のおいちゃんに教えてもらうのは嬉しいことだ。おいちゃんたちも、外で会ったときに子どもたちから声を掛けてもらうことはことのほか嬉しいらしい。どんどんかかわってくれることになった。

遊びの大切さ

今子どもたちが、小さい頃からスポーツを始めている。専門家から聞いたことだが、早くからルールの中でしか体を動かさないと、弊害があるという。遊びも大事なのだ。遊びの中から多くの学びを得て、工夫も生まれる。

私たちが幼かった頃は、多くの遊具があったわけではないが、暗くなるまで外で楽しく遊んでいた。体を動かしたり、音を聞いたりすることが楽しいことにつながればよいと思う。

北九州芸術劇場の取り組み

私が以前かかわっていたＪ：ＣＯＭ北九州芸術劇場では２００３年の開館以来、北九州に「劇場文化を育む」というミッションのもと、「観る」「創る」「育つ」「支える」という4つのコンセプトに沿って、多様な事業を展開している。どれも力を入れているが、特に「育つ」という意味では、ホームページに「アウトリーチやワークショップなど様々なプログラムを通じて、時に子供たちのコミュニケーション能力を育み、時に地域の抱える課題にも取り組みながら、未来を支える人材を育成します。舞台芸術の力を用いて、より良い地域社会を作る一助となり、この街で暮らす人々の充実した生活づくりに寄り添っていきます」とあるように参加型の舞台をつくってきた。

太宰久夫先生のもと地域の演出家や俳優がかかわり、高齢者から子どもまでの出演者を募集して一から舞台を創っていく「ドラマ創作工房」では、まず、5人ぐらいのグループをつくる。拠点となる市民センターの地域を巡り、歴史や気になったところなどを書き留め、皆で話し合って1つの物語をつくる。このときに子どもの意見もよく聞くことが大事だ。真剣に対応することで子どもも真剣に考えるようになる。このグループの中で自分の立ち位置を決めていく。例えば5人家族でおばあちゃんと、お母さんお父さん、お姉ちゃんと弟など。皆仲がよいのか、誰と誰が対立しているのかなど。そしてどんな台詞《せりふ》を言うのか。自分の言葉で言うということを考えていくと、かなり自分と相手のことを考えないといけない。これを繰り返し、ほかのグループと1つの舞台をつくり上げていくときに子どもは成長する。チャラチャラしていた子どもが「僕がしっかり演じないと皆に迷惑がかかる」なんて言ってくれると泣きそうになる。大人もいい加減な台詞を言うと先生から叱声が飛ぶ。このときは先生も容赦なしなので大人も泣く。4か月ほどの稽古が終わり、本番は2回公演で終わり。泣いても笑っても終わる。でもこの経験は子どもたちにとって、とても大切なものになっていると思う。監督も演出家も音楽も、音響、照明も全部プロがかかわり、真剣な舞台をつくってくださる。なんと贅沢な舞台だろう。私もこの舞台に7年間出演させていただき、ともに成長した。この経験を生かして子どもの講座もしてきた。

これも「文化不毛の地」と言われた北九州だから、そのとき当選した市長が考えて思い切った芸術劇場ができたのかもしれない。

北九州芸術劇場は音楽家や演劇人が喜ぶ劇場の機能を生かし、企画や運営が行われている。大きな目的をもって長期的に取り組む、すぐには花開かないが大きな花が咲く。

教育もすぐには成果があがらないことが多い。けれど時間がたち、すっと成果が現れることがある。これを教育の時差と言った方がいらした。

（2024年2月）

地域文化創造の現場から

――公民館職員の仕事

田所　祐史（京都府立大学公共政策学部准教授）

地域文化の泉

千葉県北西部に利根川と江戸川に挟まれて位置する野田市は、キッコーマンやキノエネで有名な醤油の町。１９９６年から19年近く、そのほとんどを同市の中学校区エリアの地区公民館で働いた。

公民館のサークル（自主グループ）は、社交ダンス、フォークダンス、フラダンス、書道、華道、茶道、絵画、調理、川柳やエッセイなどの文芸、大正琴やウクレレなどの楽器演奏、少年野球、体操や卓球など軽スポーツ、健康づくり……と多種多様だった。職員として、多くの文化・スポーツの団体・サークルの日常的な活動に長期にわたって接し、公民館は地域文化の泉、地域文化のゆりかごだと思ってきた。その経験を職員の視線で振り返ってみたい。

ある絵画サークルで

ある絵画サークルに、障がいをもつ20歳前後の青年が母親の送迎で参加していた。養護学校（現総合支援学校）を卒業後、障がいをもつ青年の居場所は少ない。作業所等で働き土日に家にこもる人、ショッピングモールなどに行っても声や視線が交わされることもない人もいる。

彼は絵が好きで、公民館の絵画サークルの輪に入った。会話はなかなか成立せず、活動中に廊下に出て大きな体躯で独り言を言いながら闊歩する姿に最初は驚いたが、ほかの利用者の眼差しも温かく、彼にとって絵画サークルは楽しみなひとときだったようだ。

あるとき、公民館職員の私に「仕上げ前の作品をお互いに合評するから、輪に入ってほしい」と声がかかった。みんなで感じたことを述べ合っている。彼の合評の番が来た。道が遠く続いている絵なのだが、「電信柱が遠いほど高くなって、遠近法がおかしいけれど、奥行きがあるのはどうしてかねえ」と誰かが言う。指導者は「いいわぁ、まあ素敵ねえ。誰にもできないわ」と、腕を組んで眺めて、しきりに感心している。このときばかりは彼は体を揺らしながら耳を傾けていた。「展示場所の明るさではどう見えるかな」と言う人がいて、みんなで講堂やロビーに持っていき、「美術工芸室とは感じが違う」とワイワイ言い合う。「江戸川の土手がいま、光や湿度でいい感じよ」――話は尽きず、一緒にいて楽しくなる。

横につながる

こうした1つのサークル内だけの交流と高め合いが、複数のサークルの間へ拡がるのは、公民館作品展。

会期中よりも前日準備の際のパネル設営等の共同作業が宝物である。油絵、日本画、パステル画、水彩画……絵画ひとつをとっても、定例活動の曜日・時間が異なる多くのサークルがあり、壁やパネルに作品を掲げるときは、異分野同士でお互いに感想を述べ合って交流する。

「同じ屋根の下で描いたんだから産地は同じ公民館のアトリエ。この地域のお日様のもとで描いた作品をお互いに鑑賞しましょうや。あれも文化ならこれも文化、というワケでね」――と館長がニコニコと言う。よそよそしい遠慮やお世辞ではない言葉が交わされるようになると、横で聞いていても勉強になる。

そんな様子を見て館長と相談し、公民館建替え時に美術工芸室確保や備品のイーゼル購入が実現できた。また、公民館主催で絵画サークル合同のスケッチ研修を開催した。講座「歩いて作ろう!梅郷マップづくり」では、3畳ほどのマップの色塗りに加勢する人も現われた。

長い目で見ると、起案→実施→報告・評価の事業の流れになかなか記録されない横のつながりや、絵画だけにとどまらないうれしい展開である。

自己表現で自己解放

このような絵画をはじめとする表現活動のサークルの様子や、主催事業の参加者を見ていると、もともと関心の高い人や「心得のある」人に限られる傾向が感じられ、間口が広くて敷居の低い講座を企画して、表現文化活動の参加へ橋渡ししたい――と、職員の間で話題になった。

そこで、「あなたもピカソ!」という公民館主催講座を企画した。ビートたけし司会のテレビ東京の番組「たけしの誰でもピカソ」(1997~2003)をもじったものだ。元昭島市職員の山﨑功さんを講師に迎えると、最初に「上手にと思わずに、自由に自己表現を」と話され、ユーモアたっぷりの指導を受けながらの創作機会となった。

最初は新聞の折込チラシをちぎって貼り付けるコラージュだった。企業を退職したばかりという男性は、チラシの緑や

「あなたもピカソ!」講座風景

茶色の部分を丁寧に貼り合わせてゴルフのコースを精巧に作っていたが、回を重ねて周囲の自由な発想を横目で見ているうちに、どんどん大胆になった。まわりのエネルギーに巻き込まれて、初回の自己紹介のときの〝堅物〟ぶりはどこへやら、運営でも一役買うようになっていった。

やることは個々の独創作業なのだが、一緒に取り組んでワイワイ言い合う中で、自分が解放されて変わっていくか、本源的な自己が現われ出てきたのではないか。

職員の役割

社会教育は自己教育・相互教育という。表現文化や地域文化にかかわる公民館職員としての自身の経験を振り返ると、不十分ながらも、自己から相互への拡がりを意識して仕事をしていたと思う。

相互教育といっても、それはみんなで共同作業したり、交流・対話で知識や価値観をとらえ直したりする機会だけでなく、ともに表現するときの力を相互に感じ合ったり、感性の面で刺激し合ったりする機会も大事と思う。

職員には、市民が芸術の魅力を体感したり、表現活動を通じて人と集団の力を引き出す機会を仕掛けたりする仕事もあるのではないだろうか。例えば、主催事業では、創作表現の技術を教授するだけでなく、人間発達や集団的力量を高める社会教育の観点をもった講師・指導者の存在も大きく、講師探しの仕事も大切だ。

公民館で働き始めてしばらくは、職員にそれだけのことができるのだろうかと不安だった。

公民館職員に限らず、地域文化を支える社会教育職員の中に、全ての表現文化領域に通じているマルチな人はいないだろう。私も公民館作品展や発表会、各メディアを通じて接する表現文化の諸分野すべてに魅力を感じるわけではない。関心や嗜好の濃淡はある。茶道サークルに招かれてのお点前、草書の書道展、社交ダンスサークルのダンスパーティー……これらすべてに没頭できない。

職員とサークル

しかし、職員が各サークルと日常的にふれあうことで、それぞれの面白さを感じたり、活動で求めていることを知ったりすることはできる。

そのためには、サークルと信頼関係を築き、表現文化の価値や魅力を職員自身も感じて大切にする姿勢が肝要ではないかと思う。それには時間も必要だ。

サークル活動を知ろうとすることも、挨拶や言葉を交わすこともなく、「暇な人が暇つぶしに趣味のおけいこごとをしている」というような目で眺めている一部の職員と出会うことがある。

地域の文化は、人々が月2回、週1回の活動を地道に続けた蓄積の上に花開く。発表の場を花とすれば、花を愛でるときだけが文化でなく、土づくりや苗を育てる長い期間にも文化の真価がある。

地域での日常の表現文化活動を支える職員は、文化祭などの発表の場を陰で支えるだけが仕事ではないはずだ。「市民に自主的に運営していただいているので、会場・設備手配以外のことはよく知らない」と言う職員も案外と多いのではなかろうか。「不当に統制的支配を及ぼし」たり「干渉を加え」たりしてはならないが、サークルに接することもなく、メンバー固定化・高齢化等の課題を傍観し、無関心や疎遠のままでよいはずはない。

地域文化の価値を耕す

社会教育法第3条は、国及び地方公共団体に対して「実際生活に即する文化的教養を高め得るような環境を醸成するように努め」るよう求めている。

また、文化芸術基本法の前文は、「文化芸術を創造し、享受し、文化的な環境の中で生きる喜びを見出すことは、人々の変わらない願いである。また、文化芸術は、人々の創造性をはぐくみ、その表現力を高めるとともに、人々の心のつながりや相互に理解し尊重し合う土壌を提供し、多様性を受け入れることができる心豊かな社会を形成するものであり、世界の平和に寄与するものである」とうたっている。

職員の仕事の基盤には、こうした法文の意味するところの確認のみならず、さまざまな文化活動、とくに地域の文化に自ら親しんで、地域文化を生み育て継承する価値を信じることが大事だと思う。

公民館などの社会教育機関・施設にできることは限られるかもしれない。ただ、サークル活動だけでなく地域文化の諸活動を知り、必要な活動条件・環境を把握すること、運営の課題をつかんで、共に悩むことはできるのではないか。文化の泉が湧いて地域の人々の暮らしがうるおう。自由な文化活動を支えるべく、職員も住民と共に、気長に耕すことを大切にしたいものだ。

（2024年7月）

東日本大震災直後の地域を支えた文化活動

——石巻市での試み

松浦　敏枝（一般社団法人ＡＣＴ石巻理事）

スマホのアラート

２０２４年の新しい年を迎え、穏やかな正月を過ごしていた元旦の夕方、スマートフォンの緊急地震速報のアラートとほぼ同時に、わたしは宮城県石巻市の自宅で、ゆっくりと振り幅の大きな揺れを感じました。離れた地域で大きな地震があったと直感し、すぐにテレビをつけると、能登半島で最大震度7の地震があったとのこと。各放送局のアナウンサーが津波からの避難を呼びかける声は、これまでにない強い口調で、津波の危険が迫っていることを感じさせるものでした。

テレビから受けるその切迫感は、この離れた地域に住んでいるわたしにも他人事とは思えず、気持ちがざわざわとして落ち着かなくなり、２０１１年3月11日に自身が経験した状況を思い出さずにはいられませんでした。能登の皆様のご無事を願い、テレビに釘付けとなり、２０２４年の元旦は何とも言えない複雑な想いのまま、なかなか寝付けない夜となりました。

東日本大震災

２０１１年の東日本大震災時は、わたしは石巻文化センターという施設で被災しました。約４５０席の小ホールと博物館を有する複合施設であり、震災はそこでの勤務中の出来事でした。施設は北上川の河口付近に立地していたため、津波が押し寄せてきたときは、その建物の上階に避難し、施設周辺の住宅街が津波にのまれていく様を目撃することとなりました。あの日のことは忘れようとしても忘れられません。

その後も余震と津波警報は何度もありましたが、その場所に３日ほど滞在した後、安全を確認しながら帰宅の途につきました。途中、がれきの中の道なき道を歩き、辿り着いた石巻の中心市街地は、これまで見たことのない光景が広がっていて、改めて石巻が受けた災害の大きさを実感しました。知人と会えば手を取り合い、抱き合って互いの無事を喜びましたが、被災状況が明らかになるにつれ、本当にこの街は復興できるのだろうかという不安が募りました。

当時のわたしは石巻市民会館（約１２００席）と石巻文化センターを管理

運営し、地域の文化芸術を振興する財団の職員でした。この2つの施設とも津波による被害のため解体されることとなり、地域には千人規模の観客を収容できる劇場がなくなってしまい、市民による文化活動は制限されることとなりました。

石巻市内の被災状況は甚大で、沿岸部の住居や学校、商業店舗、民間企業、公共施設にも大きな被害がありました。わたしも自家用車を津波で流され、自宅近くの商店も被災したため、何をするにも不便な生活を強いられるようになっていました。

芸術事業の再生

自治体は地域住民の日常生活を取り戻すことが最優先であり、ライフラインの復旧、被災状況の確認、食糧の供給など、地域の方々の生命を守る環境整備が第1となりました。そのような状況下において、文化芸術事業に予算を割くことなど、無いに等しいというのが現実です。わたしたちのような文化芸術を振興する財団は不用なものとして、このまま解散に追い込まれていくのではないかという不安を抱かずにはいられませんでした。

震災から2、3週間が過ぎた頃、わたしの携帯電話には多くの演奏家の方々、オーケストラや芸能関係事務所の方から直接連絡が届くようになりました。「被災された方に音楽や芸能を届けたい」「芸術に触れることで被災された方を癒したい」との申し出により、わたしたちは地域の方々へ芸術を届ける事業を展開することとなりました。公演会場は、避難所、学校、仮設団地にある集会所など、屋根があって、迷惑にならなければどこにでも出かけるつもりで、芸術に触れていただく機会を設けることに取り組みました。

当然、公演を開催する経費はありません。アーティストの方々の交通費や宿泊費は助成金などを活用し捻出しましたが、それ以外はすべてボランティア活動として、出演料などを支払うことはできない状況でした。それでも、被災者との交流を求め、多くのアーティストが石巻を訪れました。

震災前、わたしたちは財団主催の事業として、学校に出向くアウトリーチを実施していました。それは、児童、生徒たちが演奏家と交流し、楽器の特性や楽曲の背景などの説明を受けながら、生演奏に触れる体験型の音楽の授業です。芸術により親しみを感じてもらうことを目的として、年数回、学校を訪問していました。そのアウトリーチの経験を活かし、支援事業は「がんばろう石巻！ 応援コンサート」として交流の輪を広げ、2011年度は約100回を実施することができました。

なお、わたしがかかわった支援事業はほんの一部であって、著名なアーティストやアマチュアボランティアの皆さんがぞくぞくと被災地を訪れ、さまざまな場所でイベントを実施し被災地を励ましてくださいました。今思えば、とても地方では経験できないことが行われていたと思います。今なお被災地を気遣う方々の想いはつながって、形を変えながら支援事業は継続されています。

仮設団地での公演

震災から半年を過ぎた頃には、仮設住宅の整備が進み、充分とは言えませんが、被災地は段階的に落ち着きを見せ始めたという印象がありました。わたしたちは仮設住宅の各団地の集会所で、コンサートや落語会などの小さな公演を開催しました。

石巻市内の仮設団地は、その地区によって違いはありましたが、すべてが被災地区ごとの集団移転というわけではなく、抽選により入居団地が割り当てられたケースが多かったように思います。そのため、団地内では初対面の方が多くいらしたようです。

そのような中、初めて訪問した仮設団地は開設したばかりの時期だったため、まだ団地内のコミュニティが形成されていない状態でした。集会所に集まった方々はお互いをよく知らず、会場は少し重たい空気が流れていて、歓迎されていないかもしれないという感じが率直な印象でした。

そこでは東京のオーケストラのメンバーによる弦楽四重奏団が、誰もが知っているクラシックの名曲、映画音楽、歌や童謡を1時間ほど演奏し、ソプラノ歌手も加わって、参加者が知っている歌を演奏と一緒に歌いました。そのプログラム構成は、演奏家から鑑賞者への心のこもった贈り物でした。

参加者の表情が少しずつ和らいできたころ、多くの方が涙を流しながら演奏を聴いておられることに気がつきました。楽器のやさしい音色とメロディと、子どものころに歌った懐かしい歌によって、張り詰めていた気持ちが緩んでいったかのように、自然と涙があふれていたようです。思えばこの被災された方々は、震災によって避難所に集まり、住み慣れた場所を離れて仮設住宅へと移り、見ず知らずの隣人たちと限られた住居スペースでの暮らしをスタートしたばかりです。これまでとは全く違った環境で、緊張の毎日を過ごされていたはずです。コンサートに参加したことで、一瞬のことであったかもしれませんが、心を解きほぐす時間になったのかもしれません。懐かしい人や風景を思い出したのかもしれません。

参加者の高齢の女性が「クラシックって聴いたことなかったけど、とってもいいわね」と言ってくださり、その一言に、演奏家もスタッフも感激して涙がこぼれました。

　演奏が始まる前は、ほとんどの方が言葉を交わすことがなかったのですが、終演の拍手の後は、参加者と演奏者、参加者同士の会話が聞こえてきて、会場が和やかになったことを記憶しています。この小さなコンサートは、仮設団地のコミュニティづくりに一役買ってくれたのではないかと、振り返ると大変意義のあることだったと思いました。

新型コロナとイベント

　東日本大震災からの10年間は、被災地では復旧復興事業が進められました。文化面でも、２０２１年はいよいよ新しい施設、石巻市複合文化施設がオープンすることとなりました。

　わたしは文化芸術振興に携わる職員として、２、3年をかけて企画を温め、新しいホールでの催しの準備を進めていましたが、複合文化施設オープン前年の２０２０年、新型コロナウイルス感染症による緊急事態宣言により、あらゆることが自粛となりました。イベントは中止、延期となり、人々の交流が制限されました。長時間を費やし準備を進めてきた事業が実施できなくなることは残念でなりませんでした。

　地域の文化団体の方々も同様に、計画していたことが次々と頓挫し、震災から10年の節目の年に復興を祈る市民の行事は、縮小、延期、中止を余儀なくされました。

　特に、学生たちの文化活動に関しては、その成果発表ができなくなってしまったこと、彼らの人生の貴重な時間に、経験すべきことを経験できなくなってしまったことには大変心が痛みました。

　コロナ禍を経て、現在の複合文化施設は通常業務となり、活発な運営をしています。最新の舞台装置を備えた大ホールでの公演は、華やかな演出効果が舞台を盛り上げ、子どもから大人まで、地域において見応えのあるステージを楽しむことができるようになりました。今後も石巻市の文化の拠点となるでしょう。

社団法人ＡＣＴ

　わたしは、２０２４年3月に新たに設立された一般社団法人ＡＣＴ（アクト）石巻の一員として活動をすることとなりました。前職からの経験を活かし、それとはまた別のかたちで芸術文化に携わってまいりたいと考えています。

　この法人としての最初の仕事は、地元アイドルとして活動する萌江さんが進行役を務め、大阪フィルハーモニー交響楽団首席奏者の近藤浩志さんには、チェロ奏者としての達人ぶりを発揮していただくというコンサートです。いつもとは違った角度からクラシック音楽を鑑賞していただきたいと考えて企画したもので、50席の小さな会場で実施されました。

演奏者に触れることができるような距離感で、その表情、動き、息づかいを感じながら聴くスタイルは、震災後に何度も実施した仮設住宅などでの公演とよく似ています。五感に響く公演を提供していきたいという想いがあります。コロナ禍においては、近い距離での公演ができなかったので、今、改めて通常公演が開催できることの喜びを感じています。

震災から13年が過ぎ、がれきの街を見たときの喪失感も、コロナ禍でのジレンマも、時とともに薄れてきたように思えますが、被災者支援による芸術活動において、その会場でご一緒した皆さんと共

ACT 石巻による最初のコンサート

2024年4月21日のコンサート

感した時間は、今も温かい思い出として心に残っています。この支援事業は、芸術的な技術を発表する場というだけではなく、人と人との触れ合い、交流によって被災者の「心を癒す」活動となりました。そして、「心の復興」といわれた文化芸術活動が継続的に実施されたことは、被災地の人々を支えただけでなく、地域の文化振興にも大きな影響を与えたと考えます。

初めてクラシック音楽に触れ、「よかった」と言ってくださった仮設住宅の女性。

その心に沁みるような、触れてみたいと思えるような芸術を地域に届け、そして、この地域から生まれる文化が育っていくように、これからもそのお手伝いができればと思っています。（2024年3月）

地域文化を次の世代へ

——先人の思いを子どもたちへつなぐ

北島 高行（日田市夜明公民館主事）

日田市の地理と歴史

日田市は大分県の最西端にあり、福岡県と熊本県に隣接した北部九州のほぼ中央に位置し、周囲を阿蘇、くじゅう連山や英彦山《ひこさん》系の美しい山々に囲まれ、これらの山系から流れ出る豊富な水が日田盆地で合流して九州最大の河川である筑後川の上流部を形成し、筑後・佐賀・福岡都市圏住民の生活や産業を潤している。

気候は、内陸特有の性質から寒暖の差が大きく、雨量も多い。特に夏場は高温になることが多く、全国ニュースで報道されることも珍しくない。

古くから北部九州の各地をつなぐ交通の要衝として栄え、江戸時代には幕府直轄地・天領として西国筋郡代が置かれ、九州の政治・経済・文化の中心地として発展した。当時の歴史的な町並みや伝

町の中心を流れる「三隈川」と「亀山公園」

統文化は今なお受け継がれており、「日田祇園の曳山行事」が２０１６年にユネスコ無形文化遺産に登録されたほか、江戸時代の儒学者・広瀬淡窓《ひろせたんそう》の私塾「咸宜《かんぎ》園《えん》」や塾と共生した豆田町《まめだまち》などが文化庁により「近世日本の教育遺産群―学ぶ心・礼節の本源」の構成文化財として日本遺産に認定されている。

学校教育と地域のつながり

日田市内の多くの小中学校では「ＰＴＡ」ではなく、「育友会」を組織し運営している。育友会は「ＰＴＣＡ」

Ｐ　parent　保護者
Ｔ　teacher　教職員
Ｃ　community　地域
Ａ　association　組織

と略されることがあり、ＰＴＡとの大きな違いは、保護者のみならず子どものいない世帯であっても、校区内全住民が地域（Ｃ）としてその会員となり、学校教育に参画し子どもたちの健やかな成長を支援していることである。

日田市連合育友会の40周年記念誌によると、戦後間もない１９４８年に、児童の保護者が学校教育に直接協力する「学級育友会」と、町内在住すべての人が子どもを育てる「地区育友会」とが融合し、現在の「育友会」へと受け継がれている。

現在では、学校運営協議会を設置したコミュニティスクールが導入されているが、古くから地域との強い連携により、この理念につながる土壌が住民の中に十分にあったものと思われる。

子どもたちへつなぐ

私のかかわる小学校では、3年生の総合的な学習の時間に「日田祇園の曳山行事」が取り上げられている。児童は校区内にある日田祇園山鉾会館や祇園人形師を訪ねて学習し、抱いた疑問に対して日田祇園に参加するメンバーが学校を訪れてディスカッション形式で答えるという取り組みが行われていた。しかし、地域側にも整った体制があるわけではないことに加え平日の授業時間ということもあり、人材の確保が課題となり教職員側の負担となっていた。

このようななか、公民館による地域人材を外部講師として派遣する地域学校協働活動の一環として、地区公民館に講師の発掘と派遣依頼が入った。北部九州公民館ネットワーク研究大会を日田市で開催した際、私が日田祇園について解説した縁があり、地区公民館のコーディネートによる学校支援ボランティアとして授業に参画することになった。

研究大会のときは、説明資料は作っていたが山鉾を実際に見ながら説明する成人参加者へ向けた資料であり、小学3年生には難しすぎる内容であるうえ、小学校の教室では祭りで実際に運行する山鉾を見ながらの説明ができないため、スライドを含め、全く新たに資料を作成することになった。

子どもたちに日田祇園の何を伝えるか、どう伝えるかを考えるなか、公民館主事の目線、育友会員である地域のおいちゃんの目線があることに気づいた。祭りではよく「静と動」を用いて表現されることがあるが、説明資料では公民館主事目線が「静」、と地域のおいちゃん目線が「動」となると考えた。

「静」公民館主事として伝えたい分野――昔の人が大切にしながら祭りをつないできたこと。こんな素敵な祭りが身近にあるということ。未来へ伝承できる人材に育ってほしいこと。

「動」育友会の一員として伝えたい分野――神社の神事であること。山鉾の形態や運行方法。祭りの日程や巡行に関すること。

限られた授業時間であるため、スライドに加えて手元資料、持ち込める祭り道具は可能な限り持参した。歴史、山鉾、人、思いなど、一通りの解説をしたのち質問を受ける時間を設定した。

はじめは、「山鉾は重いですか?」や「製作費はいくらですか?」といった「動」が中心となる質問が大半を占める。ところが児童の誰かが、「なぜ日田祇園に出ているのですか?」といった質問をすると、ほかの児童もかかわる人や気持ちなど「静」の質問にシフトする。

日田祇園は「大きな山鉾が町を練り歩く祭り」というイメージが強く、そこにかかわる人の存在「静」が伝わることが少なかったように思える。もちろん「静と動」どちらも大切なのであるが、なぜこの祭りが始まったのか、なぜ日田という田舎町でこれだけ大きな祭りになったのか、多くの人の協力や支えによって動かすことができる。続けることができるのは、山鉾を作り動かす人たちだけではなく裏で支えてくれる女性たちの存在もある。また、材料の確保が困難であるため、１００年先を見据えて植樹などの活動を行っているということなど、限られた時間内に伝えることがとても重要だと考えた。

後日、子どもたちからの感想が届くのだが、「山鉾のことがよくわかった」さらに「すごい祭りが校区内にあることを知れてよかった。これからも、ずっと続いてほしい」という感想が寄せられた。

外部講師として児童と接することも、コロナ禍では短時間の講話もあったが5年が経過した。作成したスライドは、初期の山鉾の説明を中心にしたものから、現在では参加者の気持ちや代々受け継いできた先駆者への感謝、またこれから続いてくれる児童への願いなどを加え、年々更新を続けている。

大人たちとつなぐ

今後の課題として、育友会からの賛同

者とさらに協力を深め、広い視点から活動を行う必要があると考えている。より知識をもつ先輩世代や、志のある同世代、行動力のある若い世代、地域住民がもつそれぞれの得意分野を結集することで、さらに充実した内容へと進化させたいと願う。

祭りの継承はもちろんであるが、子どもたちへ伝える側の継承も重要な課題であるため、地域で情報共有し、人材確保と体制づくりにも取り組みたい。

未来へとつなぐ

児童の熱い眼差しはいつの時代も変わりなく、地域の輝かしい未来を想像させてくれる。小学校のすぐそばには日田市のシンボルである亀山公園、横には筑後川の上流となる三隈川が流れ、地域住民と共に児童を温かく見守ってくれている。

日田市では、毎年多くの若者が進学や就職のために町を離れているが、接する児童には、「ふるさとには世界に誇れる素晴らしい自然と文化があり、引き継ぐ人たちがいる。そんな素敵なところで暮らしているんだよ。将来思い出してくださいね」。そんな言葉を添えて話すようにしている。

祭りを伝えることはもちろんであるが、未来を担う子どもたちの小学校時代の想い出に残り、ふるさとを誇れる、ふるさとを語れる大人に育ってくれるように願いを込めて、これからも活動を続けていきたい。

日田祇園の曳山行事

日田祇園の曳山は、日田市隈・竹田地区、豆田地区で行われている祭礼行事であり、隈八坂神社、竹田若宮神社、豆田八阪神社の氏子により奉納された高さ10m程の山鉾と呼ばれる9基の山車が各神社の御神輿のお供として巡行する。

無病息災と地域の安寧を願い、毎年7月20日過ぎの土曜日と日曜日に行われる。

１６６５年（寛文5年）、青竹を立てた簡単な担ぎ山として初めて文献に登場、１７１４年（正徳4年）には、本格的な山鉾がつくられるようになったとされる。江戸期から明治中期にかけて山鉾は大きくなり、１８８４年には高さ15mを越え

日田祇園の山鉾

る山鉾が登場、1901年の電柱の架線により一時中断するも、1924年に山鉾を低くし再開された。

1996年に国の重要無形民俗文化財、2016年にはユネスコ無形文化遺産に登録された。

山鉾は4つの車輪がついた曳山で、高さ8～11mのものが9基存在する。人形や館、四季折々の花や魔よけの縁起物とされるパイパイが飾られており、地元の人形師が製作した人形は歌舞伎を題材とした一場面を表現している。

山鉾の背面には見送りと呼ばれる幕を垂らし、台車には水引幕をまわす。見送りと水引幕はラシャ地に金糸銀糸などで龍、虎、鷲、麒麟、唐獅子などの刺繍を施した華麗なもので、幕末から明治期に製作されたものが多く現存する。

山鉾内では笛と三味線、太鼓による祇園囃子が演奏され山鉾の動きに勢いをつける。幕末期から昭和初期にかけての俗曲・端唄・流行歌を編曲したもので、30曲以上が伝承されている。

組織と参加者

組織は、元締と言われる責任者をトップに取締、山鉾押えという役職があり、全ての参加者は役員の指示のもと、運行を行う。

運行を担う者も子どもの頃は「綱引き」、成長に合わせて「後押し」を経験、大人並みの体系になると「棒鼻」と呼ばれる舵取り役へとステップアップする。「棒鼻」は危険を伴うため、初めは安全な区間で経験を積み、技術の習得に応じ観客の多い場所や難度の高い区間での役目を負う。その後、十分な技術があると認められると花形である晩山の棒鼻ができるようになる。

山鉾本体は大工、彫刻家などの手により製作されたものであるが、飾りや描かれた絵は参加者の手により仕上げられたものである。また、毎年の飾りつけや軽微な修繕等は外部の業者等に委託するのではなく、参加者同士が協力して行っているため、文化だけではなく先人から受け継がれてきた技術も伝承されている。

あやめや牡丹などの花飾りについては、町内の婦人会や老人会が製作している。代々受け継がれた「型紙」や技術、手順があり、ベテランが若い方を指導しながらすべて手作業で作っており技術が伝承されている。

日田市が中心となり、100年後に向けた資材の確保に取り組んでいる。特に山鉾の車輪に用いる松材は年々入手が困難になっているため、確保を目指した苗木の植樹を行っている。ユネスコ無形文化遺産登録の際の勧告文書では、この取り組みが大きく取り上げられている。

（2024年5月）

現代文化で地域を盛り上げる
――プラモが仲間をつなぐ

佐々木　孝嘉（大崎市西古川地区公民館事務長兼館長補佐）

プラモのある生活

経済産業省の工業統計（２０２０年工業統計表品目別統計表２０１９年プラスチックモデルキット品目）によれば、国内37事業所の総出荷額は約２４１億７０００万円であり、１商品あたりの価格を２０００円とすると年間約１２００万個もの商品が出荷されている計算になります。ジャンルは車、飛行機、船、ロボットをはじめ、屋台、お城、楽器、アニメキャラクター、自動販売機、握りずしやカップ麺など実に多種多様です。店舗に出向かなくてもネット通販で手軽に入手できます。接着不要・塗装不要で作りやすいキットも多くプラモを趣味にしている方は予想以上に多いでしょう。一方でモデラー（模型趣味人の総称）の集いと交流の場であった個人経営の模型専門店は、ネット通販が一般化し始めた２０００年代以降全国的に減少し続けており、他者との交流がない個人完結型趣味の傾向が強くなっているのかもしれません。

宮城県大崎市西古川地区公民館（以下当館）ではプラモを公民館事業に取り入れ、親子プラモ教室や模型サークルの立ち上げ支援と育成、模型展示会の共同開催、県内外の模型サークルとの連絡調整、模型関連イベントの情報収集を行っています。

こうみんかんプラモ展示会

大崎市には公民館が25館ありその内18館が地縁団体単位で運営する指定管理の地区公民館です。当館は地区公民館の１つで、古川地域の最西部の人口１８００人余りの小さな小学校区、西古川地区に位置しています。

２０２３年10月28日から11月5日までの9日間、当館を会場に「こうみんかん

プラモ展示会

プラモ展示会」が開催されました。年に1度の展示会で9回目の開催。出展申込者数は86組、展示枠は178卓、作品総数は514点。長机32台が54坪ほどの公民館ホールいっぱいに配置され、卓上には模型作品がにぎにぎしく展示されました。にしふるかわ模型クラブ（大崎市社会教育関係団体、以下模型クラブ）が主催し、当館は共催です。期間中の来場者数は延べ499人、うち30代から40代が44％、10歳未満から20代が32％を占めます。

大崎市内からの来場者は53％を占め、市外からは加美町、仙台市、石巻市など22の市町村に加え、岩手、福島、山形の各県からの来場です。4歳から80代まで幅広い年代で関心が高い事業です。

本当はやりたくなかった

2014年当時を振り返ると、当館の利用者層は60歳以上の方々が9割を占めており、働き世代である20代～40代の来館を促すことが当館の課題でした。そこでプラモ関連の講座を行えば子どもも大人も公民館に来てくれるだろうと予想し「親子で作ろう！　プラモ教室」を計画しました。しかしながら筆者も含め我々モデラー＝模型趣味人にとって、プラモが趣味であることを他者に話すことは恐怖なのです。幼稚だ、早く卒業しろ、などと理解ない人々から過去散々に言われ続けてきたジャンルです。加えて世間から見たモデラー＝オタクの印象も少々悪い。他者との交流は二の次でプラモにしか興味が無く自分勝手…そんな人が大勢来館したらどうしようと物凄く不安でした。ですが公民館職員としては、若い世代の方々にこそ公民館をたくさん利用してもらい、それをきっかけに地域社会にかかわって欲しいとの思いがとても強かったので覚悟を決めて2014年6月「親子で作ろう！　プラモ教室」をスタートさせました。毎回3～4組の親子が参加する小規模なものでしたが3年間で34回実施しました。小学生がプラモをつくるのは当然の遊びであり、知育にも良い。ものづくりを親子で一緒に楽しむ、場の提供でもあります。子どもが来れば親も来る。真のターゲットである若い働き世代の親御さんも一緒に来館していただく最高の理由づけです。まんまと数組の親子がプラモ沼にハマってくれました。30代会社員の方をはじめ、プラモと聞きつけてご自身にはお子さんがいないにもかかわらず毎回参加する介護施設勤務の20代青年と飲食店経営者の30代の方が、自ら率先して塗料などの用具も持ち込み、小学生に製作と塗装を教えてくれました（後にこの3名は模型クラブ運営の中心人物となります）。プラモ教室に参加した小学生の作品写真がSNSでバズるなど楽しい出来事もあり、地域のお兄さん・おじさんたちと小学生たちとの模型交流が始まりました。

サークル立ち上げを支援する

楽しい模型作りの仲間ができましたので公民館はサークル化を促します。大崎市の社会教育関係団体として登録されれば他者からも「文化的活動をしている公益グループ」とちょっぴり見方が変わるでしょう。

サークルが立ち上がったら、公民館はサークルが活躍できる場を見つけ団体間を結びつなぎます。２０１４年のサークル設立以来２０１９年にかけ、模型クラブは「プラモ製作体験会」を各所で出展しました。宮城県北部教育事務所主管ユースフェスティバル、宮城県青年団文化祭、大崎市子ども会育成会連合会主催「夏休み子どもものづくりワークショップ」などです。

また仙台市広瀬市民センター家庭教育学級「親子プラモ教室」や石巻自治連主催「住民プラモワークショップ」で講師を務めました。

模型展示会で得られる多様な学び

「こうみんかんプラモ展示会」は模型趣味人のための事業ではありません。コンテストや品評会でもありません。模型に興味がない人にも色々な角度でアプローチし展示会場で交流していただくことを目的にしています。ですから単に作品を展示するだけでなく、ちょっとした仕掛けを施しています。その仕掛けによって主催者も来場者も多様な学びを得られることに気づかされました。

仕掛けの1は小学生対象の「来場記念プラモプレゼント」です。未組立のキットは出展者からの寄付です。地域には本気になって面白がっている楽しいおじさんたちがいることを知ってもらえます。5年後、10年後に一緒にプラモ活動しましょうという願いが込められています。２０２３年の配布数は58名分でたいへん喜ばれました。

プラモデル製作の様子

仕掛けの2は「作品応援メッセージカード（以下カード）」です。出展者と来場者が模型を介して手書きのカードで交流する仕掛けです。来場者の中には全作品に感想メッセージを書くため何時間も会場に滞在する方もいます。出展者アンケートによれば、展示会で楽しみにしていることの第1位は「カードを読むこと」、第2位は「作品を介して声をかけられたこと」、第3位は「SNSで見かけた作品の作者に会えたこと」であり、他者との交流に最も楽しさを感じているという結果でした。ですが作者との交流には無関心で模型作品にしか興味を持たない方もいることも事実です。でも、そんな方が地域社会の接点となる公民館に出向く行動を起こしただけでも大きな成果だと感じています。

仕掛けの3は展示会場内で実施する「プラモ講座」です。公民館が模型クラブ会員に講師を依頼し、2023年は塗装や電飾、ジオラマなど6つの講座を依頼しました。完成度よりも集団で一緒に面白がる・楽しむことに重点を置きます。受講者が講師を超えるほどの優れた作例を生み出す場合があるなど面白い場面もあり、講師も受講者も共に満足度が非常に高いのが特徴です。模型クラブ会員は講師を務めることで、自らの模型趣味の技術を他者に伝える楽しさを学びます。

仕掛けの4は「中学生ボランティアスタッフ」です。プラモ講座に中学生は運営スタッフとして加わります。プラモ講座の受講者は未就学児から高齢者まで多様な年代の方々と触れ合うことになります。後日、校長先生宛にボランティア証明書を発行し、中学生の活躍を学校、地域、公民館で共有し、しっかりと記録で残します。

仕掛けの5は閉会行事「出展者交流会」です。出展者に自分の作品の傍に位置してもらい、おひとりずつ「カード」に書かれたメッセージを抜粋して読み上げ、作者紹介をします。作品と顔と氏名をできるだけ一致させて仲間づくりを促す仕掛けです。閉会行事終了後、作品撤収作業ではお隣の出展卓同士で穏やかに距離が縮まり一段と交流が深まります。職業が同じ業界で仕事のつながりも生まれた方々もいるようです。ある20代の男性は他者との会話に恐怖心を抱いていたとのことでしたが「勇気を出して展示会に参加したら暖かい応援メッセージをもらってとても嬉しかった。初めての体験だった」と語ってくれました。彼は会場設営と撤収作業にも積極的に参加し、後に模型クラブに入会しました。高ストレス社会の現代、プラモは心の安寧を得るための大切なアイテムになっているのです。

可能性と課題

社会人になっても年齢や立場を超えた友達ができるかもしれません。心やカラダに問題を抱えていても一緒に楽しめるかもしれない。生業や職業、地域の産業につながるかもしれない。他者と心地よい距離感を保つ訓練になるかもしれない。プラモを介して穏やかに交流できるなら、地域社会にも何か還元できるかもしれない。勝手な妄想ですが、私はプラモにこんな可能性を感じています。

可能性の反面、乗り越えねばならない課題もあります。主体的に活動できる人材の育成です。残念ながら40代以下の世代はジュニアリーダーや青年団などの公益的な団体活動経験が非常に少ないようなのです。模型クラブに入会したが音沙汰がない人、作品は出品するものの運営にかかわることを嫌う方、自己の作品展示に夢中で来場者への配慮ができないなどの振る舞いも見受けられました。展示会にかかわり少しずつでも繰り返し経験を重ねることが必要だと感じています。

公民館職員としての任務

私の任務は、楽しくて面白い文化的サークル活動を、地域社会に還元できる様、つなぎ結ぶ役だと思っています。２０２４年2月現在、誰でも参加ＯＫの「日曜プラモ製作会」を模型クラブが毎週主催しており、仲間づくりの環境が整い会員も徐々に増えています。模型クラブが自立した活動を行えるよう支援し、暮らしを良くするための学習を経て、公益的な活動を主体的に行える団体に成長することを見守りたいと思っています。

楽しい・面白いでつながる

プラモも含め、サブカル分野を楽しむ人たちは増え続けており、漫画、アニメ、特撮、ゲーム、トイ、コスプレ、アイドル、Ｖチューバーなど、掘りつくせないほどに膨大な楽しさの源泉が身近にあります。楽しい・面白いでつながる多様なジャンルの仲間がこれからもっと増えるかもしれないと、私は今とてもわくわくしています。

（２０２４年3月）

地域活動としての無形民俗文化財

――「生涯学習時代のボランティア」再考

福持　昌之（京都市文化市民局文化財保護課）

消滅可能性自治体

２０２４年6月、人口戦略会議は、全国１７２９の市町村の持続可能性の分析を公表した。これは２０５０年までの若年女性人口の減少率に注目にしたもので、持続可能性自治体65に対し、消滅可能性自治体は７４４に及ぶ。人口約１４４万人の京都市も、出生率が低く、人口流入に依存しているとの結果で、対策が必要とされる25自治体に区分された。

持続可能な市町村でも、無形民俗文化財や地域文化の維持継承の単位である町内会・自治会などの持続可能性について、さらに踏み込んだ議論が必要だろう。

地域の求心力としての無形民俗文化財

阪神淡路大震災（1995）では、災害復旧に多くのボランティアが活躍し、後年「ボランティア元年」と呼ばれた。また、生活基盤の安定やライフラインの復旧に続いて、文化財レスキューの必要性が認識され、その後の大規模災害で活躍した。ただ、いずれもライフラインや有形文化財など、物質面での取り組みであった。

ところが、東日本大震災（2011）では、避難所で暮らす人々自身の手によって民俗芸能や祭礼行事復活の動きがあった。2009年から京都市文化財保護課で文化財保護技師として民俗文化財を担当していた私は、ありあわせの道具を工夫して使う姿に心が揺さぶられた。そして、地域の再生は物質面だけでなく、精神面での復興も重要だと認知される時代がようやく到来したことを噛みしめた。

有形文化財（建造物・美術工芸品）や記念物は分布に偏差が大きく、空白地域も多いが、無形民俗文化財はどの地域にもあり、地域振興と親和性が高い。極限状況にある被災地の人々にさえ切望されたのは、求心力が存在する証明である。

文化財の保存活用が注目を浴びる現在、無形民俗文化財といえば、特別公開やプレミアムツアーなどが想定されがちである。無理して特別なことをするよりも、普段通りの開催と将来にわたる継承という基本こそが、地域の維持継承・活性化のために、今、必要な視点である。

無形民俗文化財への行政の役割

有識者による審議会等の諮問・答申を経た文化財は、指定・登録などの措置がとられる。例えば、京都市では国指定の重要無形民俗文化財が6件、府の指定・登録無形民俗文化財が3件、市登録無形民俗文化財が55件、計64件であるが、その数は氷山の一角で、未指定の無形民俗文化財は無数に存在する。

8月24日を中心に開催される地蔵盆は、自治会やさらに小さな隣組レベルが主体となる。因みに、京都市には自治会が8千以上ある。また、京都市内に神社が301社、寺院は1679か寺あり、それぞれ氏子組織や檀家組織、講などで季節ごとに行事がある。要するに、京都市内だけでも無形民俗文化財は、1万件を超えると想定されるのである。

ところで、文化財の保護は行政の責任と思われがちであるが、文化財保護法の第4条には、文化財の保存、公開、活用の義務は所有者にあり、行政は所有者の財産権を尊重すると明記されている。行政の役割は、適切な保存のために注意を払うこと（同法第3条）にすぎない。

美術工芸品を博物館で収蔵・保存したり、建造物を市町村が管理する例はある。しかし、無形民俗文化財の管理（つまり執行）を行政が代わることはできない。公務員が業務として執行すれば、民俗文化財ではなく、それは官製イベントである。

市町村の文化財担当には、かかりつけ医のような役割が求められる。専門知識や経験を駆使して最前線でさまざまな症例にあたり、場合によってはより専門性が高い機関と連携し、対処する。修理等に金銭的支援をする場面は、いわば投薬治療である。患者の言いなりで薬を処方すれば感謝されるが、それは薬漬けにする藪医者である。薬は適切な量とタイミングを見極めてこそ効果がある。そのための能力の保持と責任感が問われる。

義務でなく、むしろ権利であること

無形民俗文化財の保存会だけでなく、自治会やPTAなど地域活動の担い手はどこも不足している。人員不足の元凶は少子高齢化とされるが、人口が減っていない地域も同様である。私は、世代間の断絶が遠因であり、世代交代が円滑にできない点が直接的な原因であると見ている。

保存会では、義務ではないし、個人の自由だから、たとえ実の子でも強制はできないと聞く。正論に聞こえるが、そもそも住民自治の領分である地域活動に国家による法的拘束力が存在してはたまらない。地域活動への参加は義務ではなく、住民の権利なのである。

円滑な世代交代のためには、活動への参加のハードルを下げ、裾野を広げる必要がある。そのためには活動内容をスリム化して、負担感を軽減するのも有効である。しかし、まずは活動の魅力を再認識すべきであろう。それは、活動を通じて自らが学びや誇りを感じた、その実感を伝えることに通じる。コロナ禍で軒並み休止された無形民俗文化財も、魅力や意義が再評価されたものが再開され、生き残った。

負担に注目するだけでなく、やりがい、使命感などとのバランスが重要で、その相関は後述するボランティア活動にも通じる。

生涯学習時代のボランティア像

ボランティアの定義は、学齢期における学校外教育としての意味が強かった「社会教育」から、成人教育やリカレント教育を含めつつ、受動的な教育から主体的な学習への転換を謳った「生涯学習」へと展開していった１９８０年代に、一定の結論が出されたと思う。

ボランティアの定義について私なりに整理すれば、まず、自発的かつ自律的な活動であり、報酬を求めるよりもむしろ自己実現を目的とする。そして、内容は社会に貢献し、かつ先駆的で、提供するものは労働力や専門知識、金銭など多様である。また、生涯学習社会では、無理なく継続すべきものとされ、決して不足する労働力を安価に補うための手段ではない。

一般に、ボランティア活動を、無償の奉仕活動と単純化する考え方もあるが、金銭以外の報酬もあれば、「有償ボランティア」という概念もある。また、労働法規による労働者の定義から演繹してボランティアを説明する例もある。労働であれば使用者は正当な賃金を払うべきで、ボランティアに置換されると労働者の生存権にかかわる。このような労働者の視点は重要であるが、自発性や自由度が高いという点でボランティアと共通するフリーランスの労働には言及されていない。そこから構築されるボランティア像は、使用者に対する規制・指針として非常に有益だが、多様なスタイルで活動しているボランティアの実践者を、分類・把握するツールとしては不十分である。

さらに、ボランティア活動の内容は、多岐にわたるが、企業や自治体によるボランティア休暇の多くは対象を災害復旧と福祉（自分の家族を除く）に限定していることも、ボランティア像を歪める一因となっている。

ボランティア元年以前

もともと、地方自治体の文化財の部署は、教育委員会に設置されてきた。また、博物館や図書館など社会教育施設とも密接な関係にあった。ただ、私が民俗文化財担当として、社会教育・生涯学習の視点を重視して、地域文化の活性化を目指していることは、個人の経験に負うところが大きい。

最初の一歩は、私が高校1年生だった１９８６年、奈良県教委主催の高校生ボランティア養成講座へ参加したことである。同講座は3年間続き、ボランティア活動の多様性に気づかされた。立命館大学文学部日本史学専攻に入学後、同講座の先輩・橋詰伸夫氏の誘いで奈良県青少年育成ボランティア協会（ボ協）の登録リーダーとなった。足立浩会長からは、青少年の共同宿泊研修と若衆宿に共通点があることを教わり、教員の吉藤行二氏、石本吉孝氏、久保順正氏、県職員の上中健児氏ら先輩リーダーとの活動を通じ、プロ意識と責任感の重要性を知った。実践者でもあった事務局の松井明恵氏には、理想のマネジメントの姿をみた。

翌年からは国立曽爾《そに》少年自然の家の指導補助員（有償ボランティア。曽爾ボラ）の活動も始めた。曽爾ボラから施設職員として就職した先輩方の存在に、スキルアップのひとつの可能性をみた。主任専門職員の浦上弘明氏は、曽爾ボラの専門性を育み、尊重しつつ協業する実践をされ、その教育者としての姿勢に共感を覚えた。

修士課程では京都教育大学に進み、日本史学のほか社会教育・生涯学習についても学んだ。藝能史研究会や八坂神社史料の輪読会では、研究会の準備や学会誌の編集や査読などに携わった。後年に気づいたのだが、それらは学界というコミュニティにおける相互扶助活動であり、有志が専門性を活かし、労働力を提供する点、活動を通じて自身も成長する点など、生涯学習時代のボランティアの条件を備えていた。

歪んだボランティア像

文部省が社会教育局を生涯学習局に改変したのが１９８８年であり、そのうねりのなかで、先述のボランティア元年（１９９５年）が到来した。しかし、生涯学習時代のボランティア像は、さほど社会に広まらなかった。ボランティアの「経験」は就職で有利とされ、大学生の社会参加体験の通称として市民権を得た。ただ、卒業で活動の区切りがつくため、専門性、継続性、責任感というボランティアの重要な要素は薄まってしまった。

１９９７年2月、私はボランティア活動の継続にはマネジメントが重要と考え、第3回全国ボランティアコーディネーター研究集会に参加した。そこで社会福祉協議会でコーディネートに携わる職員たちとの交流につとめたが、誰1人ボランティア活動の経験がなく、これからボランティア活動へ参加しようにも仕事が多忙で無理との反応だった。「今、問われる専門性」をテーマにした分科会でも、被災地や福祉施設などが希望する人数を把握し迅速に対応することに論点が終始し、ボランティア側の志向や専門性などが等閑視されている現状に、愕然とした。

その後、私は帝塚山大学の博士後期課程で民俗学を専攻し、無形民俗文化財やそれを伝える地域社会の調査に傾倒した。満期退学後、愛知川町史編さん室の室長兼図書館長の渡部幹雄氏のもとで、地域の歴史文化を社会教育に活かす重要性を学び、愛知川観光協会では事務局長として市民参加活動のマネジメントを実践した。そして、京都市では私の前任者で採用後は上司として指導をうけた村上忠喜氏から、文化財の指定・登録の実務や地域に寄り添う行政支援のあり方について学んだ。

仕事で、プライベートで

私の野外教育に関する活動は２００３年頃に休止したが、藝能史研究会などの運営に携わり続けているほか、近年は、母校の同窓会活動やマンション管理組合、子どもの学校のＰＴＡの活動などにかかわっている。また、無形民俗文化財では、１９８９年から薬師寺修二会《しゅにえ》・鬼追式の奉仕を継続している。私は、これら全てを生涯学習時代のボランティア活動と位置づけている。

私は仕事（労働）として、祇園祭や五山送り火など保存会の人たちと接する。

そのとき、自分もプライベート（ボランティア）で地域文化を支えているという自負が、良き「かかりつけ医」を心がけている私の支えとなっている。

（2024年6月）

インタビュー

ひとりぼっちをなくそう

穂積　健児さん
（元東京都小平市社会教育主事）

1960年代後半から東京都小平市で職員を続けてきた穂積氏は、青年学級に関わりながら仲間づくりを重視してきた。特にユニークなのは、今やすっかり私事化、商業化した「結婚」という人生の節目を皆で考え、祝う、という実践である。「仲間」とは何か、どこにいてどのように関係を結ぶのか。穂積氏の投げかける問いは鋭い現代性をもつ。

学習文化運動としての公民館結婚式

——いま青年学級の時代の出来事が歴史として語られ始めていますが、当事者の視点から1960年代から1970年代の検証をきちんと行う必要があると考えています。青年教育を現場で担ってこられた穂積さんに、当時の状況をおうかがいしたいと思います。

青年の学習そのものについては十二分に認識していなかったんですけども、私自身の実践も含めて、公民館結婚式というのを小平《こだいら》でもだいぶやったので、それを中心に問題提起をさせていただこうかなと思います。

1960年代から1970年代にかけて、三多摩の青年たちの中で、公民館で会費制の結婚式を挙げるという活動があり、小平では10年から15年続きました。小平のほか、国立、昭島、福生《ふっさ》、稲城《いなぎ》、狛江《こまえ》等々でやられたと聞いています。国立の青木紘一さんが『月刊社会教育』のグラビアを飾ったときもありますし、さまざまな文集も出されました。

私の先輩である石間資生《いしまもとお》さんという職員が青年サークルの中で知り合った女性と、1966年に公民館で会費制の結婚式をする。これが小平では最初だと思います。『わかたけ』

という文集をつくっています。

なぜ公民館で、しかも会費制で、実行委員会形式で結婚式をするのか。我々が学生の頃は、先輩たちが会費制の結婚式を講堂を借りてやる話はいろいろあって、私も参加したことはありますが、それは、いわゆる形式的といったら大変失礼ですけども、仲間が手づくりで祝うだけだったんです。小平における結婚式というのは、学習文化運動と位置づけて、結婚とは何か、将来どうするのか、昔の日本における結婚の様式、新婚旅行、結納、そういったものはどう始まってどういう意味があるのか、そういう学習をやる。あるいは、お互いの生い立ちを語りながら、周りの祝う側の仲間が、ああでもない、こうでもないと、質問、意見、苦言なりを呈して、丸裸にしながら祝ってあげる。その中で仲間づくりをやりながら、通知、両親に対するあいさつ、当日のスケジュール、会費、そういう諸準備も議論する。

そして、結婚式の引き出物として記念文集を出す。私のときは間に合わず後で配ったんですが、その形が基本になっています。中には、両親の理解を求めるということで、車3台ぐらいに4人ぐらいずつ、十数人で、1つは、盛岡の両親の所へ何泊かして行ってお話をする。たまたま私の田舎、おふくろの実家が福島の二本松だったもんですから、雑魚寝でいいから泊めてくれと頼んで二本松に泊まって、その頃福島県の連合青年団（県連青）や、福島の郊外、伊達市霊山の青年団が非常に活発だというので、事前に連絡をして、彼らと交流しながら盛岡まで行く。結婚する当人と、我々実行委員のメンバーが、こういう趣旨で、こういう形でやるので、承諾してほしいというあいさつに行ったり、南のほうでは東大阪に行ったり。毎回そういう形でやっているわけではありませんが、いろいろしました。

その中の1つとして、日本の伝統的な結婚について民俗学者を呼んで学習会をしようというので、柳田《やなぎた》國男さんとも交流があり、武蔵野市に住んでいた橋浦泰雄さんを呼んだ。結婚とは何か、新婚旅行はどういう状況だったのか、結納とは何か、そういう日本の結婚、あるいは結婚観について、いろいろと学びました。

学習文化運動として位置づけたというのは、1つは、働く我々青年によって、2人を支え励ます、あるいは祝う、それを自分たちの手でやらきゃいけないという意識ですね。それから、式を挙げる当事者がどういう形で結婚したいのか、なぜ結婚したいのかも含めて、自覚を深めるための議論をお互いにして、それによって、連帯、団結、仲間づくりを目指す。それから、仲間の中での決意をどう親に理解してもらえるか。

そういったことを仲間内で学習し、議論しながら、つくり上げるということですね。

ただ、これは石間さんの考え方だったのかはわかりませんが、伝統的な結婚という儀式とか考え方もきちんと大事にしていきたいということも一方にはあった。親が理解してくれなければ、いいや自分たちだけでやっちゃおうというんじゃなくて、必ず親に理解をしてもらって、実際に公民館まで来てもらう。そういう努力を重ねて、文集をつくったのが15組ぐらい、文集をつくらずに終わったところもありますので30組ぐらい、約10年から15年の間にありました。福祉会館、あるいは、隣の町の施設を借りたりもしましたが、基本的には公民館を使う形でした。最初は、料理や何かも含めて、全部仲間内で手作りをしていたんですけども、そのうち、青年会のサークルが終わると、ワーっと寄り込む飲み屋というか飯屋さんがあって、そこと交渉して仕出し料理は頼むとか、仲間の親戚の花屋さんに結婚式の花を頼む状況にもなってきました。そういう意味では、大げさに言えば地域経済にもかかわりをもっていたと思います。

それから、記念文集の中では、自分たちが結婚する決意、将来展望、あるいは自分たちの生い立ちを明らかにしていく。それから、仲間の祝う言葉を載せて、あとは、どう実行委員会を重ねてきて、どういう形で結婚式をしたのか、それから、

穂積 健児　1943～2023年。東京生まれ、早稲田大学卒業後に東京都小平市に入職、以来社会教育主事として、地域の仲間づくりや表現活動の支援にかかわるほか、多摩地域の社会教育史、児童文学者川崎大治の教育紙芝居活動の調査などを行う。退職後は早稲田大学、工学院大学で教鞭をとったほか、地元小平で「学びあい支えあう会」の運営などに携わる。

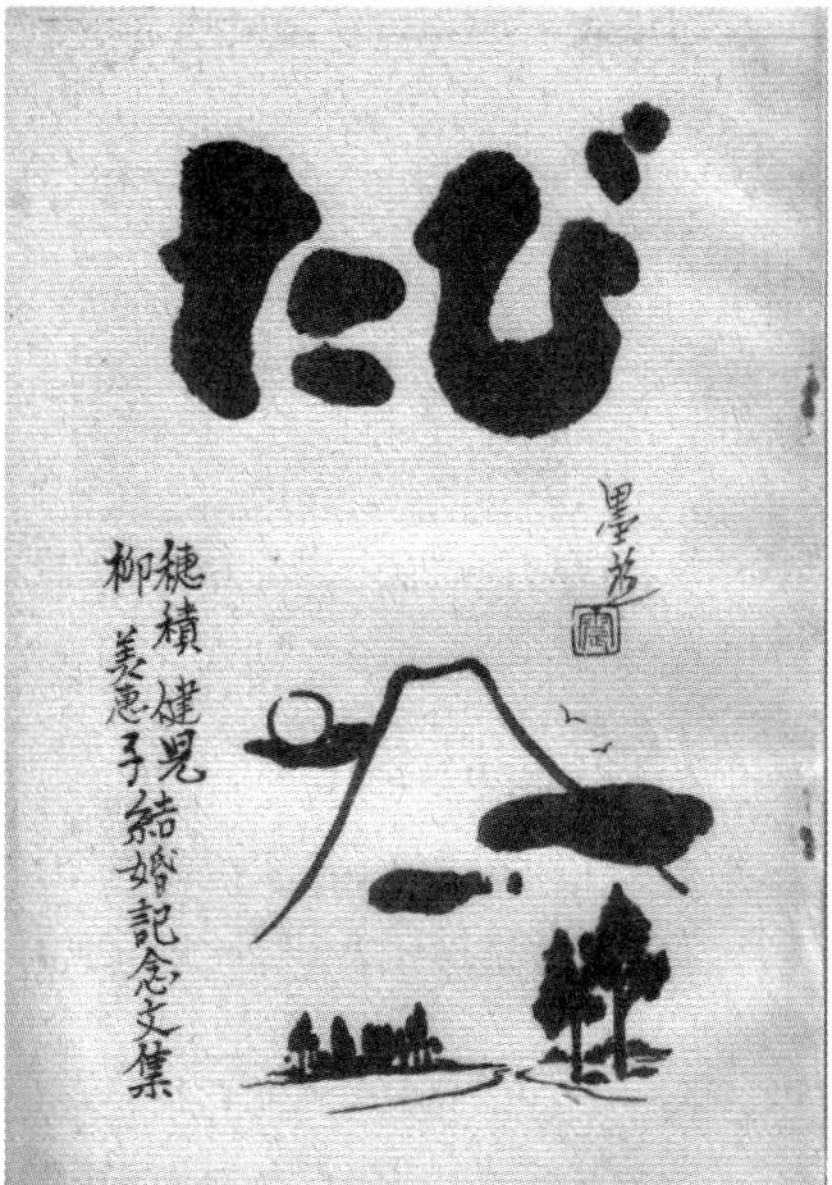

穂積健児さん結婚記念文集（1975 年）

いくらかかって、どういう形に結果としてなったのかということで、中には新婚旅行の費用まで載せる人もいた。私の所は、私のほうがだいぶ遅く結婚したもんですから、「お前の所でまとめ」みたいな意味で費用も全部総ざらい。これを見れば、実行委員会のあり方、本人の決意、周りのお祝い、経費まで全部わかるようにしたいというので、洗いざらい出しています。

いろんな諸準備も含めて、12～13回集まって、3～4か月かけるのが基本ですね。私は1967年に小平に就職しましたが、翌年に若い2人の公民館結婚式に招かれて、びっくりしたんですね。会費制結婚式そのものは知っているつもりで参加したんですけれども、まったくエネルギーが違う。青年運動の中で、若い層をターゲットにした今はもうない『グラフわかもの』というグラビアの薄い冊子があって、それを中心に全国的に若者サークルがあった。小平では「雑草」という名前のサークルが『グラフわかもの』の若者サークルだったんですけども、そこで育った2人の結婚に、当時の私はものすごいエネルギーを感じて、これはすごいなとカルチャーショックを受けたのが会費制結婚式との最初の出合いですね。

生い立ちをお互いに語り合いながら、なぜ愛し合うようになって、なぜ結婚するようになったのかという議論をずっとして、その中で我々が祝福していく。その経過、結果、決意表明を冊子にしてみんなに配るという形で、会費制の結婚式をやったわけです。それを地域における青年の学習文化運動の一環という考え方で15年間やってきたということですね。

公民館結婚式の衰退

きちんと分析していないので、公民館結婚式がなぜなくなったのかはわかりません。大雑把な言い方をすれば、いわゆる金の卵といわれた、中卒で地方から上京してきた子どもたちが、20歳を過ぎて恋愛し結婚する、という状況の中で生まれてきた会費制の結婚式でした。なかなか自分で語ろうとしない生い立ちを、どうその中で語らせて、仲間にしていくかという作業だったと思うんですけども、そこから15年たつと、小平でも中卒の子どもたちが公民館に通ってくることがほとんどなくなった。ほとんどが高卒の青年で、そのあたりから会費制の結婚式をやることがなくなったのかなと思います。この15組の中で2組ぐらいはお互いに高卒同士で結婚ということもありましたし、それから、石間さんや私のように、片方が大卒、片方が中卒というカップルも、2つだけですけどもありました。あとはみんな地方から中卒で小平に来て、そこで愛が芽生えて結婚という形です。

50 年前の仲間でつくる「学びあい支えあう会」

ちょっと飛びますが、今、その当時会費制で公民館で結婚した連中と一緒に、もうほとんど古希を迎えているわけですけども、「学びあい支えあう会」というささやかな会をつくりました。大体遊びか、飲むか、ハイキング、ときどき学習会もやります。あるいは、運動にはなかなか現場へ行って参加できないので、署名運動ぐらいはしようというんで、いろんな署名活動もやっています。（綾小路）きみまろじゃないけど、「あれから50年」ですね。20歳のころから50年たって、仕事や何かの形で小平を離れたり、また戻ってきたりしながら今でもつるんで仲間づくりをしている。先日、この話をしなきゃいけないということを仲間に話したら、そろそろ結婚50年の総括をしたほうがいいんじゃないかと。中には死別した人もいれば、離婚に至った人もいるわけですけれども、15組のうち10組ぐらいは私を含めてかろうじてつながっているという状況です。

――多摩地区でも、市によって状況が違うんですよね。穂積さんの周りでは、特に学習会で学歴の問題が相当議論されたと思います。一方昭島市などでは当時高卒青年が普通で、女子は短大に行っているから、学歴の問題での議論は少なかった。小平は大企業なんですけど、昭島は航空電子とか、日本電子とか、ＨＯＹＡガラスとか、特殊な中企業。来ている青年たちはほとんど工業高校卒。下請けの零細企業に勤めている青年は中卒青年も何人かいたけど、中学で集団就職で企業に入ったのは少なかった。ただ、家との関係はなかなか難しかった。昭島の場合には、特に女子の場合は地元が多かった。そうすると、なんで公民館で会費制で結婚するのか、引き出物をどうするんだ、そんなみっともないことできないなどと言われる。

地元で育って我々と一緒に活動しているのは、15組のうち2組ぐらい、大体それも職人さんです。大工さんとか、植木屋さんとか、左官屋さんとか。ただ、地元といっても、農家の息子たちは来ていないね。農家の息子は、石間さんが社会教育の仕事に入った前の世代ですね。小平は青年団でなくて青年会と呼んでいましたけど、青年会の青年たちを相手にしていたのが、西村さんという元教育長の年代です。今でも彼らは年に1回ぐらい飲み会で集まっている。それはほとんどが青年会の仲間、地元の農家の青年たちです。石間さん以降は、先ほど言ったように金の卵ですね。地方から出てきて、ブリヂストンや日立などの大企業、あるいは商店に勤めたり、職人になったり。小平は工場がそれほど多いわけではないんだけども、ブリヂストンの東京工場、日立武蔵工場、シルバー精工の工場、それから東久留米ですが小平に接していた山崎製パンの工場だとかがありました。

都市に出てきた青年たちの悩み

——千野陽一さんの時代も（1章収録インタビュー参照）、長野県・中野の農村青年たちが村の古さからの解放をめざして学習した。公民館結婚式とは形は似ていても、中身がずいぶん違う感じがします。地方から出てきた次男、三男の若者たちは、村の古さや家の問題などを引きずっているわけではない。彼らの一番の悩みは何だったんでしょう。

1つは、気を許せる仲間が少ない。三多摩は大体そうなんだけど、小平の青年運動・青年学級の活動は、「小平からひとりぼっちの青年をなくそう」というのが基本スローガンですね。その下に、いろんなサークルをつくったり、サークルが連合してサークル連絡協議会や青年学級連絡会をつくるんですね。

小平は、土地なり親のしがらみがない連中が来て、しがらみがないけど、仲間もいない、孤立しているわけだ。しかも大企業では隔離された寮に放り込まれて、それで2勤交代をさせられる。うちの妻もそうだけども、借り上げの6畳ぐらいのアパートに3人ぐらい入れられて、2勤交代で出ていく。

ただ、小平でも青年の主流は大企業じゃないんだよね。職人とか個人商店、特に職人が多かった。大工、左官、中には（久保田）一竹辻《いっちく》が花染めのお弟子というか、中で鍛えられて、友禅を描く職人もいました。

――公民館結婚式は、どうやって実行委員会形式になっていったのでしょう。結婚式はプライベートなものという感覚が今はどうしてもありますが、当時は違ったのか。それとも、当時も今と大して変わらないけど、みんなで考えていこうと周りがけしかけたのか。あるいは、本人たちが一緒に考えましょうと言ったのか。

労働組合を母体にしたところもあったようだけど、小平の場合は、青年学級でもサークルでも仲間づくりを基本にしていた。その仲間の中から、こいつ今度結婚するんだけど、どうやって祝ってあげられるか、ということだと思うんですね。

当時の慣習にあらがって

――これだけ今ビジネス化、マニュアル化されている結婚式を全部手づくりでやっていくのは、まさに学習文化運動だと感じます。当時の、こういう形ではない結婚式の姿はどんなものだったんですか。ある程度定型化した結婚式はあったわけですか。

当時の市役所でいえば、結婚する人間がいれば招待もされるわけだけど、大体日本閣とか明治記念館とか、いわゆる式場ですね。それで結納、引き出物があって、式に誰を呼ぶかで両家の釣り合いを気にするとか、そういう結婚です。

媒酌人は当時小平は大体職場の上司である部長。その部長の下に、結婚した連中が集まって、何々学校という、要するに結婚式の仲人を務めたつながりで派閥ができる。どこの派閥に入れるかによって、出世に響いてくる。係長試験や課長試験がなかった時代だから、ヒラから係長とか課長に上がるのに、今回は何々学校から出たから、次はあっちだとかいう下馬評が飛び交ったぐらい。だから我々みたいに、どこの学校にも属さない無所属は全くお呼びがかからない。

――実行委員会形式でやる結婚式は、伝統的な地域職場丸抱えでのスタイルとは違うものを自分たちでつくっていきたいんだと。

我々から見ると、いわゆる一般の結婚式は形だけに見えました。そうじゃなくて、仲間から本当に祝おうじゃないかと。

地方から出て来た子どもが結婚するときに、親は、やっぱり地元に残る子は跡継ぎだから大事にするけど、出て行っちゃった子でも、その場所でどうなるかという心配はある。だから、我々がワーっと行って、こういうメンバーでこういうふうにやりますと言うと、自分の子どもが信頼されている、仲間がいるんだと安心してもらっていたのかな。ただ、やっぱり伝統的な結婚の形式ではないわけで、多少矛盾があったと思うんだけどね。

それと、結婚式は事前に準備ができるわけだけど、葬式はもっと大変。ところが、葬式もそれでやったらどうかという話があった。実際にはなかなか難しいんだけども、会費制の結婚式を挙げたカップルの彼女の方が亡くなったときに、それに近い形ではやりました。団地の集会所を借りて、仲間に坊主がいるからお経はそいつに読んでもらって、我々が全部、受付から何から引き出物まで、業者の手に委ねずに考えた。たまたま、自分たちで葬式をやるのをお手伝いしますという人がいて、エンディングノートとかいろいろ作っていた人に段取りは組んでもらいながら、実際は我々でやるというのは1回だけあります。

——今は家族葬が広がっていますが、家族葬だと質素でいい感じだれど、故人と仲間の関係が断ち切られる。故人がどういう人生を、家族が知らないときに生きてきたのかが全然わからない。それで故人を弔ったことになるのか、それを見直さなきゃいけないという新しい課題があるように思います。冠婚葬祭を業者に全部任せて合理化すればいいのかというのは、学習課題としてあるのではないか。公民館結婚式のあり方からは、人間の人生のあり方を学ばされます。

これは私だけの意見ですが、やっぱり、公民館で会費制で、仲間内で祝ってもらって結婚式を挙げたから、今でも人間関係が続いてると思うんですよ。「仲間」って漠然としているけど、地域で共に生き、共に暮らし、共に戦った仲間としての絆、つながりというかね。我々の仲間は、それが財産だと言いますね。金はない、何にも子どもたちに残すものはないけど、仲間はいると。

仲間づくりの昔と今、次の世代にどう伝えるか

——どうして今は仲間づくりみたいなものに関心があまり向かないのかと考えていました。当時の方たちはどうして仲間づくりに目が行ったんでしょうか。それから、どうしてこんなにも結婚というものが、共通の課題として共有されたのか。今は個別の問題として扱われることが多くて、結婚の話を友人としていても、お金や出会いの話になっても、裸の話し合いにはつながっていきません。

当時も基本はやっぱり、個人の問題ですよね。結婚しようがしまいが、あるいは、結婚式を挙げようが挙げまいが、個人の問題でいいじゃないかとなる。我々の時代は、たぶん、その前に仲間づくりがすごくあった。ひとりぼっちの青年がいて、その青年たちをなくそうじゃないかと。そのためには、サークルや青年野球、いろんな遊びや運動があって、その中でワイワイガヤガヤやってきた。特に、若者サークルは今では考えられないぐらいエネルギーがあった。15～18歳くらい、中卒から大学生ぐらいの間だけど、我々の時代はとにかく群れてた。群れていたから必然的にその仲間で結婚していくわけ。だから、じゃあ、祝ってあげようじゃないかと自然発生的に出てきた。

――１９８０年以降は公民館結婚式が出てこなかったようですが、この頃が時代の変わり目で、結婚が個別化していくような、若者の意識の変化もあったんでしょうか。

学歴とは関係ないと思うけど、俺が青年担当の後半には、大学生とか高校生が来てたからね。そうすると感覚が違うんだ。中卒の子どもたちは、声をかけるとワーっと集まってくる。高校、大学となると、そんなの知らない、俺は俺だみたいなところがある。それがいいかどうかは別として。

じゃあ、その中卒の青年たちで仲間づくりした連中がワイワイやってるだけで、自主性、主体性がゼロかというと、逆なんだよね。つまり、結婚していく間にいろんな議論をして、追及されて裸にされちゃうわけで、自分の意志とか意見を持たざるを得ない。だから、ものすごく自己主張をする。

――当時の報告書を読むと、本当に丸裸でかなり率直にいろんな話をしています。結婚式の準備も夜10時から12時まで11回やりましたとか、ずいぶん時間と労力をかけている。

今思うと、なんでそんなに時間をかけられたのか不思議なぐらいだよね。四六時中一緒にいるわけだから、当時の活動や仲間づくりは案外強烈だったのかなと思います。還暦を過ぎて、仕事も定年でという状況もあるんだけど、今頃になって、うたごえやギターをやってた連中がチラチラ集まってきて復活したりね。小平では、うたごえは「ハミングチュー」、ギターは「ボロロン」というんだけど。それが何なのかは、よくわかんないんだけどね。

ただ、さっき50年後の総括という話があったけども、子どもたちにどう伝えるかはまったく別問題。我々は相変わらず仲間づくりだけれども、それを子どもたちの世代にどう伝えるかというのが、我々60、70になったジジババの「学びあい支えあう会」のメンバーの課題。もうだいたい孫がいる世代だけど、子どもや孫たちに、自分たちの仲間づくりをどう伝えるか。まだ、面と向かって子どもたちに話をしてない。我々も個別にはできないと思っているし、子どもたちがなかなか乗ってこないんだけど、どこかでね。

——確かに、家族の間ではあまりそういう話を面と向かってしません。むしろ、それ以外の場で語っていただく、あるいは子どもには言えなくても孫に話すのもいいかもしれません。

「仲間」はどこにいるのか、本音で話せる条件は

だけど、今の若者って、仲間づくりとか、ひとりぼっちがうんぬんとか、そういう議論はあんまりないね。必要がないのかな。

——今は結婚は2人だけの話になってしまっている気がします。結婚式でも、2人でどうしますという誓いはあっても、社会に向けた言葉は聞かない。でも当時の文集には、2人で家庭をつくる誓いに加えて社会への目線がある。結婚というところから、社会への結びつきを意識している。当時と今と何が違うんでしょうか。

切実な孤独感みたいなものがないのか、どういう違いなのかな。仲間っていうのは、ずばり、今どこにいるのか。例えば、大学の研究室やサークルみたいなところなのか、小中高の仲間なのか。あるいは、ネット上のコミュニティなのか、どういうところに今、いるんでしょうかね？

——自分ごとから離れて、例えばボランティアで仲間づくりに取り組むことはあっても、身の回りで起こしていく意識が薄いのでは。結婚の問題にしても、身の回りよりも、ちょっと離れた人たちと一緒に、お互いの関心に基づいて参加していくことはある気がします。特に、ここまでの徹底した裸の付き合いはなかなかできないという実感があります。

息子や娘たちを見てると、中学や高校のクラブ活動で一緒だった仲間ではバッと集まる。そういう仲間はあると思うんだよね。だけど、我々の頃は、地方から出てきて、誰もいないところにたまたま公民館があって、明かりが点いてたから前をうろうろする。すぐ入れないんですよ、敷居が高いの。我々は敷居を高くしようと思ってないけど、公民館や役所はやっぱり敷居が高いんだよね。入りたいと思ってうろうろするんだけども、「おい、ちょっと来いよ」と声をかけられないと来られない。そういう状況の子どもたちがワーっと来て

いた。そこで初めて、自分の職場では自分の意見を聞いてもらえない子が本音で話せる。お互いに対等、平等で、なんでもざっくばらんに話せるということ。要するに、生きづらいわけですよ。小僧に入って、殴られて、なんでわかんねえんだ、みたいなことをやられてばかりだから。それで今の世の中をなんとかしたい、社会的なかかわりを持ちたいっていうことになると思うんだよね。だから、結局、公民館結婚式でも、自分たちがどう生きるかということと、仲間とともにどうするか、社会とのかかわりをどうするかというところに目が向いていく。我々の時代に、携帯とかスマホがもっと発展してれば、こういう仲間づくりがもしかしたらできなかったかもしれないね。だって、個人的につながればいいわけだから。我々の頃は、そこに行って、顔を見て議論しないと仲間になれなかった。

――夜間中学のドキュメント映画『こんばんは』を思い出します。登場する人たちの多くは夫婦関係や親子関係の中で悩みを抱えている。夜間中学で出会い、仲間をつくる。その中で自分の生い立ちを語ったり、社会を見たり人を見たりしながら学習する。穂積さんがおっしゃる、労働や生活の中で自分の表現がなかなかできないところを公民館や地域に求めた、その中での仲間づくりという点は共通部分も見えます。

自己解放ができてるかどうかなんですよね。本音で話して叱られない、裏切られないという安心感で、公民館の仲間づくりはつながっていった。言ったことが翌日、会社からどうのこうの言われて大変だ、となれば言わなくなっちゃう。ただ、大企業では、公民館に行っただろうということは呼び出されて言われました。日立もブリヂストンもそう。呼ばれて、「お前公民館に行ってるだろう」とか言われたらしい。かかわりのある人がいると失礼だけど、日立に限らず大企業の体制は変わってないね。要するに、立てつくものは徹底的に潰せと。1度クビを切ったら絶対に元の職場に戻さない、金で解決するとかね。

韮山《にらやま》工業高校を出て日立の武蔵工場に入った、田中秀幸という最高裁で負けた有名な人がいます。その彼が1時間残業をせずに、青年のうたごえに行った。自分の持ち分は全部処理して、会社には迷惑をかけてないという理屈になってるんだけど、翌日それでクビになったんです。すると、裁判闘争で会社は何を言うかというと、残業をしなくてもいい、しかし会社に立てつくということがけしからんと。最初、地裁では、これは労働基準法上に抵触しないという形で勝っていくんだけど、高裁になった途端、後で話を聞いたことだけど、これをどう処理するかという全国の裁判官の集まりがあった。日立の田中秀幸の問題は、いち日立武蔵工場の問題ではない、全労働者、全資本家の問題だと。ここで負けると、日本が大変なことになる。こんなひどい裁判長のもとで裁判は受けられないと忌避闘争を行い、裁判長を追放しました。しかし次の裁判長は積極的に和解交渉を進めましたが判決を書く前に家裁へとばされてしまいました。

それから、うちのカミさんなんて単なる女子工員だから、大した力があるわけじゃないんだけども、そういう女性を6人、7人集めて総ガラス張りの部屋を作るんですよ。工場見学に来た人に、ここで働いているのは会社に立てついている連中だとわざわざ説明しながらその中で仕事をさせる。それが赤旗に取り上げられて、一般の新聞もキャンペーンして、なくなるんだけど、そういうやり方をした。「たんぽぽ」という歌があります。国分寺にある日立の石原一輝という作詞作曲する労働者が、結婚するときに門倉さとしが詩を贈り、それに一輝さんが曲をつけたのが原曲で、その後、堀越浄さんが作曲して今歌われている曲として定着しました。門倉さんは、青年の文化運動や詩の創作にずっとかかわってくれて、砂川闘争のときに生まれた「桑畑」の作詞もした。

企業にとっては、外部の考え方を持ち込まれると困る。感染症と一緒で、流行ってるウイルスを持ってこられて困るから、ガラスの部屋に入れて隔離するわけ。僕が参加する前の話だけど、青年学級でなかなか人が来なかったとき、中小企業をずっと回ったんですよ。シルバー精工とか山崎製パンとかね。そうしたら、公民館に通っていた社員の青年が、社会主義国中心の卓球のアジア大会か何かに参加したことを聞いて、公民館はそういうところに行くよう指導しているんですか、みたいなことを言われて、いやいや全然知りませんと。だから、公民館に対する偏見も含めて、企業はそういう注視をしているところがあった。

衝突は皆の問題

――裸のつきあいをする中で、衝突やケンカが起きたとき、どう乗り越えたのでしょうか。職員さんが調整役を担っていたのか。今はなるべく衝突を避けて、正面切った裸のつきあいはあまりしない。小学生ぐらいまではあっても、だんだん衝突を避けることを覚えていきます。

本当に殴り合いのケンカになる場合もある。そういう解決の仕方がいいのかわからないけど、酒を飲んだり、一緒に寝泊まりしたり。それから、いつも職員がその連中のそばにいるわけではなくて、少し離れた先輩が、「お前な！」と。あとは、なるべくしこりが残らないように、2人だけじゃなくて皆の問題にしちゃう。例えば、昨日のケンカの噂が聞こえてきたらば、次の集まりで「こういう話を聞いたんだけど、どう思う?」と、皆の問題にして意見をもらう。そうすると2人だけで固まっていたのが、皆から見れば「そんなん大したことじゃないじゃねえか」となる。その後も仲間で一緒にいるわけだから、それなりに解決したと思うんだけどね。職員はそういう役割を担うことは多いけども、いつもいるわけじゃない。たまたま、集まった仲間のうちの年配の人だとか、もうちょっと冷静なやつが、まあ、まあ、まあという形で。男ってわりかし、1杯やればそれでおしまいみたいなところもあるんだよね。それはいいかどうかは別だよ。

我々には自衛本能がそれぞれあるから、会ってあまり経たない間にバラっとさらけ出せる人間と、縮こまっちゃう人間がいる。それを見てとって、その衣服を引き剥がす仲間がいた。良い悪いは別として、精神的に裸にならざるを得ない状況にさせちゃう。それで泣いた女性もたくさんいるけどね。だから、それがいいかどうかは難しいけど、それを乗り越えて仲間になっていく。今はたぶん、そういうことをやる、あるいはできる周りの人がいないんじゃないかな。俺たちの頃は、「お前、まだ隠してるだろう?」「まだある、まだ隠してる」とだいぶいじめられた。最初に俺は府中にいたんだけど、府中から小平に通ってくることが批判された。「お前、市外にいて何が社会教育できるんだ」と。しょうがないから、市内でアパートを探しました。

――公民館結婚式の当時の冊子は読み応えがあります。今は全国的に公民館結婚式は皆無なんでしょうか。

あまり聞いたことないね。ゼロではないと思うけど。今もあるかわからないけど、もともと、公民館で結婚式ができるように、結婚式場を備えたところもあったんですよ。

小平では会費制の結婚式が終わった後は、性、出産、子育て、保育の問題といった形で連続的に取り組んだ。決して15組の公民館結婚式をした連中を対象に考えているわけではないけれども、彼らが参加して、自分たちのこれからの問題を学びながら、身に付けられるという構造を青年担当の職員は一貫して持ってたね。

(記録・構成：新藤浩伸)

本稿は、地域文化研究会で2018年2月11日に実施したインタビューの記録を元に編集した。穂積氏は2023年に亡くなられ、内容を生前ご確認いただくことは叶わず、ご家族に掲載許可をいただいた。内容の誤りの責任は記録者にある。
穂積氏の仕事については以下の記事でもまとめられている。穂積健児「老いてなお青春―学びあい、支えあう会の軌跡」『月刊社会教育』2021年10月号

5章 暮らしから生まれる表現活動

地域文化とは郷土芸能だけではない。紙芝居、短歌、音楽や美術の鑑賞や創造など、様々な活動が折り重なってつくられていく。東日本大震災やコロナ禍といった困難を経験しながら、地域の文化活動はどのように営まれているだろうか。小さな工夫が日々各地で積み重ねられながら地域が動いていることを、本章から感じ取っていただきたい。

地域にささやかな文化の循環を!!

――神奈川県足柄上郡松田町の「児童文化の会ゆうゆう」を訪ねて

穂積　健児（元東京都小平市社会教育主事、社全協三多摩支部会員）

紙芝居にはまる

２０１８年8月1日（水）、午後2時、35度を超す猛暑の中、昭島の山﨑功さんの案内で神奈川県足柄上《あしがらかみ》郡松田町《まち》の松田町文化センター（松田町立公民館）にお邪魔し、「児童文化の会ゆうゆう」の方々にお話をうかがった。

松田町は、新宿から小田急線快速急行で新松田まで約1時間、秦野市と小田原市に挟まれた丹沢登山の入り口の町で、大井松田ＩＣのある交通の要所である。人口は、1万1０００ほど（当時）で、１９９５年をピークに減少傾向という。

「児童文化の会ゆうゆう」は、昨年（２０１７年）の神奈川集会（第57回社会教育研究全国集会）で「地域文化の創造と社会教育」分科会でご報告いただいた団体である。

松田町教育委員会主催の「手作り絵本」講座に参加者した8人で１９８４年の夏、「松田手作り絵本の会」を結成した。翌年、松田町図書館の司書から、「神奈川県立図書館の手作り紙芝居コンクール」を紹介され、小田原の海にクジラが迷い込んだという神奈川新聞の記事をヒントに、「ちびくじらごんどうのぼうけん」という紙芝居をつくり、それがなんと最優秀賞を受賞した。ところが、審査委員長の加太こうじ氏からは、褒められるのではなく、けなされ放題。くやしさから来年も応募する決意をし、毎年応募する中で、受賞も重ね、いつしか「紙芝居にはまり」、それが「ゆうゆう」の礎になっていった。

また、同じ頃、小田原で活動している紙芝居研究会「かみふうせん」（代表朝倉冨久代）を小学校の先生から紹介され、小田原で開催されていた「まめつぶ劇場」を見学し、紙芝居だけでなく、絵本、パネルシアター、人形劇等にキーボード演奏をつけるという形を学び、自分たちも、紙芝居だけでない総合的な活動をしたいと思うようになった。１９８７年の秋「ゆうゆう」を結成し、公演の名称は「ゆうゆう劇場」とし、「やりたいと思ったことはどんどんやってみよう」という活動スタイルで今日まで、続いている。前身の「松田手作り絵本の会」から数えると今年（編注：２０１８年）で34年目を迎える。

イキイキ、ワクワク、ハラハラ、ドキドキ

「児童文化の会ゆうゆう」の活動の土

台は「図書館」のお話会で、そこで、子どもたちに鍛えられたし、結成当初始めた「青空紙芝居」（街頭での紙芝居）でも貴重な経験もした。また、あるとき、紙芝居なしのプログラムでやったら、子どもたちから「紙芝居ないの」と言われ、それ以来、紙芝居以外のものも上演するが、子どもが興味・関心を示し、集中する紙芝居は必ず入れている。「ゆうゆう」のメンバーは、「紙芝居は魅力的で、絵本は『個』の世界だが、紙芝居は『集団』の世界」、「いわゆる芝居の良さ、魅力、子どもたちがすぐ参加できる」、「子どもは紙芝居が好き、すぐ食いつく」など口ぐちに紙芝居の魅力を語った。

　これらの発言を聴きながら、今日、人間らしい感情表現が衰退し、他者との信頼や連帯の意味が見出せない状況下で、「五感」（見る、聞く、嗅ぐ、味わう、触れる感覚）に訴え、演じ手と受け手の交流や共感をつくりだす、日本独自の伝統的紙芝居は、今でも魅力ある文化活動だと感じた。

　こうした経験や、小田原の「まめつぶ劇場」から学び、プログラム構成の最初に、南米の民族音楽と操り人形「へびいちのすけ」[1]を登場させると子どもたちは集中してくれる。

　「ゆうゆう」会員には、それぞれ特技があり、それを活かした活動が会の持ち味になっている。

　例えばAさんは紙切りで、寄席の紙切りではなく、切り紙細工や立体的なものもある。黙って切るのでなく、子どもたちとかかわりながら作る。例えばこんな唄（チョーキチョキのチョーキチョキ）を歌いながら。

　Bさんは絵巻物、鳥獣戯画のような、長さ17ｍ、幅1ｍの布に絵物語を書き、最後にそれをひっくり返すと1枚の大きな絵が出てくる仕掛けで子どもたちはビックリする。大阪で見たポンイチを参考にしたという、太鼓をたたきながら、表現豊かに話す。

　Cさんはあやとり話。唄を歌いながら、あやとりをする。あやとりで「蚊」をつくり、最後にパチンとたたくと、蚊が消える仕掛け。

幼稚園での上演の様子、『へびいちのすけ』登場

Dさんは、パネルシアターやペープサート。

Eさんは、絵本を基にした大型紙芝居など。

こうして子どもたちは、「イキイキ、ワクワク、ハラハラ、ドキドキ」と公演に引き込まれていく。

足し算でなく引き算

代表の木口まり子さんは「児童文化の会ゆうゆう」の活動について、「常に引き算を心がけている」という。「学校教育や読み聞かせは『上から目線』のように感じる。教える、聞かせるは『足し算』で、対象と対等な関係で、対象者の中にある『楽しい、面白い、興味が湧くなどの思いを引き出す』ことが『引き算』だ」という。

そのツールが紙芝居であり、絵本や語り、切り紙だ。高橋五山[2]の「上からいくな、下からいくな、対等で」の言葉を実践していきたいと語ってくれた。

「児童文化の会ゆうゆう」の活動の拠点は、松田町文化センター（松田町立公民館）だが、単に松田町内の活動に留まらず、活動の幅や地域を広げている。例えば、神奈川に紙芝居の灯を燈し続けようと「紙芝居文化推進協議会」[3]を結成したり、ネパールで紙芝居を公演したり、近隣市町と連携し、２００５年「第九回全国紙芝居まつり」を県西部1市5町で開催して大成功させ、その勢いで「あしがらの伝承と文化の会」を結成し、地域の文化の創造と発展に寄与している。「あしがらの伝承と文化の会」は、２０１６年で10周年を迎えた。

現在会員は6人で、「気がついたら34年。代表の木口まり子さんの頑張りと、気の合う仲間が5～6人で人間関係もいい。切磋琢磨して続いた」と会員は長続きした要因を語る。平均年齢は、60～65歳、全員、孫のいる世代だ。

出演要請は、人づて、口コミが多く、地域で知られた存在、地域に根を張っている証拠でもある。会員が「ブログ」を立ち上げているので、それを見ての依頼も多い。

対象は、小学校、保育園、幼稚園、学童クラブ、高齢者団体等が多く、０歳～2歳の子どもも多い。また、地域の伝統文化を大切にしたいという思いで、松田町図書館から依頼された「松田の大名行列」を紙芝居にした。

現在は定期的な活動のほかに、年3回、図書館と共催で拡大版「お話の森&ゆうゆう劇場」を公演している。公演回数は、２０１７年の記録では、1年間で37回の出演、月平均3回。だいたい1回45分程度で、内容の構成は対象と季節感を大事にしている。公演は無料で、町や団体から援助を受けていない。全部会員の持ち出しでやっている。お金もない中でやれるのは、皆、この活動が好きだからで、夫や子ども、家族はあきらめている状態だという。

ささやかな文化の循環

現代社会における携帯電話やパソコンの急激な普及は、人と人とのコミュニケーションや通信・表現手段を飛躍的に発展・拡大させた。しかし、一方では「肉声」を通した人と人との根源的なコミュニケーション能力や、人間がもっている、いわゆる「直感」とか「第六感」「肌で感じる」「何となく」と言われる部分の「能力」が衰退してきているのではないかと思える。だからこそ、これまで考えもつかなかったような事件やトラブルを引き起こしており、人間社会の持続可能な発展が危機に瀕しているように思われる。

前述の木口まり子さんは、「こういう時代だからこそ、フェースtoフェースの関係が必要で、松田の伝統行事を子どもたちに伝える松田大名行列の紙芝居をつくったり、社会情勢が変化し、若いパパママの働く事情が変わり、つながりが出来にくくなった今こそ、つながり方が課題だ」と指摘する。

今後は、「子育て支援センター」などと協力して、親子で楽しむ行事、大人対象・子育て中のお母さんを対象にした事業を考えながら、これからは、若い世代にバトンタッチして、自分たちが楽しむ側にまわるという「ささやかな文化の循環」を実現し、地域での後継者の育成や図書館と平和を未来への遺産として子どもたちに手渡す運動に取り組みたいという将来への希望を話す。

「働き方改革」の大号令のもと、生産性向上、効率的労働が志向され、疲労がたまれば総合型リゾート「ＩＲ整備法」でギャンブルに浸り、何やら癒され、充実した日々を送っていると勘違いし、国の政策に没入して「思考停止」状態になるという現代日本の「非人間的な諸政策」の中で、「児童文化の会ゆうゆう」のような、「足し算」ではなく、対象者の中にあるものを引き出す「引き算」の大切さ、自分たちから若い世代にバトンタッチし、それを繰り返してゆく「ささやかな文化の循環」という文化活動、紙芝居というツールを通して、人間が人間として「生き、生活する」根源的活動としての、「五官」を通した「五感」に訴える表現・文化活動が、日本全国に広まれば、現代の「非人間的な諸政策」に対抗できる「力」をもつのではないかと考えさせられたインタビューだった。

（２０１８年11月。児童文化の会ゆうゆうは２０２４年現在も活動中）

1　工藤直子の詩集「のはらうた」（童話屋）に出てくる「へび」の名前、竹の棒につるして操作する。出版社に了解を得て使っている。

2　大正・昭和期の紙芝居作家、編集者、出版社経営者、本名、高橋昇太郎、１８８８年生まれ、１９６５年没、「月刊絵本」「幼稚園紙芝居」などを刊行、１９６２年その業績を顕彰し、年間

3　に出版された紙芝居の中から、最も優秀な作品に贈られる「高橋五山賞」が制定された。「紙芝居文化推進協議会」（通称：紙文協）は、「神奈川県立図書館の手作り紙芝居コンクール」が1999年、第20回で終了した後、神奈川で紙芝居の灯を燈し続けようと結成された。神奈川県下の県立図書館、有隣堂書店、童心社、教育画劇、神奈川新聞、神奈川TVなどが応援している。

〈参考〉
・2017年　第57回社会教育研究全国集会資料集「日本の社会教育」第18分科会「地域文化の創造と社会教育」レポート「ゆうゆうと参りましょう」（「児童文化の会ゆうゆう」木口まり子）
・穂積健児（2007）「共感と応答の文化「紙芝居」を見直す」畑潤・草野滋之編『表現・文化活動の社会教育学』学文社
・浜矩子「拒絶すべき近未来」2018年9月16日東京新聞朝刊「時代を読む」

生活に根ざした短歌表現の世界

——短歌結社「まひる野」と連載「働くものの短歌」

飯塚　哲子（東京都立大学健康福祉学部准教授）

「まひる野」の出発

「本會は、和歌を中心に、一般文藝の創作、ならびに研究を行ふことを目的とす」

手元にある、歌誌「まひる野」創刊号（復刻版））の「まひる野會會規」に記されている一文。本稿では、筆者が所属している短歌結社「まひる野会」の活動を中心に、生活に根ざした表現の世界を紹介します。「まひる野」という誌名は歌人・窪田空穂《うつぼ》の第一歌集『まひる野』（1905年刊行）に由来します。

1946年3月に早稲田大学国文科の学生を中心に窪田空穂主宰、窪田章一郎発行編集によって創刊されました。短歌総合誌などの広告では「つねに生活実感を尊重し、詩としての豊かな表現力を希求する」結社として紹介されています。

2017年は、まひる野創刊70周年を迎えて記念号も発行されました。この年は窪田空穂生誕140年にあたります。空穂は50年をこえる月日を東京都文京区の地で過ごしました。文京ふるさと歴史館では特別展「季節のうた—歌人窪田空穂生誕140年・没後50年」を企画し、文京の季節を詠んだ空穂の歌を中心に、空穂ゆかりの品々を展示する特別展を開催しました。そのほか、各地のゆかりの地で特別展が開催されました。その1つ窪田空穂記念館についてご紹介します。

窪田空穂記念館

１９９３年に開館された窪田空穂記念館は長野県松本市出身の歌人、窪田空穂の関係資料を一堂に集め収蔵展示、保存および公開活動等を図る地域文学の拠点施設として、松本市和田に現存する空穂生家と道を挟んで向かい側に建設されました。設立のきっかけの１つとして、空穂長男の窪田章一郎はじめ空穂系歌人の空穂関連資料収集と保存への強い希望があり、章一郎はしばしば「記念館か資料を集める館ができるといい」という思いを語っていたといいます。

今日では、地域の文化活動の拠点として「Tango Duo Concert in 窪田空穂生家」「空穂生家子ども囲碁教室」や空穂ゆかりの企画展などが開催されています。

２０１８年には、企画展「いのち愛しむ　獄窓の歌人　島秋人《あきと》」（9月15日～11月25日）が開催されました。死刑囚であり歌人の島秋人の生涯や、窪田空穂との交流が紹介されています。秋人が、死に対する恐怖と向き合う姿や「いのち」に対する向き合い方について、手紙や面会によって秋人を励まし、心を育ててくれた周囲の人々の温かさにも遺品や往復書簡から触れられます。

記念館正面にある空穂生家と槙の木。空穂は「外祖父のわれ祝ひては名を選ぶ健かに直く槙にしあやかれ」と詠んでいる。歌人三浦槙子氏は空穂の初孫。

活動紹介

・全国に支部

東京をはじめ、全国各地で支部が主催する定例歌会を開催しています。支部は、北は北海道支部、東北、北陸、関東、甲信越、東海、近畿、萩支部等があります。

・定例歌会の開催

短歌作品を参加者間で相互批評する会です。まひる野会では東京・名古屋をはじめ、各地の支部で定期的に歌会を行っています。毎月歌誌「まひる野」最新号を各々持参して、歌会会場に集います。歌誌に掲載の相互批評形式や無記名詠草による歌会など、形式はさまざまです。会場は、各地域によって公民館、図書館、地域交流センター、名刹の境内とさまざまです。東京歌会は新宿の家庭クラブ会館にて常時30人前後の参加があり、毎月開催しています。歌会の様子を、歌誌「会報・支部だより」から抜粋します。

……あらかじめ提出された無記名詠草の中から出席者が3首選んで投票し、その後1首ごと批評を行った。「膝に荷の重さを移すかつてかく電車に揺れて子を眠らせき」「校舎より赤ジャージの女生徒らひかりの束のように現る」の2首が高得点……無記名詠草の歌会は自由に発言できると毎回好評である。

・歌誌の発行

月刊誌として毎月1日に発行されています。誌面には全国の「まひる野」会員約５００名（「短歌研究年鑑２０１８」「角川短歌年鑑２０１８年版」参照）の歌が並びます。編集作業は、発行人である大下一真《いっしん》氏が住職をされている鎌倉瑞泉寺で毎月1回行われます。行数計算、頁の割り付けなどを経て、校正所・印刷所にお届けします。

・まひる野全国大会に集う

例年8月下旬に全国大会を開催します。会員２００名前後が集い、年間テーマについてのパネルディスカッションや歌会を行っています。２０１９年は第66回、青森県八戸で開催予定です。

・空穂会に集う

空穂会とは、空穂の関係した（いわゆる空穂系）結社の会員を中心に年に1度、空穂を偲びつつ親睦を深めようと、空穂の誕生日である6月8日近辺に開催されています。その発端は空穂存命中の賀寿のお祝いであり、空穂会としては没後2年目より続いています。ここ最近は、会食の前に短めの講演会がもたれることが多くなっています。2年ぶりの開催となった２０１７年は、国民文学社・地上社・まひる野会・沃野社・歌林の会・音短歌会・楓の会（旧槻の木）が世話人となり広く案内を呼びかけ、他結社からの招待、総合誌の編集者を含む約１００名の参加がありました。２０１７年は空穂の生誕１４０年、没後50年という節目の年であり、集まった人たちにもどことなく華やいだ雰囲気が流れていました。

まひる野全国大会パネルディスカッションの様子。左から、柳宣宏、岡本勝、広阪早苗、後藤由紀恵（敬称略）

連載「働くものの短歌」をひも解く

『月刊社会教育』はかつて、20年にわたる短歌の連載をしました。連載「働くものの短歌」は、１９７１年1月号から

１９８９年3月号までのおよそ20年におよび、毎回１人の短歌20首を取りあげ、合計２１２回にわたり連載されました。選者は、結社「国民文学社」に所属する歌人中井正義が担当でした。

　初回の１９７１年1月号には、連載を始めるにあたってのことばは見当たりませんが、最終回の１９８９年3月号には、連載開始当時の頃を次のように回想しています。

　国立教育研究所の横山宏先生の慫慂をうけて連載をはじめたとき、わたしは43歳でありました。しかし、それから20年、私は小中学校を退職、農業専一の仕事にかえってまる2年、63歳になっています。

また、中井は、毎回の「働くものの短歌」作品に取り組んだことを次のように記しています。

　草ふかい地方にあって、田畑を耕しながら、利益薄い小売業に励みながら、あるいは海に働きながら、ただひたすらに作歌する人達の作品に、ふかい思いを寄せてきた。そして、日常茶飯事の歌と言われようと、低級な生活リアリズムといわれようと、黙々と自らの生活を写し、うつすことによって自らをみつめ、強靭なるものを築きあげてきた無名者の内なる声を吟味し、敬仰しつづけてきた。

「働くものの短歌」は１９７１年から昭和の終焉までを見据えた労働者の短歌でつづる昭和史といえるでしょう。労働者はもう少し大きな枠組みとして民衆と置き換えてとらえてみたいと思います。つまり「働くものの短歌」は、昭和終焉までの20年という期間ではありますが、民衆が生活実感を詠み、時として既成の日常感覚や美意識を排する緊張感を醸し出し、説得力が付与されています。また、仕事に生きる充実感を味わいながらも、余裕なく過ごす悔しみとが交錯した、独自な哀歓が表現されています。実際に掲載された短歌をいくつかあげてみます。

・夜学生　定時制高校教師の歌―小出幸三（１９７４年4月号　連載第35回）

　残業の疲れ耐へつつ眠りゆく生徒の手より鉛筆のおつ

　働きてなほ夜学ぶ生徒らの恩師とよぶを耐へがたく聞く

　卒業の夜の式場空席のあるは残業夜勤なるらし

定時制高校の教師であり、昼間職業をもちながら夜高校に通う生徒らの様子がありありと浮かぶ短歌が並んでいます。「働くものの短歌」は教師小出幸三自らと、仕事をもちながら定時制に通う生徒のとの、双方からの生活実感を映しながら「働く」臨場感を詠んでいます。

　中井は、「無名の歌人」の「働くものの短歌」を通して人々がみずからの生活をみつめ自己確認する姿を映したと言ってよいでしょう。

連載「働くものの短歌」はその後、『働くものの短歌　短歌新聞選書』（短歌新聞社）の刊行に至ります。刊行後、1年のうちに3版を重ねたことは、中井の「無名者の歌」への態度に共感をもった読者の存在があったと考えます。それにかかわる中井本人の回想が、本誌連載「働くものの短歌」最終回に掲載されています。

> 貴重な誌面を毎月2頁もさいて、よくやってくださいました。また、「中井さん、あなたの『働くもの』だけを読みに（公民館に）来られるあばあさんがいますよ。あなたの文章を読むと、すっと帰って行くんです、そのおばあさんは」――そう言って私を励ましてくださいました」。

人々から共感をもって読まれていたことが想像されます。

生活に根ざした表現の世界

窪田空穂主宰「まひる野会」と歌誌「まひる野」の出発と現在の活動、続いて、窪田空穂責任編集として1914年に創刊された「国民文学社」歌人中井正義が選者を担当した本誌掲載「働くものの短歌」について紹介しました。

短歌の表現には、日々の生活実感を自らのことばであらわし、日常の中で味わうさまざまな違和感、抑圧から解放される可能性を秘めていると思います。表現活動には、ともに何かを創造していく楽しさ、表現をする喜び、日常の中から自らが解放され、癒されていくようなやすらぎ、こうしたいわば自らの生命感覚の「恢復」が求められているのではないでしょうか。

（2019年2月）

音楽によるまちづくりの軌跡
――「音楽のまち・ふなばし千人の音楽祭」の魅力と歴史的背景

草野　滋之（千葉工業大学工学部教育センター特任教授）

音楽によるまちづくり

船橋市は、千葉県北西部に位置する人口約63万人の中核市である。10年ほど前から、私は、市の社会教育委員として委嘱を受けたことから、船橋市の社会教育や文化行政の実態について知る機会が多くなってきた。そのなかで感じてきたのは、市民の文化活動が実に多彩に取り組まれており、市の文化行政がそれをしっかりとサポートしている姿であった。特に、毎年1月～3月にかけて開催される「ふなばし音楽フェスティバル」、その一環として今年で31回目を迎えた「音楽のまち・ふなばし千人の音楽祭」の取り組みにみられるように、音楽によるまちづくりに力を入れていることに、ほかの自治体にはない船橋独自の魅力を感じてきた。この小論では、船橋市の「音楽によるまちづくり」がどのような歴史的背景のもとで発展してきたのか、「千人の音楽祭」という文化イベントに結実する市民のエネルギーの源にある地域的土壌は何なのかを紹介してみたい。

千人の音楽祭

「音楽のまち・ふなばし千人の音楽祭」が始まったのは、バブル経済が崩壊し日本社会が長期的な経済不況に突入していく1994年のことであった。5000人の収容規模の船橋アリーナ落成記念事業として、吹奏楽や合唱をはじめとする市内の音楽団体、小中学校が中心となり、出演者800名、観客1500名でスタートした。当初は、1回かぎりのイベントとして開催されたが、市民や青少年の音楽活動の交流と活性化にとって貴重な機会となった経験から、以後継続して毎年開催されるようになった。市民が中心となった実行委員会が企画の構想を練り、より多くの市民が参加できる企画を加え、邦楽団体や高校生なども新たに加えて、市民と行政が共に創造する音楽祭として成長していった。

2003年には、記念の10回目を迎えて、出演者・観客の合計は5000名を越え、海外からも多くのゲストを迎えるようになり、その後も出演者・観客が増え続けて入場制限を設けざるを得なくなってきた。そして、「ふなばしスウィングオーケストラ」（2008年）、「船橋ゴスペルコーラス」（2009年）、「第九市民合唱団」（2018年）など、この音楽祭のために新たな市民音楽団体が結成されオープニングを飾るなど、市民音楽活動の発展と広がりにおいて重要なイベントとして定着してきている。

世代を越えた音楽文化の継承と循環

30年にわたる音楽祭の取り組みを通じて重要な成果として確認できるのは、世代をこえて多くの人々が音楽活動を通して交流を深める貴重な場となっていることである。とりわけ、子どもたちにとっては、市民の多彩な音楽活動にふれることにより音楽に対する見方・考え方・感性が広がり、音楽に深くかかわる意欲や姿勢を養う「最高の教材」となっていることである。かつて小学生として参加していた子どもが、現在では学校の先生となり生徒を「千人の音楽祭」に導くというように、世代を越えた音楽文化の継承と循環が実現している。最近では、「子どもたちの未来につながる音楽祭」をメインテーマとして掲げ、未来を担う子どもたちの成長や世代間交流につなげていくことが、はっきりと意識化されてきている。たとえば、2019年のグランドフィナーレのテーマは「〝平成〟を想う〜時代の響きはその彼方へ〜」であり、「平成」から新しい元号に代わる時代の節目を意識して、新しい時代を担う青少年の未来に焦点が据えられていた。

市民による日常の蓄積

「千人の音楽祭」に象徴される船橋市の「音楽によるまちづくり」には、どのような歴史的背景・地域的土壌があるのだろうか。

船橋市では、1946年に千葉県下で最も早く市立図書館が開設された。蔵書800冊ではあったが、図書館をもつ自治体がほとんどなかった当時にあって「戦後の混乱期にできた数少ない公立図書館のひとつ」であったという。当時の図書館職員であった吉川清の回想によれば、読書会や映画会をはじめ「よい音楽を多くの市民に知ってもらおうと『洋楽名曲鑑賞会』と銘打ったレコードコンサートを開催し、反響を」呼んだというように、精神的・文化的欠乏状態にあった当時の人々にとって貴重な取り組みを行っていた。この点について、現在の船橋市長・松戸徹は、船橋市80周年記念誌の発刊に寄せた文章で「食べる物さえ入手困難な戦後の混乱期、さまざまな行政課題があった中での図書館開設は、当時の方々が船橋市の、そして日本の将来を真剣に考えてくれていたことを象徴する出来事だと思います」と述べている。同時代における、広島県尾道市立図書館長であった哲学者・中井正一の実践を想起させる、船橋市立図書館発足時のこうしたエピソードは、船橋市文化行政の歴史的源流として深く記憶にとどめておくべきだろう。

そして、船橋市の市民音楽活動の歴史に目を向けてみると、戦後初期から展開された市民合唱団活動、吹奏楽団活動の取り組みが注目される。

戦後における船橋市の市民合唱活動の始まりは、終戦から間もない1945年にフィリピンのマニラから復員した青木八郎（千葉県合唱連盟元理事長）を中心に、「砂山合唱団」が創設されたことにさかのぼる。団員はほとんどが小学校音楽の先生で40人ほどであったという。1946年に国民文化協会ができ、その千葉県支部が船橋におかれて文化活動が始まり、引揚同胞救済金募集を目的としたチャリティコンサートとして「第1回・民衆音楽会」が、当時の船橋国民学校で開催される。そして、毎日新聞社が毎日音楽コンクールをはじめ、朝日新聞社が関東合唱連盟を創設するなど、徐々に市民の合唱活動が盛んになる環境が整ってくる。1950年代には、うたごえ運動の影響も大きくなり地域・職場・農村・学校では多くの合唱サークルが活発な活動を展開して、市民の合唱活動の裾野が広がっていった。1955年に旧船橋市中央公民館が新築されたのをきっかけに、現在の船橋市合唱連盟の母体となる船橋市合唱団体連絡会が結成され、同年11月に落成記念の合唱交歓会が開催された。元船橋市教育委員会生涯学習部長であった須藤元夫によれば、「船橋の場合、戦後まもなくから全国でもかなり早い時期にレベルの高い社会教育活動が行われた街」であり、ボーイスカウトやガールスカウト、絵画や俳句、音楽などの芸術文化活動も盛んであり、こうした自主的な市民の社会教育活動が土台にあって、そのような活動の拠点として「まさに文化の殿堂のような役目を中央公民館が持った」という。

船橋市の第1回合唱祭は、1956年に中央公民館大講堂で10団体の参加により開催された。旧中央公民館大講堂と西部公民館ホールで開催されていた1977年までは、8～15団体程度の参加であったが、1978年に新設の市民文化ホールに会場が移されてから、参加団体は飛躍的に増加し、毎年30～40団体による盛大な市民合唱祭となり、練習成果の発表と交流、合唱技術の向上を図る貴重な場となっている。このような、日常的な市民の合唱活動の蓄積が「千人の音楽祭」を支える底力となっていることが想像される。

市民吹奏楽・管弦楽活動

船橋市には、現在、船橋吹奏楽団（愛称・ふなすい）、アルファモニック吹奏楽団、船橋市交響吹奏楽団、船橋フィルハーモニー管弦楽団、船橋ジュニアオーケストラなど、いくつかの市民吹奏楽・管弦楽団があり、全国的にも市民吹奏楽・管弦楽活動が盛んなまちとして知られている。とりわけ、船橋吹奏楽団（船吹）は、1955年に設立されて以来60数年の歴史をもち、市民の吹奏楽活動を牽引してきた。1956年に第1回定期演奏会が船橋市中央公民館を会場として開催され、定期演奏会のほかに、JR船橋駅北口おまつり広場での「ふれあいコンサート」、「文化大使」として船橋市の姉妹都市であるデンマーク・オーデンセ市での演奏活動など、幅広い音楽活動に取り組んできた。そのOBには、中学3年生から船吹に所属し、後にチェコのプラハへ渡り、チェコフィルをはじめヨーロッパの名門オーケストラで指揮をとり、世界的な指揮者として知られているる武藤英明もいる。そして、「千人の音楽祭」の企画の中心になったのが、船吹の創設者の1人であり、当時船吹の指揮者・会長を務めていた箕輪弘之であった。武藤と箕輪の考え方に共通しているのは、音楽と人間形成の密接な関係についての深い理解であり、そのことが青少年の音楽活動や、まちづくりにおける音楽活動に強い関心を寄せる背景になっていることである。武藤は、船橋市長・松戸徹との対談で、人間の暮らしのなかで音楽の持つ意味を栄養素であるビタミンになぞらえて、音楽のない暮らしは「心のビタミン欠乏症」をもたらすと述べている。そして、「できるだけ子どものうちからいいものに接し、感性を磨いてほしい」「楽器に精進している子どもたちをぜひサポートして」ほしいというメッセージを行政に対してなげかけている。

青少年の音楽活動を支える

「千人の音楽祭」には、市内の多くの小・中学生、高校生が参加して、若いエネルギーがこのイベントを盛り上げる大きな力となっている。その背景には、青少年の音楽活動を支える教育行政の長年にわたる支援が存在している。その1つは、1980年代初頭から始まった、教育委員会による小中学校への楽器貸与事業である。楽器はとても高価なものであり一式揃えるだけでも大変なので、教育委員会として楽器購入の共通予算枠をつくり学校に貸与することにより、各学校でオーケストラや吹奏楽部ができたという。また、いくつかの小学校が音楽教育の研究校に指定され、「当時考え得る最高レベルの音響効果を全て備えた完全防音の音楽室」が整備され、市内の各所に最高の音楽環境が用意されたという。こうした行政の支援により、小中学校合わせて20近いスクールオーケストラの活動が展開され、それが「千人の音楽祭」を支える大きな原動力の1つとなっている。

　コロナ禍に見舞われた2020年は、コロナ感染が広がる直前であったことから、辛うじて開催されたが、2021～22年は、対面での現地開催が困難となり、ケーブルテレビで特別番組を配信するなどの工夫をこらして、粘り強く継続への努力が試みられた。30回目の2023年は、3年ぶりに対面開催が実現され、コロナ禍により自由な活動を制限されてきた人々のエネルギーが、船橋アリーナの会場全体に響きわたった。

　そして、音楽祭と同じ時期に開催されている「地域ふれあいコンサート」では、各地域の公民館が会場となり上質な音楽を多くの市民が楽しんでいる。これは、市民の身近な暮らしのなかに根づく音楽文化の本来の姿を鮮やかに示しているといえよう。

（2024年6月）

〈参考〉

・船橋市合唱連盟60周年記念事業実行委員会編（2014）『船橋市合唱連盟60年のあゆみ』
・船橋吹奏楽団50年史編集委員会編（2007）『「船吹」50年史』
・吉川清（2017）「市立図書館の草創期に立ち会った若き日々」『船橋市市制施行80周年記念誌（下巻）』
・松戸徹・武藤英明（2017）「子どもたちの未来を育む『音楽』」『船橋市市制施行80周年記念誌（上巻）』
・『My Funa　2010年2月号』株式会社 my ふなばし

わが暮らしを見つめ、わが郷土を考えるための仲間の雑誌
——長野県松川町・月刊「はこべ」

久保田 正明（はこべの会 事務局）

町の文化月刊誌の発行

月刊誌「はこべ」の発刊は、松川町《まつかわまち》の公民館からの呼びかけがきっかけであった。その呼びかけは1976年2月1日発行の公民館報「まつかわ」（148号）で、次のようになされた。

2月25日（日曜日）大洲七椙神社では、朝9時からの「初午祭」に続き、10時30分からは新年度小学校入学児を対象にした「入学報告祈願祭」を執り行った。今年度の約20回の祭事はこれで最後となる。

町民の誰でもが「自由に投稿でき会員になって自発的に発行して行く、月刊誌の活動をはじめます。大勢の投稿を期待します。そしてこの雑誌が町民の建設的な文化の広場となるよう、その成長に夢を託しています。（中略）予定している内容としては、

①郷土の歴史（住民生活の歴史）、や知られざる史跡、文化遺産等に関するもの（研究・紹介・私見等）
②地域課題や住民運動の実践報告
③学習・文化活動の紹介
④教育や文化に関する論説
⑤短歌・俳句欄
⑥創作文芸

等を予定しています。

・自作の文章であることを原則とします。会員の毎月の会費は200円位を予定しています。
・第1回の原稿締切は3月末日
・会員希望の方は町の公民館へ申し込んでください。

この頃は町内の集落を単位とした婦人会や若妻会の学習会が毎晩のように行われ、公民館研究集会を拠点として、社会・体育・編集の各部の活動や、3地区の公民館協議会を拠点とした分館の活動がもりあがっていた。それらの活動の中では「学習」が重視され高度成長の時期を経て、1973年のオイルショックから、あらためて生活や地域を見直そうとする機運が醸成されてきていた。しかし、館報による1回の呼びかけだけでは期待したほどの反応は見られなかった。公民館報編集部の部員会（10名）で議論を重ねて、会員の募集に取り組んだ。

「公民館報は建設的な地域の住民の声を積極的に汲みあげて地域に提起するものであって、行政の広報ではない」という基本論に基づいて発行を続けているが、「建設的である」という判断をめぐる考えは、しばしば行政側と住民の立場に立とうとする公民館とのくいちがいが生じていた。

「館報は町の行政予算によって発行されるのだから、行政批判的な記事は掲載すべきではない」という考えに対して、「町の財源は住民の税金である。だから原則は住民の立場での意見を重視すべきであり、公的な教育活動としての社会教育活動は行政に対しては一定の独自性をもっているのだから、住民の発言や主張については『建設的』な意味においての『自由』は最大限に保障されるべきである」ということをめぐる議論が絶えずなされてきたのである。

時にはできあがった館報の刷り直しをせざるを得ないこともあった。公民館職員（主事・松下拡・現「はこべ」編集委員）の配置換えが議会で提唱されたこともあった。

このような状況を視野において、「誰でもが自由に自分の意見を発表できるような機会と場をつくることの必要性とその意義」が、編集部員会で確認されて具体的な取り組みとなったのである。

はこべの会

地域の文化と福祉の向上に寄与することを目的とする「はこべの会」は、「わが暮らしを見つめ、わが郷土を考えるための、仲間の雑誌」というテーマを掲げ、１９７７年４月１日に当会の会誌として月刊「はこべ」を創刊し、会員に配布。１０００人近い会員数のときもあったが、現在は約３００人である。

内容は多岐にわたり「自由な発言の場」を守るために広告は掲載せず、会費のみで運営し、月額３００円は41年目を迎え初めて月額１００円の値上げをした。創刊から50年近く、月刊誌発行（欠号・合併号は無し、取材・編集・校正・発送作業）のほか、毎年の新年会（会員相互の自由議論・懇談の場）、座談会、映画会、講演会、演劇公演、コンサート、親睦会、旅行などの文化活動を行ってきた。

誌面づくりの苦労と喜び

月刊「はこべ」は、会員の自主的投稿に支えられている部分も大きいが、編集委員の意思決定によって進められる「特集」のほか、「口絵写真」や「表紙」の題材は、町の主催する事柄は町の広報や、公民館報に載るので、それ以外から「（できるだけ）旬の話題」を拾い集めたいと考え、編集会議では「さ～て、次はどうする」から始まる毎回悩みの種でもあるが、面白味でもある。

寄せられる原稿や、振込用紙に温かい

メッセージが添えられることもあり、これに大いに励まされる。財政難ゆえにご寄付をいただくこともあるが、申し訳ないような人からもいただくことがある。

「はこべ」が継続する理由には会員の質の高さがあると考えられる。1993年8月197号の「赤鉛筆（編集委員執筆）」では、こんなことが書かれている。

「〇〇さんは、もしかしたら、とっても寂しい思いをしているんじゃないかと思うんです、だから私は少しでもその方を励ますことができたらと思うんです。素敵な絵を描いてくれる友人がいますので、手紙を出そうと思うんです。その方の住所を教えていただけませんか」というお申し出をいただいた話である。

「はこべの会」には、心優しい質の高い会員が多いと思われる。社会の中でそれぞれにご活躍されている。そういう方々に支えられているお陰である。

「異人誌」というコンセプト

さまざまな人が、わが暮らしを見つめ、それぞれの立場で、自由な発想のもとに、その思いを形にして発表する場が「はこべ」である。人それぞれの顔立ちが違うように、社会生活の中でおかれている状況も違い、多種多様な価値観があるのは当然のことである。意見を述べつつも、それを互いに認め合うことを大事にする「仲間の雑誌」でありたい。

「タブーのない自由な発言の場」を守るために広告収入には依存せず、会員の会費で運営し、編集委員はボランティアで行っている。また、会員からの投稿作品はレベルに関係なく、（エロ・グロ、個人攻撃、利益誘導目的、掲載不適当と編集委員が判断した場合を除き）基本的に全て掲載している。

地域に「はこべ」があることの意味

社会的肩書を持たない「ごく普通の人」が書きたいときに気楽に投稿できること。

読み手にとっても「知っている人」の投稿が載ること。

そういう投稿を見て「私でも書いていいんだ」と思えること。

身近な出来事が話題になること。

地域の人たちに呼びかけたいことを書く。呼びかけるとそれに応えてくれる人が現れる。

それらが、地域の人たちにとって親しみを感じさせる本になっていること。

「はこべ」における「地域」の定義も自由にとらえていただいて構わない。

書き手にとっての喜び

自分の投稿が活字の本になることの喜びがある。それが毎月投稿につながってくることで証明されている。それが生き甲斐にもなってくる（と、書き手は言う）。

ありがたいことに投稿の依頼は特にし

ないのだが、毎月コンスタントに原稿は集まる。

この月刊「はこべ」は松川町図書館、中川村図書館、飯田市中央図書館などにも並んでいる。松川町役場、八十二銀行松川支店、飯田信用金庫大島支店、ＪＡみなみ信州松川支所、下伊那《しもいな》赤十字病院の各ロビーで一般の人も手に取ることができる。そういうところからも「はこべ」の内容を見た人は「○○さん、書いてあったね」「がんばってるね」「面白いことを書いてあるじゃ」「いい話だなぁ」「俺もそう思っとったんな」と話題にもなる。これも書き手にとって喜びとなっている。

コロナ禍以降の動向

表紙と口絵は主に編集委員が作るが、コロナ禍以降は人々の活躍の場も減り、題材探しに苦慮した。そこで「自分から動いて題材を作る」という結論になり、題材を「個人の世界」に切り替える発想にした。編集会議や配本作業にも公民館の利用ができず困ったので、印刷所を利用して乗り越えてきた。

月刊「はこべ」の内容について一例

★「とらえてはなさぬこと　合成洗剤追放」寺沢茂春　１９７７年４月創刊号　身近な合成洗剤についての問題を取り上げている。果樹栽培者。

★「農繁期の学習会」永井百合子　１９７７年８月号　自治会で、公民館主事を招いての社会教育学習会をした記録。

★「生活改善もう一度話し合いましょう」清水春生　１９７８年12月号「婦人集会実行委員会の一こまより」というサブタイトルがあり、会話形式で表現。主婦。

★「いくら何でも何とかならんか」一主婦　１９７９年９月号　理解しがたい町の保育料についての不満。

★「合同個人演説会を行って苦労したが、大成功」三石政寛　１９８０年12月号　義理的選挙廃止を目指し、各種団体に呼びかけて町議選で初めての「合同個人演説会」を行った記録。

★「歓喜のうたを伊那谷に」宮沢喜好　１９８１年７月号　２年後に発表予定のベートーベン第９交響曲の合唱団員募集の呼びかけ。果樹栽培者。

★「東小の子どもと合唱」長　隆　１９８３年３月号　小規模の松川東小学校の子どもたちの、「すばらしい歌声」について。今現在もその伝統が引き継がれている。赴任３年目の教諭。

★「松川町に生息する哺乳動物」宮下稔　１９８４年８月号　自分で調査した記録。教諭。

★「しょうちゅう」おとうさんの妻　１９８６年１月号　詩「おとうさんは　しょうちゅうで　動いています　車のガソリンと同じように　だから１日とて　切らすわけには　ゆかないのに　それが

今晩は　切れてしまって　一滴もありません　おとうさんは　空虚な顔で　まずそうに　ご飯を食べて　炬燵にあたってテレビを見ている（後略）」

★「嫁不足 相談員と近所の者」南天赤郎　1986年9月号　田舎で起こりがちな問題点。

★会話「ごおのわいた話」水野昭義　1988年10月号　選果場で輸出梨出荷のレーンが止められた件。果樹栽培者。

★「『リニア・モーターカー』この恐ろしきもの」伊東　成　1991年12月号　好都合な情報ばかりにあふれるリニアにたいする懸念。主婦。

★2020年4月号表紙　コロナ禍の休校措置で昼食に困っている小中高生に炊き出しスタイルで食事提供等を行うHug（ハグ）

★2020年6月号表紙　コロナ禍で臨時休校の高校生が自宅でスマートフォンによる遠隔授業

★2020年7月号表紙　公民館入口の消毒用アルコールと理容店の空気清浄機

★2020年12月号表紙　松川吹奏楽団の無観客演奏会企画で松川北小学校金管バンドと小学校昇降口で合同演奏

★2021年7月号表紙　飯田市長久寺本尊聖観音をコロナ収束祈願の特別御開帳

★2023年1月号表紙「はこべの会」が「社会福祉の増進」として松川町長表彰

（2024年3月）

「うたごえ喫茶」の歴史と「表現空間」としての意義

——共に歌い合う文化の創造を求めて

草野　滋之（千葉工業大学工学部教育センター特任教授）

「平和に生きる権利」と表現空間

第2次大戦が終結して79年目となる今年、あらためて「平和に生きる権利」の意義が問われている。2年半余りにわたる、ロシアとウクライナの戦争は、未だに終息のきざしがみえない。そして、昨年の10月に始まった、イスラエルとパレスチナ・ガザ地区を支配するハマスとの戦争は、凄惨な暴力による「地獄の様相」を呈している。戦争と暴力、気候変動、核兵器の開発競争と拡散、新しい感染症等、地球と人類の未来を脅かすこれらの諸問題と対峙して、「平和に生きる権利」の実現に向けて力を尽くすこと、これは社会教育が取り組む現代的課題として真剣に受け止めることが必要であろう。

ここでは、人々の「平和に生きる権利」を保障する暮らしに根づく文化活動の1つとして、1950年代半ばから今日まで、時代の荒波にもまれながら粘り強く取り組まれてきた「うたごえ喫茶」の歴史をたどりながら、人々の暮らしに根ざした「表現空間」としての意義を検討していきたい。[1]

なお、本稿では、うたごえ喫茶の老舗の1つであり、この運動をリードしてきた中心的存在である「ともしび」の活動を中心にして論じていく。

うたごえ喫茶の誕生と発展

「うたごえ喫茶」が誕生したのは、敗戦直後に出発した「うたごえ運動」が急速に日本社会に広がり、1つのブームになりつつあった1954年のことであった。東京・新宿を中心に、当時の若者たちの新しい文化発信の場として誕生し、マスメディアにもとりあげられて一躍注目を浴びるようになった。うたごえ喫茶の「原像」は、うたごえ運動の広がりにも大きな影響のあった、1948年公開のソビエト映画『シベリア物語』の劇中シーンに求められる。戦争で腕を負傷した元ピアニストのアコーディオン奏者の伴奏に合わせて、酒場風の村のレストランにおいて、村人たちが楽しく合唱する様子が、新鮮な感動をもって若者たちに受け止められた。[2]

そして、うたごえ運動のブームが下火になっていく1960年代半ばから70年代にかけて、うたごえ喫茶は、地域の若者や労働者に支えられながら自主運営の店づくりに取り組みはじめ、地域の文化センターとして、若者文化の発信の拠点として発展をとげていく。また、この時期は、ベトナム反戦運動と結びついたフォークソング運動、中南米の民衆の暮らしと民族文化に根ざした「新しい歌運動」、日本フィルハーモニーの解雇撤回争議に端を発した手づくりの地域音楽コンサート運動、親子劇場・子ども劇場運動など、平和・自治と連帯・民主主義の理念を掲げた抵抗の文化運動が広がり、これらの運動とも呼応しながら、うたごえ喫茶はその活動の舞台を広げていった。

苦難と危機の時代を乗り越えて

しかし、「文化の時代」ともいわれる1980年代~90年代前半は、うたごえ喫茶にとっては苦境の時代であった。カラオケブーム、ウォークマンの普及など、「個の時代」を象徴する音楽文化の広がりや、若者の意識変化、バブル景気へと向かう経済の過熱化と労働環境の悪化、「過剰富裕化社会」ともいわれた見せかけの「豊かさ」の広がりなど、日本社会の急速な変化の中で、うたごえ喫茶は、その行き場を失いつつあった。

このような危機の時代を経て、うたごえ喫茶が再び脚光を浴びるようになってきたのは、1990年代後半以降のことであった。「なつかしのうたごえ喫茶」のCD・カセットの販売普及、店を飛び出しての「出前うたごえ喫茶」「一日うたごえ喫茶」の全国各地への広がり、2000年代以降、毎年のように取り組まれるようになった、東京・上野での「春の大うたごえ喫茶」の開催など、この時期は「うたごえ喫茶」の60年余りの歴史においても「うたごえ喫茶文化が国民的・庶民的文化に成長した」画期として位置づけられている。[3] そして、注目されるのは、こうした地域と結びついた「出前うたごえ喫茶」が、それぞれの地域の中で独自の個性的な展開をとげていることである。

たとえば、島根県益田市では、地元の医師会にレクリエーション研究会があり、健康に役立つレクリエーションとして音楽療法が位置づけられ、とりわけ「みんなで歌う」ことに力を入れて、うたごえ喫茶「ともしび」の支援も受けながら、市民のあいだに「うたごえ」の輪を広げてきたという。[4] このように、健康の維持と増進、生きがいや仲間づくり、ストレス解消や自殺予防など、人々の生活や人生の質を高めていくものとして、うたごえの役割が医療・福祉関係者からも注目されていることは、今後ますます進行する超高齢社会における「うたごえ」活動の新しい可能性を示唆しているのではないだろうか。

また、倉敷市玉島地区では、地元の商工会議所が「音楽の街玉島」を掲げて、商業活動の中に音楽を取り入れることにより、個性的な商店街を創る取り組みが進められている。商店街や喫茶店、公民館で「うたごえ喫茶」が毎月のように開催され、地区の文化センター大ホールでは「1000人の歌声喫茶」が開催されている。[5] このように、近年、各地域で、医療や福祉、まちづくりや仲間づくりの取り組みと結びつきながら手づくりの「うたごえ喫茶」が広がってきた背景には何があるのだろうか。

うたごえ喫茶の新たな発展の背景

『うたごえの戦後史』（人文書院、2016年）の著者である河西秀哉は、同書のなかで、2000年代以降に公開され評判になった映画やドラマ（『うた魂』、『歓喜の歌』、『くちびるに歌を』、『表参道高校合唱部!』等）をとりあげながら、「登場人物が一緒に歌うことを通じて、それぞれが抱えている悩みを少しずつ克服し、癒されていく過程を描き出している」ことに注目している。この指摘は、近年の地域における「うたごえ喫茶」の広がりの意味や背景を考えていくうえで示唆に富む指摘である。安心できる人間同士のつながりを失い、生活や人生における不安や悩みを抱えている多くの人々にとって、共に声を合わせて歌うという経験は、自分と他者のつながりを回復し、困難を乗り越えて生きていく自信とエネルギーを育んでいくうえで貴重な機会となっているのではないだろうか。

うたごえ喫茶がもたらしたもの

これまで述べてきた、戦後日本における「うたごえ喫茶」の歴史と現在の状況をふまえて、この運動が築き上げてきた遺産・意義についてまとめておきたい。

第1には、世界各国と日本の幅広く多様な歌をとりあげて、音楽を身近なものとして感じ、共に声を合わせて歌うことの喜びや楽しさを、世代を越えて多くの人々の間に広げていったことである。たとえば、より幅広い世代の人々が歌うことの楽しさを共有できるように、従来の定番曲集に加えて、若い世代にも親しめる新歌集を編集するなどの努力が行われていることもその1つの表れである。

また、2000年代以降、「うたごえ喫茶ともしびと行く海外うたの旅」が取り組まれ、ラトビア、リトアニア、エストニア、中国、ハンガリー、オーストリア、フィンランド、イタリアなど多くの国々を訪れて交流を深めていることも注目される。それは、「世界の庶民の歌がどうなっているのかをつかんでくる旅、歌集（『うたの世界』）に新しく紹介できる歌はないだろうかという探求の旅」という意味もあったという。[6] そして、これらの旅のなかでとりわけ印象深いのは、2004年に取り組まれたエストニアへのうたの旅の記録である。エストニアは、冷戦体制の終結直後に旧ソ連からの独立を達成するが、「歌の革命」ともいわれたように、その背景には数多くの国民が独立への願いを込めて合唱する「歌の祭典」があったといわれている。この合唱祭は、19世紀後半以来の歴史をもっているが、ソ連邦時代にはエストニア民族の歌は禁止されており、独立への動きが高まる1980年代半ばに復活し、その後の独立に向けての動きを加速化させる原動力となった。

「うたの旅」に参加したメンバーは、この祭典に参加し現地の市民合唱団とも交流を深めるなかで、あらためて合唱のもつ底知れない魅力を実感したにちがいない。このような世界各国それぞれの「みんなで歌い合う文化」に実際に触れる経験は、日本の「うたごえ喫茶」の活動への確信を深め、運動をさらに広げていくうえでの大きなエネルギーになったと考えられる。

第2には、冒頭で触れた「平和に生きる権利」とも関連するが、これまで「うたごえ喫茶」でとりあげ積極的に普及してきた音楽には、「平和」「自由」「民主主義」「連帯」への願いを込めた歌が数多く含まれていることである。例えば、ベトナム反戦運動、学生運動や公民権運動が世界的にもりあがった1960年代後半～70年代初頭においては、「死んだ男の残したものは」（詞・谷川俊太郎、曲・武満徹）、「平和に生きる権利」（ビクトル・ハラ）、「風に吹かれて」（ボブ・ディラン）等の歌が、平和への願いを込めて多くの若者を中心に歌われた。これらの歌が普及する過程では、うたごえ喫茶の果たした役割も大きかったにちがいない。また、広島・長崎の原爆をテーマとした歌も数多く創られ普及していったが、ともしびの歌集にも、それらの歌は多く収められている。

核兵器禁止条約が国連で採択された今、これらの歌をはじめとする、原爆をテーマとした音楽文化の価値をあらためて評価し普及していくことが大切になっているのではないか。

第3には、うたごえ喫茶が掲げてきた「ともに歌い合い生き合う文化」の現代的な重要性である。大野幸則は、1960年頃の「歌声喫茶の国民的ブーム」から60年余りを経た現在の状況を「うたごえ喫茶は単なるブームではなく、新たな文化として育っているように感じます」と述べている。[7] 大野が述べている「新たな文化」とは、共に歌うことを通して人間同士の心が触れ合い、共に生きる活力を育んでいく時間と空間（表現空間）ともいえるだろう。大野は、それを「互いの心が共感し、体を通して『共震』する心地よさ」という言葉で表している。

現代社会において、こうした心と身体を貫いて「共震」するような表現空間は果たしてどこに存在しているだろうか。人々の音楽文化の楽しみ方には、鑑賞・表現・創造のそれぞれの場において多様なかたちがあり、「うたごえ喫茶」もその1つとみていいのかもしれない。しかし、「うたごえ喫茶」のこれまでの歩みを通じて確立されてきた「表現空間」としての独自な意義は、コロナ禍を経るなかで、一段と孤独化と閉塞化を深める現代社会のなかで、新たな輝きを放ちはじめているように思われる。

（2024年6月）

注

1 うたごえ喫茶の歴史と現状については、2019年に「うたごえ喫茶・ともしび」の中心的な担い手の1人であった大野幸則により、『「うたごえ喫茶ともしび」の歴史』上下巻（唯学書房）が刊行され、65年にわたるその活動の詳細が明らかにされている。本稿の記述も、この書に多くを負っている。今後、関係者への聞き取り調査、また全国の各地域で取り組まれている「うたごえ喫茶」についての調査により、戦後の文化運動史における「うたごえ喫茶」の意義を究明していくことを課題としたい。

2 この映画の中で歌われた「バイカル湖のほとり」「シベリア大地のうた」「君知りて」等の美しさが、ロシア民謡・ソビエト歌曲の普及につながったともいわれている。

3 大野幸則、前掲書下巻、209頁

4 大野幸則、前掲書下巻、214―218頁

5 大野幸則、前掲書下巻、219―221頁

6 大野幸則、前掲書下巻、177頁

7 大野幸則、前掲書下巻、280頁

ほころぶ日常の中で再び音楽に出合う

——石巻での対話から

杉浦　ちなみ（法政大学現代福祉学部専任講師）

愛、信頼、命、音楽

宮川　音楽には、距離や角度やどのぐらいの遠くに向かって演奏しているかのイメージが持てるわけですよ。音楽はそのぐらい自由だってことですよね。僕らはよく「キャッチする」という言葉を使いますが、音譜から、つまり目の情報から耳の情報をキャッチする、あるいは心の情報をキャッチして、それを表現する。

上野　目に見えないものを、ひたすらつかもうとする。そこにおもしろさがあるっていう…

——２０２０年7月19日、作曲家の宮川彬良《あきら》さんとサックス奏者の上野耕平さんによる「スペシャルプレトーク―あなたの音楽の未来に向けて」が宮城県・石巻市河北総合センタービッグバンで開催された（主催：公益財団法人石巻市芸術文化振興財団。宮川彬良×ぱんだウインドオーケストラ石巻公演の関連事業として実施）。新型コロナウイルスの影響で、文化・スポーツにかかわる各種イベントの中止、延期が続き、吹奏楽コンクールも中止となった。吹奏楽部で活動に励んできた中高生にエールを送るべく、企画されたものだ。一般公開はせず、市内の中高生の吹奏楽部員を中心に約60人が参加した。

　1曲目の宮川さん作曲「風のオリヴァストロ」を演奏すると、曲をめぐって宮川さんと上野さんが掛け合いながら、冒頭の言葉を生徒たちに語りかけた。舞台の方を向く1人ひとりの背中がぴんと伸びて見える。

スペシャルプレトークの様子（左：宮川彬良さん、右：上野耕平さん）

上野　色んなものを込められるんです、僕にとってこのサクソフォンという楽器は。言葉で皆さんにお伝えするよりもむしろこの楽器の音色に色んな情報を込めて音で届ける方が、ダイレクトに伝わる場合って僕は絶対あると思っていて。

――国語の授業では文章を読んで、場面を理解していく。宮川さんの言葉でいうと、音楽では「現場検証」。音楽には、目に見える情報から目に見えない情報を「キャッチ」して、言葉をも超える情報量を込めて表現していく自由さがある。

宮川　目に見えないものは、心でも愛でも、音でも信頼でも、全部、大切なことじゃないですか。もう1個言うならば、命でしょ。命そのものは目に見えない。大切なものを並べていくと、全部目に見えないんですよ。その末席に音楽もあるんですよ。音楽の価値は、愛とか信頼とか命に並ぶんです。

中高生に向けた案内ちらし

――宮川さん、上野さんの学生時代のエピソード、音楽を始めて今に至るまで、そして参加者からの質問への応答まで、さまざまな話が惜しみなく語られる。そして吹奏楽の合奏に話が及ぶ。

上野　これだけは皆さんに伝えたい。ここに合わせなさいって例えば先生が言ったとしましょう。ただそこに合わせるっていうのは、アンサンブルではないと思ってるんです。合奏で大事なのは、1人ひとりが音でわがままをいうことだと思うんですね。同じ楽譜でも、同じメロディーでもその人によって見える景色って違うんですよ。それをぶつかり合わせて融合させていくのがアンサンブルだと思うんです。それをすると、そのバンドにしか出せない音が出るんです。

宮川　そうだね。僕らは大きな楽団でや

る時は、60分の1じゃないんだってことだ。1＋1＋1＋1だけど、60分の1じゃなくて60なんだっていう感じだよな。それが大きな1になるっていうことかな。

再び、音楽と出合う

トークの間の演奏は、会場にいた1人ひとりに染み入った。その都度、拍手が沸きあがった。マスクで顔が覆われていても、感動が伝わるように。コロナの影響のもと、生演奏を聴く機会がなかった参加者からは、「最初の演奏から鳥肌がたって感動して自然と涙が出ました」という感想が寄せられた。

来場者アンケートで生徒たちはこう感想を綴った（抜粋）。

・音楽に対する「想い」改めて、考えさせられました。
・今まで考えたことのなかった大切なものがわかりました。
・生の公演を聴くのは久しぶりでした。6年間吹奏楽を続けてきて失いかけていたものが、また現れたような気がしました。
・音楽は目に見えないもので、ほかの「愛」や「心」などの大切なものと同じだというのがすごく心に残りました。
・音楽は、愛や信頼など、人間にとって必要な必ずあるものと並ぶものだと、初めて気づきました。
・高校最後の青春を奪われ、右往左往していたなか、石巻でこのような会を催して下さって本当に有難いです。
・コロナの影響で何もできずに引退しました。音楽に触れる機会がなくなってしまって悲しかったですが、このようなコンサートを開催していただいてとても嬉しかったです。これからの受験勉強の糧になりました。
・小学2年生からずっと続けてきたマーチング、吹奏楽のまとめとなる年にこのような状況になってしまい、とても残念な気持ちが続いていました。ひさしぶりに生の演奏を聴き、やはり音楽にはなにか特別な「力」があると感じました。

コロナ禍の財団　震災の経験を力に

諦観に屈せず、問題にとことん向き合った先に、道を切り拓く。主催した公益財団法人石巻市芸術文化振興財団は1989年の設立から、30周年を数えている。その歴史でも「最大の危機」は、東日本大震災であった。財団が管理していた文化センターと市民会館は津波の影響を受け使用不能となり、後に取り壊しとなる。一度は市から解散とも言われたが、さまざまな交渉の末、何とか活動を続けることとなった。柱となったのが、「学校アウトリーチ」と「仮設住宅アウトリーチ」である。

財団職員の松浦敏枝さんによれば、芸術家たちの被災者を励ましたいという声を受け、震災後の活動が始まった。避難所は生活の場でもあり、実施には難しさがあったため、学校で子どもたちを対象とし、避難所の人たちにも案内をする形でコンサートを実施した。当時の子どもたちの生活は、多くの変化にさらされていた。住む場所が変わり、１日で転校する生徒もいた。また、学校の教師にも疲労が重なり、「先生に聴かせたい」という校長からの声もあった。訪れた芸術家は全力で演奏し、その思いが聴いていた側にも伝わるものだったという。

　仮設住宅では当初、隣がだれかわからないという関係であった。仮説住宅の集会所での活動からは、初めて顔を合わせた住人同士が唱歌を通じてともに涙し、仲間となって、復興住宅に移った後も、集い合う関係となったこともあった。

　２０２１年度には、財団が新たに指定管理する石巻市複合文化施設（マルホンまきあーとテラス）が開館。この度の公演を実施するにあたっては、震災を乗り越えてきた苦労も、活きているように思う。

　新型コロナ問題の広がりの中で、管理運営する施設は２０２０年３月４日〜５月31日まで臨時休館。芸術文化事業は３月以降の事業が中止、または延期となった。９月までは事業を実施しない方針を固め、計画した事業はすべて見直しとした。先述の、宮川さんと上野さんの公演はクローズドで行うこととなったが、石巻市では7月初頭に新型コロナウイルス感染者が確認されたこともあり、最後まで開催を迷ったという。しかし、吹奏楽コンクールが中止となり、目標を失った吹奏楽部員に、コンクールだけが吹奏楽ではない、音楽のすばらしさを知って音楽を続けてもらいたい、との思いから、感染防止のための対策に入念に注意を払い、実施の運びとなった。入場者数や座席の間隔、マスク着用、咳エチケットなど、さまざまな対策がとられ、参加者にも注意事項を共有した上で実施した。

戻らない時間に日常の豊かさを支える

　このかん、感染症によって、いのちの問題と学びや文化の問題が切り離されてしまう危うさが広がった。

　生きることは学ぶこと、学ぶというのは文化芸術を楽しんで、そこに参加していくことも含む。緊急事態、不要不急、自粛といった言葉のもとで、学習権、文化権の思想が後退しかねない。

　とにかく生活の第１に新型コロナウイルスへの対応が据えられた。その中には辛さもある。大切な人を喪うこと。心通わす人びととの「ソーシャルディスタンス」。遠くなる故郷。しかし、緊急事態にあっても、日常の豊かさを手離さない努力と仕事の大切さに気づかされた。

　新型コロナウイルスによって私たちは縮こまり、この半年近くで社会は大きく様変わりした。この時間が社会史の一幕となることは間違いないが、それは同時にどれだけの人の歴史（人生）に影響を及ぼしただろう。こと、音楽に情熱を傾けてきた中高生たちにとっては、待ち望んだ青春の舞台があった。自分たちが追いかけてきたものとは何だったのか。宮川さん、上野さんが語りかける1つひとつの言葉と演奏によって、改めて問い返し、それをじっくりと胸の内に確かめていたのではないか。

生徒たちが真剣に、楽しそうに、また健気な目で舞台を見つめる。今、この光景が見られる場はどのくらいあるだろう。この二度と戻らない一瞬に社会教育はどれだけ向き合えるのだろうか。

（2020年8月。登場する方々の所属は執筆当時）

コロナ禍のアマチュアオーケストラ
——Orchestra Failteのあゆみ

胡子　裕道（地域文化研究会）

Orchestra Failte

日本は世界的なアマチュアオーケストラ先進国といわれ、日本各地に学生サークルや市民団体が多く存在する。ここでは、その1つであるOrchestra Failte（オーケストラ・フォルチェ）という市民団体の2020年の活動を取り上げる。社会生活を一変させた新型コロナウイルス感染症がアマチュアオーケストラ団体に与えた影響を記録したい。

Orchestra Failteは結成10年ほどのオーケストラ団体で、70名ほどの団員が所属する。地域、所属企業、出身大学などの共通項を持たず、楽器演奏という趣味のつながりで自発的につくられ、維持されるコミュニティである。団員の多くは首都圏在住の20代・30代で、音楽活動以外の本職を持つ。仕事、結婚、出産といった団員1人ひとりの事情を優先しつつ、お互いに助け合いながら活動を継続する。

新型コロナウイルス感染症の流行以前は、公営の文化施設などで練習を重ね、年2回コンサートホールで演奏会を開催してきた。会場利用、特殊楽器のレンタルなどの費用は、団員が演奏会ごとに支払う参加費でまかなう。練習会場の確保、広報活動、会計管理、演奏会当日の運営などの仕事は有志の団員が分担する。住む場所も仕事も異なる団員同士は、団体結成当初から主にオンライン上のやりとりで連携している。

2020年前半のあゆみ

Orchestra Failteでは2020年1月に演奏会を開催した。次の演奏会は同年7月11日の開催を予定しており、1月の時点で演奏プログラムも、本番のコンサートホールも、初回（3月8日）、2回目（3月22日）の練習日程・会場も決まっていた。

しかし、2月以降、日本国内で新型コロナウイルスが猛威を振るい始めた。予定していた3月の練習は、それぞれ1週間前に中止を余儀なくされた。3月後半になると、その時期に演奏会開催を予定していた周囲のアマチュア団体が、開催の中止、無観客での開催、オンライン配信の実施などさまざまな形での対応を発表した。

4月7日に首都圏で緊急事態宣言が発令されると、予約していた練習会場がすべて閉館となり、検討の余地なく当面の練習中止が決まった。すでに準備期間の半分が過ぎたが、まったく練習ができていない状況で、団内では7月の演奏会までに曲が仕上がるのか、という点が非常に懸念された。状況が好転する見通しがない中、他団体の判断も参考にして議論を進め、4月中旬には、7月演奏会の開催見送りと、7月までの一切の活動休止を決断した。

活動休止に伴い予約済みのホールや練習会場のキャンセル料負担が懸念された。しかし、多くの施設では、新型コロナウイルス感染症拡大防止のための活動自粛に対してはキャンセル料を課さないという特例対応が打ち出されたため、大きな問題とならなかった。会場側のこのような判断は、手弁当で活動する多くのアマチュア団体を救済したものと思われる。

緊急事態宣言下の5月頃から、政府が示した方針に沿って、ウイズコロナ時代における各種活動の適切な実施のためのガイドラインが相次いで策定された。公益社団法人全国公立文化施設協会や、クラシック音楽公演運営推進協議会からは、文化施設の利用や音楽活動に関するガイドラインが示された。時期を前後して、コンサートホールや公共施設などでも、施設ごとの実情に応じた利用手引が整備されていった。

オーケストラは大きく分けて、バイオリンなどの弦楽器、トランペット、フルートなどの管楽器、大太鼓、シンバルなどの打楽器で構成される。管楽器は口から息を吹き込んで音を出すという構造上、マスクを装着した状態で演奏することができず、飛沫感染のリスクが高いとされる。そのため、「管楽器演奏は一律禁止」、「トランペットを演奏する際は2メートル以上距離を空ける」など、特に厳しい利用ルールが設けられた。

オーケストラ団体は、参加者の検温、入室時の手指消毒、こまめな換気、時間差での入退室、といった一般的な感染対策に加え、このような練習会場が定める楽器ごとの細かなルールを1つひとつ確認し、全員で徹底することが求められた。

2020年後半のあゆみ

さて、Orchestra Failteでは最初の緊急事態宣言が明けた6月から、次回の演奏会の開催に向けて検討を始めた。中止を決めた7月11日の演奏会の次は、2021年1月10日に10周年記念演奏会を開催する予定であった。前回同様、本番会場も演奏プログラムも事前に決定していたが、ここ数か月でさまざまな規準が設けられたことを受け、予定どおりの演奏会を実施することができるか、一から検討することとした。

ホールの利用手引を参照したところ、感染拡大防止のために必要となる距離（ソーシャルディスタンス）を保つと、予定していたマーラーの交響曲第5番に必要な人数を配席することは難しいことが判明した。また、観客への感染対策として、入退場を時間差にすること、演奏の合間に換気をすることなどが求められた。そのため、実際に演奏に使える時間は当初想定の半分程度しかないことがわかった。

団員ごとに家庭や職場の事情はそれぞれ異なるため、1人ひとりに次回演奏会への参加を希望するか、意思確認を行った。パート（楽器）ごとでオンライン会議を開いてお互いの近況を共有し、どのパートに何人参加希望者がいるのか状況を整理した。活動再開を心待ちにする団員が多くいた一方、感染リスクを避けて当面は参加を見送りたい団員や、医療従事者、教育関係者など、仕事との関係で趣味での演奏参加は見送らざるを得ない団員もいた。

これらの条件を踏まえ、参加希望者全員の出番を確保しつつ、感染対策が万全となるような演奏プログラムを再構成した。結果として当初の予定から、総演奏時間は半分程度、演奏人数は3分の2程度、来場客はホールの最大収容人数の3割を上限とするという、感染防止策を徹底した形にまとまり、演奏会開催を決断した。

演奏会開催の決断後もすぐに練習を開始せず、長期にわたって感染対策と日々の練習活動をしっかりと両立できるよう、初回練習まで約1か月の準備期間を設けることとした。

まず、通常運営の体制とは別に感染対策専門の体制を整えることとした。日々の練習の出欠確認や検温結果の管理などの業務が必須となるため、これまで運営に携わっていなかったメンバーを巻き込み、複数人で分担する体制をつくった。

これと並行して、団としての感染対策方針策定に着手した。方針には、日々の体調管理から始まり、毎回の出欠連絡の徹底、発熱や感冒症状がある場合の参加禁止、練習当日の検温結果の報告、練習中の全窓・ドア開放による換気実施、弦楽器1メートル以上、管楽器1・5～2メートル以上の間隔確保、物品の貸し借り禁止、時間差での集合・解散など、活動実施時の細かい留意点が書き込まれた。感染が疑われる場合の対応や個人情報の取り扱い、状況の変化に応じた今後の方針の見直しへの言及などを含め、5000字にも及ぶ長文がまとめられた。

この方針は、初回練習の1週間前に全団員に示された。方針を遵守することを約束し、感染症発生時の連絡先を提出した人だけに活動参加を認めることとした。

このような綿密な事前準備が奏功し、初回8月23日から約4か月間にわたり、大きな混乱もなく月に2～3回の練習を積み重ねることができた。

この間、練習があるごとに、担当者が利用する施設が定める利用制限を確認し、事前にメールで全参加者に共有することでルールの徹底に努めた。施設の利用制限は感染状況に応じて変更されることがあり、全員合奏の予定を少人数の練習に組み替えたり、パートごとに時間を分けて練習したりと、計画変更をすることもあった。また、距離を保っての演奏はタイミングを合わせるのが難しく、演奏時にもさまざまな工夫が求められた。写真で見比べるとコロナ前後の座席間隔の違いがよくわかる。

観客に対してもチケットを渡す時点から再三にわたり感染防止対策に協力するようアナウンスし、集団感染（クラスター）発生など万が一の可能性を想定して連絡先を収集した。

2020年の年末頃から、再び感染状況が悪化し、報道等では緊急事態宣言発令の可能性について言及されるようになった。これを受けて団内では年末年始にかけて、感染に対する不安や職場からの要請など、1人ひとりの事情に最大限配慮するため、全参加予定者に対して、再度、演奏会参加への意思確認を行った。これに加えて、通常は全員が参加する前日練習についても、感染回避のための欠

コロナ前の練習風景

コロナ後の練習風景

席を認めることとした。行政からの要請が強化された場合に備え、演奏会自体の中止や、無観客での開催に向けた対応の検討も並行して進められた。

そして、いよいよ本番まであと2日とせまった1月8日に、首都圏の1都3県には再び緊急事態宣言が発令されることとなった。ただ、結果として1月8日時点で政府などから出された要請は、来場者5000人以下かつ収容率50％以下に制限、20時までの終演、宣言以前に準備されていたものは対象外とするという内容だった。Orchestra Failteでは計画時点から、自主的に要請を上回る基準を定めて準備してきたため、予定どおりに翌々日の演奏会開催を決断し、無事に実施することができた。なお、演奏会終了後2週間は、参加者、観客の経過観察期間として、クラスター発生等の事態に対応できるように備えていた点も付記しておく。

2020年を振り返って

Orchestra Failteでインスペクターとして団運営を統括する鳥居丈裕さんに当時を振り返って話をうかがうと、既存の運営体制とは別に、感染対策専門の体制を組織できたことが非常に良かったという。

Orchestra Failteでは、元々コロナ以前から30名以上が運営の仕事を分担する体制を確立していた。そのため、仕事を受け持たない人を巻き込みやすい環境が備わっていた。実際、新設した感染対策係の担い手を募ると団員の中から自然と手が挙がり、方針策定や練習実施可否の判断にあたっては医療職を本業とするメンバーが有志で加わるなど、多くの団員の自発性が団を支えた。結果として、団全体を統括する立場の鳥居さんは、混乱期にあっても全体のバランスに気を配り、仕事が偏ってしまった人をサポートするだけの余裕があったという。

アマチュアの文化活動では、人一倍の情熱をもつリーダーを中心に、数名だけで運営の仕事を分担してしまう場合も多い。このような体制だとスピード感のある運営が可能だが、もともと一部に業務負担が集中しているため、有事の際に実行力のある対応をとるのは難しい。コロナ禍において、十分な感染対策をとれないために活動を見合わせた団体も数多くあった。

Orchestra Failteのコロナ禍の取り組みが、単に混乱期の記録にとどまらず、アマチュア文化団体で活動する多くの方々に示唆を与えることとなれば幸いである。

（2024年3月）

アートのまちに生きる
——岩手県花巻市東和町・土澤アートクラフトフェア

武政　美紀子（土澤アートクラフトフェア実行委員会 事務局長）
武政　文彦（土澤アートクラフトフェア実行委員会 実行委員長）

萬鉄五郎と宮沢賢治

私たちの住む岩手県花巻市東和町《とうわちょう》は人口９千人の農村コミュニティです。小さい町ですが、ここで生まれた日本近代美術の先駆者の１人、萬《よろず》鉄五郎を顕彰する記念美術館があり、風土と環境に惹かれて移住してきた芸術家も少なくありません。

美術館は萬が愛した舘山という小高い丘の中腹にあり、その麓には宮沢賢治（１８９６―１９３３）が「冬と銀河ステーション」という詩の中で、「パッセン大街道」と描写した土沢《つちざわ》商店街があります。

大正から昭和初期にかけて繁栄した商店街ですが、モータリゼーションの普及とともに昭和50年代ごろから徐々に衰退を始めます。

一方、１９８４年に開館したこの個性豊かな美術館も、限られた予算をやりくりしながら悪戦苦闘しています。

埋没しないために

美術館を来訪した方々に商店街巡りをしてもらえないだろうか？　商店街で買い物した地元住民には、美術館へ足を運んでもらえないだろうか？

「美術館―商店街―在住芸術家」の三者の有志は、真剣にこの課題の解決策を考えるに至ります。平成の大合併で周辺１市３町が合併した２００６年の直前のことでした。このまま何もしなければ、合併で一地域になる東和町は、人口10万の新しい花巻市の中に埋没してしまう。そういう危機感も背景にありました。

知恵を絞って生まれたのが、商店街の店舗や空き地を会場とした現代美術展、「街かど美術館・アート@つちざわ〈土澤〉」です。

街かど美術館は、同時期に有名となった越後妻有《つまり》の大地の芸術祭や瀬戸内海の島を舞台にした瀬戸内国際芸術祭に比べれば規模ははるかに小さいけれど、東北の片田舎で開催された現代美術展としては作品と地域の融和に特徴があり、すこぶる注目を浴びました。

No art, no life

２００５年から２０１４年までの間に６回開催されたこの美術展を通じて、地域住民が学んだことがいくつかあります。

フェア当日の商店街路

1つめは、芸術は素人がみてもわからないと決めつけないこと。作品を鑑賞する1人ひとりが見たまま感じたままを楽しめばよい。「現代美術は難しい」というのは、「芸術＝高尚なもの」という先入観以外の何物でもありませんでした。

2つめは、芸術家の方々の作品に対する思いの強さや発想の面白さを知りえたこと。これは少なからぬ作家が事前に地域に移り住みあるいは東和に通い、住民とともに作品を制作した過程で実際に見聞きした体験に基づく実感です。

そして3つめ、これが一番大きな学びでした。人は文化がなくても生きてはいけるが、人生は文化がなければすこぶる味気ないものになること。このことはコロナ禍で多くの国民が経験したことではないでしょうか。

精神を引き継ぐ

「街かど美術館」は多くのファンに惜しまれて２０１４年を最後に終了しました。開催費用の膨大さと、ボランティアの域を超えた準備に要するエネルギーの大きさが継続開催を断念させたのです。

しかしその精神を受け継ぎ今でも続いているものがあります。それは「街かど美術館」が開催されない中間年も街を賑やかにしようと発案された「土澤アートクラフトフェア」（以下、「土澤ＡＣＦ」）です。

木工、ガラス細工、陶芸、絵画、装飾品、衣服など手作り品を制作している県内外の方々に広く呼びかけ、商店の軒先（会場区域は歩行者天国）と美術館周辺でクラフト品を販売するイベントです。現在は春と秋の連休にそれぞれ2日間ずつ、計4日間開催しています。２００８年を初回として、２０２３年秋までに合計23回開催してきました。

三方良しのフェアをめざし

全国各地で開催されている同様のフェアとの大きな違いを紹介します。1つは「街かど美術館」の流れを受け、アートのまちにふさわしい芸術性の高いクラフト品の普及に力点を置いていること。そしてもう1つは、広場やホールではない商店街路で開催することです。

「出店者（作者）良し—住民（商店街）良し—来訪者良し」の三方良しを心掛

渡辺豊重氏の作品（町かど美術館 2007）

けた運営も大切な開催要素です。

「土澤ＡＣＦ」運営組織の特徴は、実行委員会がコアスタッフという住民有志を募り、そのメンバーが中心となって準備を進めてきたことです。

各自が本業の合間に活動しているので、スケジュールどおりに進まないことも多く、特定のスタッフに仕事が偏ってしまう弊害もあります。スタッフ不足には常に悩まされますが、1人ひとりが知恵と汗を出して乗り越えてきました。

10年以上も継続して開催していると、このコアスタッフも、かなりの専門家集団に成長してきました。

商店街路はチャレンジの場

特徴の1つである商店街と美術館周辺を会場としたクラフトフェアは、私たちが知る限りでは、全国でも数か所しかなく、開催の難しさを象徴しています。

2日間、まるまる商店街路を歩行者天国にして開催することに対して、地元住民や商店主さん方の理解を得るための段取り。出店者と来訪者のための駐車場確保の難しさ。そして天候に左右されることなど、屋内会場のフェアでは想像がつかないと思います。

具体例をあげましょう。

２０１９年5月3日、4日開催の第18回「土澤ＡＣＦ」は出店数３２０、来訪者7万人と過去最高の人出。この年はゴールデンウイークが10連休あり、同日に開催された東和の名物行事「毘沙門まつり・全国泣き相撲大会」とも重なり、アクセス道路が大渋滞となりました。

「これはもう単なるイベントではなく社会現象だ」と言う方もいらっしゃいました。当然、８００台分確保した大中小の駐車場も大混乱となりました。

東和町内	花巻市内	それ以外の県内	岩手県外	合計
13	38	138	118	307

県外内訳

・青森県　11店	・神奈川県　6店
・秋田県　14店	・群馬県　4店
・宮城県　40店	・新潟県　6店
・山形県　11店	・長野県　1店
・福島県　5店	・静岡県　1店
・栃木県　1店	・愛知県　2店
・埼玉県　3店	・奈良県　1店
・千葉県　4店	・京都府　1店
・東京都　6店	

出店者居住地域

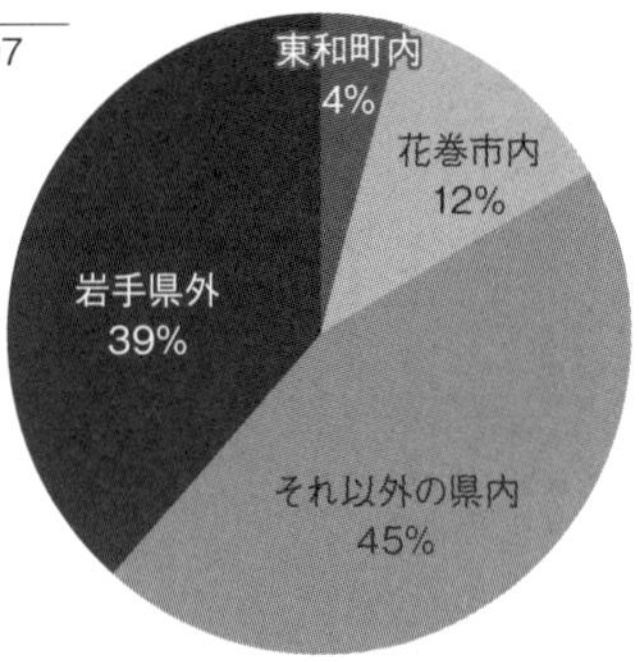

土澤アートクラフトフェア2019年春　アンケート

同年秋のフェアは、関東以北を直接襲った大型台風との闘いでした。開催当日ぎりぎりまで風や雨の状態をこまめにチェックし、結局午後からの開催に踏み切りました。

出店者の出身地をグラフで示しました。県外と県内が半数ずつの割合で、遠くは京都、奈良からの出店者もあり、全国的規模のフェアといえます。

行く手を阻む新型コロナ

新型コロナ感染症蔓延はこれまでと事情が違いました。何しろ避けるべきとされる「密接、密集、密閉」がことごとく当てはまるのです。半面、クラフト品販売を通じた人と人との濃密な出会いこそ「土澤ＡＣＦ」の神髄だ、ということを思い出させてくれたのは皮肉なことでした。

当時を思い起こしてみましょう。

新型コロナ感染症はインフルエンザや風邪と違うまったく未知の感染症ではないかと国民の多くが思い始めた２０２０年2月下旬、「土澤ＡＣＦ」はまだその年の5月開催の可能性をあきらめてはいませんでした。

すぐに感染症対策のタスクフォースを結成し、開催に向けての対策を練り始めます。コアスタッフの中に、私たち薬剤師も含め、看護師、ケアマネージャーなど医療、福祉の専門家がいたので、ここに知人の保健所勤務経験者を交えたチームとしました。参考資料もないまま、感染予防のマニュアルときめ細かい手順を大急ぎで作成しました。

コミュニケーションこそ大事

さらに、先に述べた「土澤ＡＣＦ」の特徴である「三方良し」を活かすために、出店者、地元住民、一般人の3者をサンプリングし、開催の可否をヒアリングしました。

これは一種のリスクコミュニケーションといえましょう。開催可否を一方的に決めるのではなく、参加者が懸念している不安は何なのかを具体的に把握し、同時にこちらが考えている感染予防対策を伝えていくことで相互理解が進むという考え方です。

しかし結局、新型コロナ感染症の急拡大によりこの年の開催は断念せざるを得ませんでした。２０２０年3月25日、国内感染者が累計で１０００人を超し、小池東京都知事が「感染爆発の重大局面」というメッセージを発出するに至り、開催のほぼ1か月前にあたる3月31日、実行委員会として正式に開催延期を決めました。

5月開催に向けて、作品づくりに精を出してきた出店者のことを考えると苦渋の決断でした。準備に注いだ数か月の努力も、結局日の目を見ることはありませんでした。

翌年２０２１年も全世界的にパンデミックは収束する気配がなく、「土澤ＡＣＦ」は2年連続の中止。ただでさえ新型コロナ感染症の影響で静まり返った商店街に追い打ちをかけることになりました。

土澤ACFの萬鉄五郎記念美術館前会場

これからのこと

「土澤ＡＣＦ」は新型コロナ感染症を乗り越え２０２２年春から再開し、はからずもその本質がみえてきました。

「地域で誇れるものを持つと住民の自信につながる」「人と人との出会いが商店街の魅力」「アートは人生を彩り豊かにする」。これらの３つが明らかになってきました。

他方、「土澤ＡＣＦ」は「地域文化」になり得たかどうかは歴史の判断を待つしかありません。

さらに、パンデミックがなくとも後継者不在、商店主の高齢化で土沢商店街はその後も商店の廃業が続きました。

ＡＣＦは盛んだが、もともとの商店街が消滅した、では本末転倒です。そうならぬように踏ん張れるかが課題です。実に深くて重い。

（２０２４年2月）

〈付記〉
本稿に写真を掲載させていただいた現代美術家の渡辺豊重氏が、２０２３年5月3日に亡くなられました。91歳でした。ご冥福をお祈りいたします。

インタビュー

生活者の表現活動を支える

山﨑　功さん
（元東京都昭島市社会教育主事）

今や生涯学習の看板行事として各地で花盛りの文化活動だが、かつては「刺身のツマ」として一段低く見られていた時代があった。山﨑氏は、それを公的な場で学習として取り組み、表現活動の中に豊かな学びを見出していった先駆者である。私達はなぜ表現するのか。美しいとはどういうことか。本書の根幹に関わる問いが投げかけられる。

生い立ち

まず、なぜ社会教育の仕事に就いたか。最初からそういう意図があったわけではなくて、中学から高校にかけての経験を思い出します。

親父は、終戦直前まで徴兵対象にならなかった。背が低くて、身長が足りないと甲種合格までいかない。そうすると男としては役立たず。それでも戦争末期になると、向こうは人手が欲しくて徴用が来るんです。

それで南方に軍属で行くということで、横浜から船に乗る前に健康診断をやる。親父は気管支が弱かったんで戻されました。そしたらお袋が慌てちゃって、このまま南方に行ったら死ぬしかないと。それで、おじがちょうど国鉄の前身、鉄道省に勤めていたので、頼み込んで１９４４年かな、30歳近くになって鉄道省に入ったんです。

戦後、鉄道省は廃止され公社になって、「三公社五現業」と呼ばれた内の国鉄に入った。だから給料は安いわけです。すごいインフレでどんどん物価が上がって預貯金はなくなる。そんな中だけど子どもが多い、僕は６人きょうだいの二人目。２つ上の兄貴が結核で、僕が小学校１年のとき死んじゃって僕が一番上になった。

だから、経済的にも苦しい。みんな高校に行き始めた頃だけども、お前は中学で就職しろと言われていた。僕の時代には中学を卒業して社会に出る青年がいっぱいいた。幸い僕は体が弱くて結核に感染していたから、就職して夜間高校なんか行ったら体がもたないだろうと親が心配して、仕方なく借金して高校に通わせてくれました。それで、高校を卒業したら社会に出なきゃいけない。中途半端な高校よりこれからは実業高校だ、と工業高校へ。本当は機械や建築をやりたかったけれども、国鉄の通信にいた親父は電気がいいというので電気科に入ったんです。

ところが、高校入ってすぐの夏、アルバイトの帰りに血痰が出た。結核の感染したものが悪くなっている証拠だということで、慌てて新宿にある鉄道病院に入院。1年休学して、1年遅れて高校に通いました。

入院患者の中には、音楽が好きだったり、絵を描いたり、小説を書いたり、いろんな人がいました。結核患者はベッドで安静にしていればいいからね。僕も、NHKで8時頃からの『音楽の泉』でクラシックを聴いたり、岩波文庫や小説を読んだり、絵を描いたり、詩を書いたり。

山崎 功　1942年東京都生まれ。立正大学大学院文学研究科社会学専攻修了。1969年から2003年まで昭島市で社会教育主事として勤務。地域の学習・文化活動、特に表現文化活動を中心にその組織と援助に携わる。『月刊社会教育』編集長、明治大学・法政大学・都留文科大学・中央大学非常勤講師、昭島市公民館運営審議会会長などを歴任。現在は、「小さなhomeギャラリー遊空間・碕」の主、落語会の主宰、人形芝居「つゆくさ座」座長など地域での活動に取り組む。

だから、工業高校には行ったけど、実業の学科を学ぶことが中途半端でできなかった。高校に入った当初は音楽部で吹奏楽、でも呼吸器疾患だから復帰後は諦めて絵画部にいて、絵を描いたり、日展系の公募展に最年少で入選したりもした。そんなことで、ほとんど実業の勉強はせずにサークル活動だけやっていました。高校3年のときにまた喀血してしまい、急遽卒業前の3か月を病院で過ごしました。

当然就職試験は受けられないし、大企業は結核の影があったら採用してくれない。それで中小企業に当初入りましたが、今で言うブラック企業のような劣悪な環境。それで、ちょうど東京都の公務員採用試験があって、電気技術の技術職で採用されました。

配属されたのが都立のアイソトープ総合研究所という原子力の基礎研究機関。大学の研究室みたいなもので、大学から助教授クラスの研究員を呼んで、その研究室で仕事をしました。ルーティンワークは、空気中のダストに含まれる放射性物質の採集と分析。それを終えると時間が余る。仲間はみんな東京理科大なんかに夜通ってたのですが、どうも僕は理系の人間の発想に馴染まない。

それで、立正大学がちょうど近くで、二部があって授業料も安いということで、立正大学の社会学に入学しました。そこでサークル活動をやり、大学闘争もあって学生運動にもかかわった。そこでたまたま、藤田秀雄さん（2章参考）という社会教育の先生と出会った。大学でも割と進歩的な若手の助教授で、学生も惹かれていったわけです。島村で農村の社会教育も体験して、実習で農家に泊まり込みでも行った。

そんな中で、むのたけじという評論家の本に出合って、これだと思い、地域に出ようと。たまたま都心部に住んでいたから大学の二部には行けたんだけど、中学を卒業し夜間高校を出たような圧倒的多くの青年たちは教育の機会がない。僕が大学で学んだことをなんとか地域の青年たちに還元できないか、そういう仕事は何かと考えていたら、社会教育というのがこれからの教育に重要だと。それでのちに現場に入ることになりました。

その後、もうちょっと勉強しておこうと思って大学院に進んだけれども、大学闘争で授業もろくろくできない状態。どうも大学当局は僕を学生運動の懐柔をさせるために入れたような思惑もあったらしくて。ところが大学当局が考えたような動きをしなかったので、研究室に合わないといって、追い出されてしまった。

それでちょうど品川区の勤労青年学級の助言者をやっていた関係もあって、昭島市の社会教育に入ることができました。社会教育の世界に出たら青年たちの学習のお手伝いをできる、研究室にいるよりもフィールドの方が勉強になると思って飛び込んだんです。

入職後
──青年学級担当、偏向教育批判、青年講座担当へ

昭島市での僕の担当は、青年学級振興法に基づく教養コース。青年学級の基本的な学習は共同学習で、話し合い学習です。話し合いの中から自分たちの日常のあれこれを学習のテーマにしながら学び合っていくというスタイル。

青年学級生のうち、男性は、工業高校を出て中堅技術者として市内の中企業で働く青年が多く、女性は地元出身が多かった。自分の家から高校を卒業して金融機関などで働く。短期大学とか高等専門学校に行く女性もいました。

なぜ高卒青年が青年学級に来たか。東京には夜間大学がある、そこで勉強したいという地方出身の青年が多かったのです。だけど、昭島市だと交通の便が悪くて、都心まで通うのは負担。それで、青年学級でなんとか勉強したいということでやって来た。昭島にあったのは、大企業でも小企業でもない、日本電子、航空電子、昭和飛行機など1000人以上くらいの中規模企業で、寮もあった。でも寮にいてもつまらな

い、と青年学級に来ていた。結構学習意欲のあった青年たちなんです。

この青年たちに「何をやりたい？」と聞いたら、中学や高校の社会の教科書の一番後ろに日本国憲法が載ってる。それは知ってるけど、勉強したことがない。何でも勉強していいのなら日本国憲法を勉強しよう、となりました。『六法全書』は厚くて大きいけど、『小六法』だったらコンパクトで、自分の部屋に置いておいても役に立つかもしれないし、安くて小遣いで買える。その『小六法』には憲法の前文から逐条的に載っているから、まず条文を試しに読んでみたら、と憲法の条文を読むことが始まりました。

4月に開級式があって、週1回の青年学級で始まります。5月になって憲法を逐条的に読みながら、自分の考えを話し合い、わからないことはサポートしていった。まず前文の「主権は国民に存する」を「山崎さん、どういうことですか」と聞かれたので、主人公は国じゃなくて国民だ、しかもみんな1人ひとりが主人公なのだと。二十歳前の青年には、二十歳になれば選挙権があるという話もしたら、「へえ、結構いいこと書いてあんじゃない」と。そんなことで、逐条的に読みながら学びました。

その年の6月、東京都議選があった。二十歳を過ぎた青年もいて、「俺たちは昭島に住んでわずか。選挙権はあっても誰を選んでいいかわからない」と。それでリーダー格の青年が仲間に呼びかけて、立候補者巡りをして、その人がどういう人かヒアリングして回り始めた。僕はそれを全然知らなかった。彼はのちにアメリカに永住、サンフランシスコ州立大学の比較言語学の教授になりました。

そうしたら、保守系の議員が秘書のところに怒鳴り込んで大騒ぎになった。秘書が慌てて教育長を呼んで、教育長が社会教育課長を呼んだ。僕が朝出勤すると、社会教育課長が「山崎くん、ちょっと教育長から話がある」と。「君の担当している青年学級の青年たちが立候補者回りをしてるって？青年学級で偏向教育をやってる、と保守系の議員が怒鳴りこんできた」。僕は何も知らなかったし、なぜ偏向教育なのかもわからない。「選挙をやるのにどういう人が立候補してるかわからないから、人となりを聞いて回っただけで、なかなかたいした青年たちだと思いますよ」と答えた。青年学級でやったことを聞かれたので、「憲法の前文に、主権は国民にあるとあった。青年たちは、今度の選挙でどういう人を選ぶか考えた結果、候補者から話を聞こうと思って行ったんじゃないですか。私がそれを煽ったとか、教唆したとかじゃないですよ」と言ったんだけど、その場で「君は青年学級の担当から降りてくれ」と。そのために社会教育の現場に入ったのに、とんでもない話だった。

そんな経過で、青年学級のカリキュラムをつくる担当からは降ろされたけども、学級の講師だけは続けていいことになって、教養コースの講師だけは残った。社会教育主事としての活動は極端に制限されて、青少年行政の事務方がもっぱらの仕事になりました。

本音で語り合うために

青年学級だけでは学習は進まないんです。週1回、6時からといったって、食事のあと来るから始まるのは7時、そこから9時まで、そしてまた次週。学習なんか進まない。終わった後、青年学級の先輩たちにならって、近くのスナックみたいなところで食事をしたりお茶を飲んだり、20歳以上の人はビールを飲んだりしながら、2次会をやる。この2次会についても、多摩地区の青年学級担当者で喧々諤々やりました。何たって青年たちの学習活動は2次会、というのが青年学級担当の中心的な論理なんです。酒を飲みながら語り合うと本音が出てきて、いろんなことがしゃべれる。

教養コースでも、本音が出るまで時間がかかるんだよね。やっぱり2次会で酒が入るといろんなことが出る。中学を出て仕事している連中も、「おめえらは工業高校出てるから、それなりの給料もあるし、労働組合もある。賃金も保障されてるしボーナスも出るし、いいじゃねえか。俺は中卒で中小企業、ボーナスもねえし、残業手当も少ねえし。労働条件だって保障されてねえや。本当に何たって学歴だよな」と。「いや、そんなことないよ」と、言い合いやけんかが始まったりする。

でも、そういう本音が出てくることで、何を考えてるのかがわかる。その言い合いから、「どうしてそういう格差が出るのか。社会の仕組みはどうなってんのか。もうちょっとちゃんと勉強したい、青年学級だけじゃ物足んねえよな」となる。

その頃、僕は知り合いの家の離れ、4畳半が2部屋の小さい一戸建てを借りていました。裏には日本航空電子という日本電気の系列会社、2000人ぐらいの企業の寮があって、青年学級にはそこに住む青年たちも来ていた。「じゃあちょうどいいや、俺のとこで学習会やろうよ」と僕のとこへ集まって、歴史の筋道、社会の仕組みについて学ぶことにしました。『人生手帳』にも連載していた高橋庄治の『ものの見方考え方』など、やさしいところから読もうと。青年学級とは別の自主的なグループ、サークル「葦の会」として、勉強会を始めました。

ところが、保守系の議員が、青年学級はどうも気になる、あれがガンだという。青年学級は、青年学級振興法に基づいて職権で教育委員会が責任をもって開設する学級で、東京都を通じて文部省の承認を受けるから、そう勝手にできない。それを、今年度限りだとされてしまった。潰したかったわけです。1年間の長期にわたって青年たちが仲間づくりをしちゃうと、悪巧みをする。だからまずい、だから左へいっちゃうんだと。

その頃の昭島の青年学級OBは、組合運動などで活躍している青年が多かった。昭島に来ていた講師陣の影響もある。ずっと昭島の常任講師をやってくれていた酒匂一雄さんとか、東京都の社会教育主事だった東寿隆さんなどです。そこに影響を受けるのが結構いて、また山﨑が入ってきたから余計悪い、となったのかもしれない。

それで、次年度の予算から青年学級の予算は削られて、別の学習の場を開設することになった。それで議論して、短期の講座となりました。長期でも3か月、週1日で12回ぐらいで終わるようにしました。それなら上のほうが懸念する青年がまとまってつるむこともないだろうと。青年たちはみんなまとまるんだけどね。そういうことで、「青年学級」という名称ではなくて短期の「青年講座」を考えるようにしたんです。

当時、社会教育の主体がどこにあるかという議論があった。それは学習者にあるんだと。でも、公民館や社会教育の講座は職員がカリキュラムをつくって募集しているじゃないか。それはおかしい、学習者が主体ならカリキュラムも学習者が決めなければ、となった。それで上司にも相談して、プログラムは青年たちが決めてよいことになった。青年たちは青年講座の準備会を開いて、そこに集まったのが、葦の会のメンバーでした。『資本主義経済の歩み』（レオ・ヒューバーマン）、『法というものの考え方』（渡辺洋三）、『思想とは何か』（古在由重）などの岩波新書を共同テキストで読んでいた。かれらが中心に学習内容をつくって、僕も入って助言をしました。

表現活動の重視

当時の青年たちが学びたかったのは、自分たち若い世代の心の動きへの関心から心理学。それから、工業高校を出ていると文学作品なんか読むことがないから文学。ほかにも、政治経済の仕組みなど。それからもう1つは、表現活動として音楽、絵画、演劇、人形劇などの講座への要求が出て、それらをまとめた講座を開設するようになりました。つまり、理論的なものを考える講座と、表現活動の講座。そのコースを同時に2つずつ開設していく。

ちょうどこの時期、青年講座教育を担当している多摩の職員の研修が、東京都の社会教育会館、当時でいう立川社会教育会館でありました。常任的な助言者が千野陽一さん。

そこで出たのが、国立とか国分寺とか、インテリがやや多く住むような地域は、お茶、お花、料理、ペン習字などのテーマで職員は青年たちを集めていた。その後、話し合い学習などもするけれども、青年たちはそういう状態でいいのかと話題になりました。もっと今の社会のリアルな問題を考えるようなハイレベルの学習をする講座を保障すべきだ、やはり青年の学習の中心は社会科学だ、という意見が主流でした。

だけど、憲法を学ぶとか、青年と安保を考えるといった社会科学をテーマにしても、集まるのは4〜5人。お茶、お花には30人とか50人が集まってくる。じゃあ、そこからものになりそうな青年を一本釣りして集めた社会科学の講座、学習サークルをつくろう。そういう職員もいたわけです。

そこで僕は「ちょっと待ってよ」と。確かに教養講座で、理論的なカリキュラムも必要だ。でも、お茶、お花や料理教室で集まってきた青年たちはみんな低次元の考え方なのか、それはちょっと飛躍があるだろう。せっかく集まってきた青年たちに、きちっとした文化を学ぶカリキュラムを組めば、きちっと考えることができる。

僕がそういう意見を出したのは、品川区の短期の青年教室での経験がありました。僕は、お茶、お料理、お花、そういう生活技術を学ぶ青年たちの話し合い学習の助言者でした。実技が終わり、集まって話し合い学習をすると、中にはなかなかいい青年もいて、いい意見が出て、話し合い学習も深まる。指導者もなかなかの見識の人で、単なる技術学習に終わらない。

例えばお花。いろんな決まりがあるけれども、基本的には生け花のルーツ、本流は自由花。自由に生けていいんです。真・副・控なんていう型じゃない。ところが、生け花教室で流派の型ができていく。

歴史も学ぶ必要があります。戦場で戦死した武士たちの兜に、そこの野にあった花を摘んで手向けて死者を葬ったのが生け花のルーツ、つまり元々は死者に手向ける仏花だという説がある。足利時代の書院造にある仏間にも、花を生ける。池坊《いけのぼう》というのは、坊さんですよ。それを学習していけば、生け花の歴史という立派な学習になる。そういうカリキュラムを組まないで、講師に丸投げ、終わったら担当者が来て、お礼を言って解散。それは学習にならないでしょう。料理だってそうで、食文化をきちっと学ぶようなカリキュラムを組めば、食材の選び方から何から立派な学習ができる。絵だってペン習字だってそう。

だから、お茶とかお花といった生活文化や生活技術の講座は、立派な文化の学習、表現の学習の1つ。それをきちっとしたカリキュラムに組んで青年たちのニーズに応える必要がある、という話をしたら、どこかの市でそういう実践をやってみないか、言い出した山崎君、昭島でやったら、なんてことに。昭島の青年たちに持ちかけたら、「絵も描いてみたいし、演劇もやってみたい」と。表現活動の講座と理論的なことを学ぶ講座の2本立てで行こう、と青年たちと合意をとって、昭島で1971年に始めたんです。

その中の1つに、ギターを弾こうという講座がありました。当時ギターは、なんとなく手に届く楽器だった。クラシックギターは難しいけど、フォークギターならちょっと高いけど自分の手元に置ける。クラシックギターの『禁じられた遊び』を弾いてみたいなんて要求もあったけど、楽譜を読んで楽譜通りに音を出していくのが、なかなか馴染みがない。だったら、一番手っ取り早いのは伴奏楽器だろう。メロディーラインは自分の声でやって、伴奏はギターでコードを覚えてリズムを刻めば十分。

それで、歌声喫茶「ともしび」でバックバンドのギターをやっていたプロに来てもらって、フォークギターの教室をやりました。最初は簡単なコードから。『若者たち』なんて一番簡単だからね。コードを覚えたら、『若者たち』をみんなで弾きながら歌う。音程を変えていくことになると、フレットを指で押さえるのは初心者には難しいから、カポタストを使えばいい。

それを覚えると、当面は当時流行っていた歌のコピーをみんなでやる。そのうち、全員で練習していても面白くないから、グループ分けして、自分たちで曲を選んで練習。『若者たち』をやるグループもあるし、ちょっとマイナーな『白いブランコ』をやりたいグループもあった。

グループでいくつかの曲が演奏できるようになったら、発表会をする。それぞれのグループが演奏すれば、1つのコンサートになる。そんなことで、講座はうまく終わって、その後フォークグループのサークルができた。当初できたサークルの名前は「各駅停車」。昭島のあった青梅線の「各駅停車」というフレーズで始まる、自分たちでつくったテーマソングを歌うグループができました。

フォークギターの教室と並行して、絵を描く講座もやった。

ここから、「かきくけこ」という絵のサークルができました。講座では、デッサンや静物画を描かせるような普通の絵画教室の指導者は頼みませんでした。そういう教室の先生は大体が美術の先生で、指導しながら筆やペンを入れたりするけど、1人ひとりの美の表現の多様性をあまり理解しない。だいたい人じゃなくて絵を指導してるんだね。

絵の基本の1つはデッサンですが、何も石膏を見て描くだけがデッサンじゃない。石膏は、光でとらえて質感を出す、量感を出す、立体を表現するとか、基礎技術があるんです。だけど、そんなことやってたら自由に描けない。芸大を受けるわけではないしね。

それに絵を描くとなると、風景や静物など、きれいだと思ったものを描いてみたいとなるわけですけど、そういうのもちょっと違うんじゃないかと。僕と考え方が近い絵の指導者に講師に来てもらって、いろんな絵の表現を試してもらいました。

画具も、水彩画、墨、パステル、油彩、その人の個性に合ったものを使えばいい。自分の好きな画材で、好きなイメージで色を塗っていく。出来あがると1つの抽象的なその人なりの世界ができる。

みんな絵を描くときに一番気にするのは、似てる似てない、うまい下手。だったら絵を描く必要はなくて、写真を撮ればいい。絵は記録じゃない、その人なりの美しさを表現すること。うまい下手とか似てる似てないはなし、自由に描こう。そして、出来あがったときの合評は、指導者がやらない。それぞれが評価して、自分も評価する。

ユニークだったのは、静物を描くとなったときです。指導者は、「来週は自分の好きなものを描く。描きたいモチーフは自分たちで持ってきてほしい。ゴミ捨て場にあるようなボロ靴、使い物にならない割れた花瓶、枯れて捨てようかと思ってるしなびた花、そういうのを持ってきて」と言う。それをそれぞれの人がモチーフにして、デッサンして表現して描いてみようと。「先生、これ絵になるの？」なんて言うけど、「絵になるかどうかは、皆さんがそれから何を感じ取るかにかかってるから、自分なりに感じたことを色や形にしたりすればいいじゃない」と突き放す。それでそれぞれが作品を描いて、終わった後に展示会をやって、後はサークルになる。

そのときに1人の青年が、「教室の終わった後みんなでレクリエーション行こう。たまには絵だけじゃなくて自由に遊ぼう。そこでスケッチするのもいいんじゃない？」と言うので、近くの公園に遊びに出かけた。

その終わりだったたか、ある青年が「山﨑さん、俺、この青年講座の絵画コースに来てよかったよ」と。「俺さあ、付き合ってた女の子いるんだけどさ、結婚してもいいかななんて思うんだけどさ、でも一歩踏み出せなかったんだよな。だってさ、友だちに言うと、彼女に会わせろって言われる。どうもひけ取っちゃうんだよなあ。だってさ、見てくれがよくねえんだよ」と。「人間って、結婚って見てくれじゃねえだろ」と言うと、「そうなんだよなあ。だけどさ、教室へ来てそれがわかったんだよ。美しさってのは見てくれじゃねえんだ。どう美しさを自分自身で発見するか、そこなんだよな。そこを勉強した」と言って、今度結婚することになった。それを指導者にも話したら、「絵を描くってそういうことなんだよね。美しさを自分から発見して、それを表現していく」と。

そこで僕は表現することの学習の意味を確認して、その後ずっと昭島の社会教育の柱の中に、社会科学的な教養と表現・文化の学習をおいて、公民館のプログラムに必ずそういう講座を入れてきました。そこにもう1つ、スポーツ学習みたいのが入ってくるといいと思う。

それがどこまで継承されているかわからないけど、後輩の佐直昭芳という職員が青年教育を引き継いで、僕の路線を踏襲した講座をやってくれました。彼は影絵教室やギター教室もやっている。その教室からできた「みち」というサークルのリーダーをやっていたのが長田君（オサちゃん）。彼は今60半ばになって、三鷹の自分の兄の店でライブを毎月やって、今でもフォークを歌っている。昭島市公民館35周年のときには『花のローカル線』という曲を歌ってくれた。

昭島の青年の学習活動から巣立っていった、もうおじいさんに近い年代でも忘れないで公民館に来てくれる人もいます。そういうつながりがあってうれしい限りです。

1970年代の文化状況

――千野陽一先生（1章参照）などの先行世代と、山﨑さんの時代との青年教育の違いはどこにあるでしょうか。地域による違いなどもありますか。

千野さんの長野の1950〜1960年代は、農村で中学校を卒業して農村に入った青年たち。小平の穂積（健児さん、4章参照）は僕と同年代だけど、中学を卒業して日立という大企業に囲い込まれた青年たち。昭島は、工業高校卒の青年たちが多かった。国立市の青年学級は、国立駅前の商店主が地方から上京してきた青年をスカウトに行って連れてきて、夜間高校に行かせる約束をしたにもかかわらず、個人商店だから夜7〜8時頃までやっていて高校には行けない。そういう青年たちを集めた青年学級を開いていた。だから同じ世代でも地域によって層が違うんですよね。

――当時のギターや絵の講座は講師、助言者もたくさんいますし、記録を読むとかなり丁寧に作り込んでいるようですが、山﨑さんお1人で考えていったのでしょうか。

「ここで何勉強したい？」と青年たちと一緒に話し合いながら考えて、講師選びはこちらに任せてもらいました。そして来てもらう講師も入れて内容は相談していった。予定通りにいくかどうかはまだ別で、進行する中で変わっていった。

――1970年代当時の文化状況をどう肌で感じていましたか。

この頃はいわゆる歌声喫茶がだんだん下火になってきて、フォークが力をもってきた時代です。新宿に集まって学生運動だとか何だとかの団塊世代ですよ。新しい音楽として、ベトナム反戦を契機としたアメリカからのフォークソングが入ってきて、上條恒彦だとか小室等だとか和製フォークが出てきた。そして東大闘争が終わって、空白の中に吉田拓郎や南こうせつが出てきて、心情フォークなんて言われて毛色が変わってきた。

当時はフォークギターが中古屋に行くと安く手に入りました。そこでまず買って、楽譜が読めなくても、コードだけ覚えればなんとか弾けると。

当時講師をしてくれた門倉さとしは詩を書いてて、『たんぽぽ』といういい詩があります。それから『青春』なんて、隠れたヒットソングですよ。今でもうたごえの集まりで集会をやると、当時学生運動やってた連中、今はおじいちゃんおばあちゃんになった団塊世代が舞台に上がって歌ってる。そのくらい人気があった。

手軽に楽器を手にできるようになった時代でもあるんです。クラシックのヴァイオリンだとかは積み重ねが要るけど、フォークギターは初心者でもすっと入れる。その前だと、ウクレレやスチールギターとかね。だからちょっと前のグループやバンドはハワイアンバンドなんです。だけど、ハワイアンはなんとなくシーズンもの、夏の間のビアガーデンソングみたいなもので、あまり拡がらなかった。だからやっぱりフォークギターはヒットだったんですね。反戦運動もありましたし。

昭島のあたりでも、さっき言ったオサちゃんは中津川フォークジャンボリーを組織した笠木透なんかと一緒にやっていたし、横井久美子は国立で今もやっています（2021

年逝去)。そういうフォークシンガーが結構いるんですよ。

アマチュアの表現活動を支える

——プロだけでなく、アマチュアの表現文化としてのフォークがあったんでしょうね。当時の文化活動は、その後の公民館や文化施設のあり方にも影響があるのでしょうか。

あるんですよ。僕が設立にかかわって1982年に開館した昭島市公民館の小ホールもそれで出来ました。

このフォークの世代で、多摩フォーク連(多摩フォ連)というのをつくってたんだけど、今またその連中が再結集して、今度コンサートやろうかと動いているみたいです。みんなじじばばになったんで、元気を取り戻そうと。

フォークに限らず、日常の表現活動を支えることが社会教育の役割です。社会人になって、やっぱり音楽をやってみたいと昭島管弦楽団をつくった人たちが公民館の視聴覚室で練習をやっているけど、音を出していい部屋は取り合いです。

今、表現活動する場がないんです。公民館には学習室みたいなものはある。でも音を出したり、飛んだり跳ねたり演劇したりする、簡単でも舞台機構を備えた場所が表現活動には必要。それが求められている。だから小さいスタジオも、結構高いお金を取るけど、バンドなんかでいっぱいですよね。

——青年学級から青年講座へのシフトというお話がありました。長く学ぶ青年学級の時代から、現在のような短期の講座型の社会教育になっていったこととも重なりますね。

そう、学級方式から講座方式へと近代化、都市化していったのです。東京あたりの都市では講座方式だけども、全国では成人学級、婦人学級、家庭教育学級などの学級方式がまだあります。大学進学が一般的になって、たとえば東京都国立市の公民館は都市型の教養講座になっていく、いわゆる国立方式。大学に行けない世代が、大学並みのカリキュラムを組んだ講座を受けてみたいという渇望が多くなって、公民館でも国立を中心とした講座方式がとられていく。昭島も、「婦人グループ学級」を「女性の◯◯講座」などへと変えていく。一定のカリキュラムとともに座学で、専門レベルの高い理論的な講座を組んでいくのが中心になったんです。ただ、そういう講座方式も、だんだん住民運動が盛んになってくると、また批判されていきます。

その講座方式も、公民館などは少数だし施設も狭い、予算も十分でないと、都市にカルチャーセンターが出てくる。それじゃあ、カルチャーセンターと公民館の講座とどう違うんだ、公民館は何をやるか、という議論が始まってくる。

するると、カルチャーセンターは有料、ならば公民館の教養講座も有料化をという変な話になってきちゃう。体系的な学習にはきちっとした講習は必要、そうするとそれなりの謝礼も払わなきゃいけない。でも自治体予算が縮小するなかで、受講料を取るとかなんとか、ややこしくなってくる。今は職員にも社会教育主事の専門職が少なくなっていて、長期的な講座を組めずに短期的な講座の繰り返しが増えています。

長期的な講座をやると、その後自主グループもどんどんできるんですよね。単に講座を受講するだけじゃなくて、人間関係もできてくるから。そうすると、地域にいろんな学習のコアができる。ところが、短期的講座の切り売りではサークルなんかできないです。そもそもサークルづくりも目的としてない。多摩地区もだんだん短期的な講座が増えて、自主グループの面倒を見るような職員もいなくなってきました。

（記録・構成：新藤浩伸）

本稿は、地域文化研究会で2018年4月9日に実施したインタビューの記録を元に編集した。

山﨑氏の実践とインタビュー中に紹介されている講座の詳細は以下を参照。山﨑功「フォーク・ギターとうたごえ講座の実践―青年の文化要求にこたえるために」『月刊社会教育』1972年3月号、同（1974）「文化活動の役割り」千野陽一・野呂隆・酒匂一雄編『現代社会教育実践講座　第2巻』民衆社、同（2001～2010）「私の社会教育実践史」（1）～（3）『明治大学社会教育主事課程年報』11、13、20

6章　暮らしのなかの表現空間

本書では、マスメディアやデジタル技術の力も時として活用しながら、日々の暮らしのなかで営まれる文化の空間とそこに関わる人の動きを追ってきた。その営みは今に限らず、歴史の中で重ねられてきたものである。地域文化の過去を振り返りながら、未来に活かしていくために何が必要かを考える。

1 地域文化の継承をめぐる課題と可能性

吉村 旭輝（和歌山大学紀州経済史文化史研究所准教授）

はじめに

近年のインバウンド観光客の増加による文化財の「保存」から「活用」への転換、また文化財保護法の改定による未指定文化財の保護強化、さらにコロナ禍による都市一極集中への反動など、いわゆる「地域文化」をめぐる議論が平成から令和への転換期を迎えている。その背景は１９８０年代のバブル崩壊の影響や２００８年のリーマンショックなどの相次ぐ不況によるデフレーション、そしてそのあおりによる就職難やそれに連動した結婚率・出生率の低下など平成の約30年間の「ツケ」ともいえる少子・高齢化問題が顕在化したことにある。この顕在化によって「地域文化」の中心となる担い手である「若者」の減少、そして担い手の高齢化が現実問題としては喫緊の課題となっている。これまで行政によって「文化財」指定・登録の必要がなかった都市部の地域でもあたり前に行われてきた祭り／祭礼や行事がいたるところで縮小や断絶がみられるようになってきた。さらに問題はそれだけにとどまらない。社会のグローバル化が日本全体の趣向の画一化を生み、「地域文化」の淘汰、また核家族化、学校教育やそのなかでのクラブ活動など、このような戦後の社会の変遷が、これまで「地域文化」にさまざまな変容を生んできた。

こうした課題が顕在化してきた昨今ではあるが、先述のインバウンドやコロナ禍での反動など新たな「地域文化」に対する需要が出てきたことも事実である。文化庁による「活用」の促進などもこうした課題を打破することや新たな「地域文化」の需要に応えたものでもあるといえよう。

ここでは、「地域文化」、とりわけ祭り／祭礼や行事での担い手減少の原因とはどのようなものなのかといった問いを提示できればと考えている。そのなかで筆者が調査を行ってきた和歌山や大阪の泉州地域を中心にさまざまな事例を取りあげ、試行錯誤する地域の現状とそれら地域で醸成された「地域文化」や「地域アイデンティティ」が転換期を迎え、その先の未来へどのように存在していくべきかを考えてみたい。

1　社会の発展と地域文化の歴史

「地域文化」の継承をめぐる課題の原因を挙げれば枚挙にいとまがない。ここではそれらの課題とその原因を考えてみたい。

地域社会のグローバル化とその変遷

地域社会のグローバル化は今にはじまったわけではなく、これまでにも徐々に進展してきたことは事実である。その根本をたどれば戦後社会の大きな変遷が考えられる。日本では１８９８年に制定された明治民法による「家制度」が象徴的である。そこでは地域に根差した「大家族」が中心であり、何世代にわたって「家」を継承してきた。[1]有吉佐和子の『紀ノ川』などの小説にもみられるように長子相続が基本で、長男は家に残り、「家」を継承する。[2]次男以下は「分家」となって、新たに「家」を立ち上げるといったもので、地域には確実に「家」を継承する人材が最低でも確保できていた。

しかし、戦後の社会変遷によってそれらが大きく変化していく。太平洋戦争による人口減少は戦後すぐの社会に反動となって現れ、第1次ベビーブーム期が1947〜1949年に到来する。この世代はのちに「団塊の世代」と呼ばれることとなり、日本の高等学校・大学進学率を飛躍的に上げることになる。1955年には50%程度であった高等学校進学率は1962年に約64%に、また10%程度であった大学進学率も1964年には約20%まで上昇しており、これ以降進学率は右肩上がりで増加の一途をたどってきた。[3]このことは進学時・就職時の都市移住と関連し、都市化がより進展するきっかけとなったことが考えられる。とくに1970年代には高等学校進学率は90%を超え、大学進学率も約40%近くに達している。また、全国でも初めてとなる大規模ニュータウンである千里ニュータウンが1962年に入居を開始したことを皮切りに全国でもニュータウン化が進展した。こうした都市化の背景には進学率上昇にともなう都市移住や核家族化も要因の一つとなっていた。こうした都市化は1950年には総人口の32・7%であった三大都市圏（埼玉県、千葉県、東京都、神奈川県、岐阜県、愛知県、三重県、京都府、大阪府、兵庫県）人口も2005年には49・2%まで上昇している。[4]

この戦後の人口動態の変化は直接的に「地域文化」に影響を及ぼしたとはいえない。なぜなら日本全体の人口はこの間も増えつづけ、2004年にそのピークを迎えるまでは1954年から1957年にいたる神武景気、またそこから1991年のバブル景気にいたるまで、日本の国内総生産も増えつづけ、「地域文化」を継承するに足る人材や資金が存在していたのである。むしろ、同時に進展していた核家族化やグローバル化が「地域文化」をが大きく変化させたといえよう。ここからは地域文化をとりまく社会や経済の変遷、またそれらに影響を与えてきたマスメディアの変遷を中心に考えてみたい。

江戸時代以降の地域をとりまく社会の変遷と祭り／祭礼の変化
——経済の発展、マスメディアの変遷

戦前、各家庭、町や村を中心に数多くの娯楽が行われていた。マスメディアの中心が新聞やラジオであったころの話である。その内容はいわゆる各家庭でのコマやすごろくといった遊びのほか、時折来訪する伊勢大神楽などの獅子舞、千秋万歳、瞽女《ごぜ》などの諸国を巡る門付け芸能者や大道芸能者たちの芸を楽しみにするといった、特定の地域で完結できるものであったと考えられる。[5]

そのなかで、もっとも熱狂していたのが、村や郷で行われていた祭り／祭礼や盆踊りであったと考えられる。その中心となっていたのが若者たちだと考えられる。若者は時代々々で流行していたものを取り入れ、それを地域の祭り／祭礼で披露していた。この流れは戦前からはじまったものではなく、江戸時代でもみられる。例えば京都府舞鶴市の城下町の祭礼である朝代《あさしろ》神社の祭礼では、同城下町の平野屋町文書から菅原憲二が１６９６年、１６９８年、１７０１年、１７０３年、１７１２年の各年の行列次第を割り出している。[6] そのなかで平野屋町は毎回「太神楽《だいかぐら》」を出しているのに対し、本町は「唐子《からこ》」、「北野山」、「助六踊」、「都大踊」（1712年は記録なし）を出しており、ほかの町も同様に毎回違う演目が記されている。とくに本町が出した「助六踊」は「曽我物」とされ、のちに江戸歌舞伎の市川團十郎家のお家芸である歌舞伎十八番の一つとなる「助六」を題材としたものと考えられ、歌舞伎が流行する前から取り入れられていたと考えられる。[7] こうした若者による流行の「先取り」は、江戸時代前期には各地で多く見られた。しかし江戸時代後期には祭礼形態の固定化が各地で起こり、例えば大阪府岸和田市の城下町祭礼である岸和田祭での「だんじり」の定着、また和歌山県熊野地域にみられる伊勢大神楽系獅子舞のいわゆる「古座《こざ》獅子／古座流獅子舞」の定着など、固定化されたものも少なくない。しかしこれも最初は若者たちが比較的自由に近隣で行われていた芸能を取り入れ、祭礼を楽しんでいたものと考えられ、現在では地域アイデンティティの象徴ともなっている。現在でも博多祇園山笠の飾り山笠の見送りにサザエさんや名探偵コナンといった題材が用いられていることなどもその名残と考えられる。

明治時代に入り、娯楽の多様化が進んでいく。その背景には鉄道の敷設など交通網の整備があり、若者を含めた多くの人びとの移動を可能とした。鉄道会社は沿線の観光名所を記したガイドブックを出版し、さらなる誘客に拍車をかける。例えば、日本鉄道、東京馬車鉄道につぐ、日本で3番目の私鉄として1885年に設立された阪堺《はんかい》鉄道（のちの南海電気鉄道）は1903年に和歌山市駅を設け、難波駅—和歌山市駅間を開業させた。この開業に先立ち、1899年に宇田川文海《ぶんかい》の編述による『南海鉄道案内』（上下巻）を出版させている。[8] このなかでは、沿線の名所旧跡等が上下巻あわせて約500ページにわたって記され、とりわけ下巻の約160ページのすべてが和歌山県北部の名所旧跡に充てられている。その下巻では、現在でも名勝に指定されている和歌の浦の名所旧跡も数多く取り上げられ、当時の南海鉄道の観光戦略の中心であったことも考えられる。なかでもとりわけ8ページを割いて紹介されているのが「和歌祭礼」である。この祭礼は現在紀州東照宮の例祭として行われている和歌祭のことで、「天下三大祭の一つ」と記された。その影響もあって、のちの和歌祭を記した新聞記事や東照宮発行のガイドマップには「日本三大祭」、「全国三大祭の一」といった記事がみられるようになる。そんななか執行された1920年の藩祖（徳川頼宣《よりのぶ》）入国三百年祭には関西一円から多数の見物客が訪れた。以下は当時の新聞記事である。[9]

・『和歌山新報』1920年4月19日

　未曽有の降客数

十七日の和歌祭当日は未曽有の人出であつた和水電車課の当日人員は和水始まつての人員で詳細は今尚計算中だが約四万人金額七千円に上るさうだ尚和歌山市駅は乗客八千三百人降客一万九百七十六人だと

・『紀伊毎日新聞』1920年4月19日

　和歌祭と往来の人員

十七日の和歌祭り参観のため汽車汽船にて同所に赴きたるものをる多数なりしが当日和歌浦港頗初め市駅和歌山駅の乗降客の状態を示せば左の如し
▲和歌浦港　乗客三千八百七十二人降客三千三百五十三人
▲和歌山駅　乗客二千三十一人降客二千六百五十八人
▲市駅　乗客八千三百三十二人降客一万九百七十六人

奈良県で曳行される船形・住吉型・堺型だんじり（橿原市十市）

このように観客として訪れた人びとは、見聞したさまざまな祭り／祭礼や文化を地域に持ち帰ったものと考えられる。こうした文化の拡散はとくに若者に影響を与える。大阪では江戸時代から大坂旧城下町の夏祭りで出されていただんじり（地車）が大阪や奈良まで拡がり、また、明治以降は岸和田旧城下町で出されていただんじりも周辺の農漁村部に拡がるようになっていった。[10] こうした祭礼文化の拡散は全国でも見られ、都市を中心として周辺部の農漁村にも拡散されていったと考えられる。

とくに大阪では住吉大社の大祓（現住吉祭）で多数出ていた住吉・堺のだんじりが、一気に周辺に拡がる事故が生じる。それは1896年8月1日に起こったいわゆる「堺の地車騒動」である。[11] この事故は狭い道路で対峙しただんじりが双方ともに譲らず、民家の瓦を投げるなどの大乱闘が起こり、槍で2名が殺傷されるまでにいたった大事故（事件）である。これにより多数の負傷者も出たため、この地域ではだんじりの曳行《えいこう》が一切禁止となったのであった。この事故をきっかけとして多数のだんじりが周辺の地域に売却され、遠くは奈良県橿原《かしはら》市にまで売却されたと考えられる。この一件でさまざまな地域でだんじりが購入され、だんじりを用いた祭礼文化が拡がるきっかけとなったともいえよう。[12]

だんじりで演じられる俄芸（大阪府南河内郡千早赤阪村・建水分神社）

そしてその担い手となったのが若者組であった。この若者組は近世以前から各地域にさまざまな呼び名で存在していたが、明治時代後期以降は当時の内務省や文部省の働きかけによって近代化された青年団体の再組織化が図られた。とくに明治天皇が崩御した１９１２年には明治神宮の建立にともなった神宮造営奉仕作業を全国の青年団に呼びかけるなど、その活動が大正時代の大日本連合青年団の結成や日本青年館建設に結びついたと考えられる。この青年団の再編成は、全国各地に影響を与え、青年団は国家神道思想を基盤とした各地域の神社祭礼の中心を担う存在として、期待されることとなる。[13]

一方各地の青年団は政府の意図とは関係なく、地域の神社祭礼を盛り上げようとさまざまな試みを行う。大阪各地に拡がっただんじりの内部では、１９１７年に設立されて人気を博していた新国劇など、当時流行の「任侠物」などの芝居を取り入れ、俄《にわか》芸として多く演じられていくようになる。またこのようなことが各地でも起こっていたと考えられ、全国各地の村芝居などで多く演じられた。大阪ではそれらを観て、憧憬を抱いた若者によって各地域のだんじり購入を希望する若者がさらに増加したと考えられる。[14]例えば堺市上村（現大阪府堺市西区上）では、先代のだんじりを購入する資金を貯めるために当時の若者組が鶏の鳴く夜明け前から働き、だんじりを購入したという伝承があり、同地はその心を引き継いでいくために現在でも「鶏鳴」と呼ばれている。

しかし、太平洋戦争の終戦後、国家神道思想の温床と考えられていた大日本連合青年団は連合国軍最高司令官総司令部（ＧＨＱ）に警戒され、１９４５年９月に「青少年団体ノ設置並ニ育成ニ関スル件」の次官通牒を文部省が発令し、全国的な青少年団体の再設置・育成を推奨した。[15]ただし、各地の民俗芸能はＧＨＱの検閲対象となり、中国地方の神楽などは演劇性に特化した芸能へと昇華されていった。[16]このように、各地域の祭礼は国家神道と切り離された、より娯楽性や演劇性が強調されたものへと昇華されていくことになる。そのなかでは神社などの信仰とは関係のない、行政や企業などが主催者となった新たなフェスティバルやパレードが生み出されていくこととなる。こうしたパレードに戦前から行われていた祭礼が組み込まれる事例もある。それが先述の和歌祭や名古屋東照宮の祭礼である名古屋祭であった。

和歌祭は１９４８年に和歌山市港祭りの花形として組み込まれ、翌年から和歌山市商工会議所が主催する和歌山市商工まつりに組み込まれるようになっていった。これにより御旅所がなくなり、渡御行列が和歌浦ではなく、和歌山市の中心部へパレードをするように変わっていった。[17]また名古屋祭では、渡御行列が東照宮の祭礼から切り離され、こちらもパレードとして新たな「名古屋まつり」として行われるようになっていった。徳島県では徳島県、徳島市、徳島市観光協会などが中心となって県外に阿波踊りを売り込み、１９５７年には東京高円寺阿波おどりも誕生している。またそれに対抗する形で、１９５４年には、高知商工会議所青年団により第１回よさこい祭りが開催された。

こうした大規模パレードの誕生は、１９８０年代に隆盛を極めることとなる。和歌祭を含む和歌山市商工まつりではブラスバンドなども登場し、当時の時流が反映されたパレードへと変容され、和歌祭が和歌山市を代表する祭りとして市民全域に認知されていく。ただし代償として、信仰性とともにパレードのため各芸能の演舞場所が失われ、多くの芸能がその芸を失っていく結果を生んだ。東京では１９８１年に浅草サンバカーニバルも生まれ、また大阪では御堂筋パレードが１９８３年にはじまり、各地の都市ではいたる所でブラスバンドや各企業や姉妹都市が出すフロートなどによるパレードが行われていくようになっていった。こうしたパレードの主体となったのが、各市町村の商工団体や企業であった。それらが隆盛を極めた背景には、高度経済成長期からバブル景気にかけての日本の経

岸和田型だんじりでのやりまわし（大阪府泉大津市）

済発展が反映されていると考えられる。

また、パレードが全国各地で行われるようになったもう一つの背景には昭和30年代以降に普及したテレビの影響も少なからずあると考えられる。１で述べた地域社会のグローバル化とその下地となるメディアの影響もあろう。戦後メディアの中心はラジオからテレビへと変化し、全国各地のさまざまな情報を家庭で容易に観ることができるようになった。とくに１９８０年代ではこうした全国各地のパレードが生中継され、各地に影響を与えた。和歌山市商工まつりの一部となった和歌祭は１９８０年代には地元のテレビ和歌山に生中継され、また大阪では１９８３年にはじまった御堂筋パレードも生中継で長年視聴者に親しまれた。

他方、地域の祭礼も１９８０年代には大きく変容していく。各村々でこれまで行われてきた屋台などが出る祭礼では、合祀されている神社単位（約10か村単位の地区）でパレードが行われるようになっていく。大阪の泉州では先述のとおり、明治以降に拡まっただんじりが各村単位で独自に曳行が行われていたが、１９８０年代には地区単位で合同曳行するだんじりパレードが行われるようになり、連合会が誕生していった。連合会が誕生すると同様の曳行形態での競い合いを目指し、泉州では岸和田祭の見せ場となっている交差点を90度に右左折するやりまわしが発展していく。このやりまわしの競い合いは、地域のだんじり本体にも影響を与え、やりまわしがやりやすい重心が屋台の下にあるいわゆる岸和田型だんじりの購入や新調が進み、大阪でも堺から泉佐野にかけて同様の祭礼形態が浸透することとなった。こうした背景には各村の青年団の岸和田祭への「憧れ」があり、その情報源となっていたのが、テレビ放送であった。岸和田祭を放映したテレビ番組は１９７２年のＮＨＫ「ふるさとの歌祭り」を皮切りに１９７４年からはじまった関西民放連持ちまわりの岸和田祭の番組や1982年以来現在まで続いているテレビ大阪の番組など数多く取り上げられている。なかでも1992年から1995年にかけて日本テレビで放映された『スーパーテレビ』「大激走！だんじり祭 命知らずの男達―岸和田・貝塚―」はゴールデンタイムに全国放映でだんじりのやりまわしにかける人びとを中心に、その成功と失敗両面が生々しく映し出された。このドキュメンタリー番組は、「だんじり＝電柱にぶつける＝岸和田」などのイメージを全国的に植え付けた。この放映以降、観客も全国から多数訪れ、さらにだんじりを担う岸和田祭の青年団は泉州各地から集まり、1994年から有料観覧席を設け、現在でも数十万人が押し寄せる大祭礼に発展していった。周辺地域のパレード化や祭礼形態のやりまわしへの画一化は、この岸和田祭の影響が大きい。[18] このことはこれまで地域ごとに行われていた祭礼の特色が失われていったことを意味するが、一方として時流を取り入れた新たな地域文化のカスタマイズによる「発展」をもたらしたともいえよう。この波はさらに近隣の新興住宅地やだんじりがなかった地域にも波及し、そういった地域でもだんじりを購入し、祭礼をはじめるという現象が各地で起こる。

しかし、このピークを過ぎると少子・高齢化の波が押し寄せることとなる。だんじりを行う各町会では、祭礼自体の参加者は多いものの、地元の参加率は10％に満たないのも現実で、また周辺地域の青年団等の参加率は減少の一途をたどり、他地区の町に応援を頼み合う「曳き合い」が岸和田方式の曳行をする地域では、現在、当たり前のように行われている。[19] これは人口ピーク時の「岸和田化」が、その後の周辺地域に大きな影響を及ぼしたといわざるを得ない。

2　地域文化の継承をめぐる課題
――地域コミュニティーの崩壊と祭り／祭礼の変遷

このように地域文化と社会とのかかわりを述べてきたが、その大きな基盤となっていたのが若者の人口上昇であった。戦後すぐの団塊の世代の誕生からその子どもにあたる団塊ジュニア世代の誕生にいたるまで、人口は上昇の一途をたどっていた。しかし、1980年代をピークとして減少に転化し、いわゆる少子・高齢化の時代へと突入する。

岸和田祭が行われる岸和田市では1980年に小学校、1986年に中学校の児童・生徒数がそれぞれピークを迎えている。[20]そのピークと先述のパレード化や祭礼発展のピークが合致することになる。このことは祭礼が、社会全体の景気動向がより反映された「表象」となっていることを意味する。以降社会ではバブル崩壊の余波により、長い期間デフレーションが続き、「失われた30年」がつづくことになる。この間社会では少子・高齢化の波がじわじわと押し寄せ、過疎の問題などが現実となってくる。

地域では、サラリーマンや公務員の増加といった生業の変化により、祭り／祭礼はすでに失われた信仰性とともに、担い手の減少を招いていく。担い手の中心であった若者は就職し、「五穀豊穣」や「大漁祈願」などを主眼に置いた祭り／祭礼の祭日も担い手に合わせて土日祝日開催への変更が相次いでいく。さらにサラリーマンや公務員からすれば「五穀豊穣」や「大漁祈願」などの祈願は生活と関係が薄くなり、すでに信仰性が失われ娯楽としての需要があった祭り／祭礼が仕事の多忙さも合わさり、「負担」へとなっていく事態も生まれる。こうした事態を国も重要視し、1992年には「地域伝統芸能等を活用した行事の実施による観光及び特定地域商工業の振興に関する法律」（通称：お祭り法）を施行する。[21]この法律では地域伝統芸能等を観光や地域商工業と結びつけ、「ゆとりのある国民生活及び地域の固有の文化等を生かした個性豊かな地域社会の実現、国民経済の健全な発展並びに国際相互理解の増進に寄与することを目的」としたものであった。この法律により、地域の祭り／祭礼の「活用」が叫ばれるようになった。その結果、観光や地域商工業と結びつくことが容易な大祭礼やマスコミに取り上げられた民俗芸能などは、より盛大になっていったといえよう。しかし、こうしたものと結びつくことができない小さな村祭りなどは、恩恵を得ることができなかったことも事実である。和歌山県ではこうした問題がさまざまなかたちで表出する。例えば仏像の盗難などもその影響下にある。同県では２００８年ごろからの約10年間で、３００体ほどの仏像が盗まれている。この盗難が起こる背景としては、仏像を維持してきた寺院や小堂の無住化や管理していた講などが解体され、犯罪の抑止力が低下したことにある。つまりは地域コミュニティーの崩壊がまねいた犯罪ともいえる。[22]また、こうした状況は地域の祭礼の休止や断絶等にも表出する。２０２４年の開催が最後となった岩手県奥州市の黒石寺《こくせきじ》の蘇民祭《そみんさい》が目新しい事例ではあるが、和歌山県でも２０１８年に国指定無形民俗文化財の杉野原の御田舞《おんだまい》（和歌山県有田郡有田川町）が、またその翌年には県指定無形民俗文化財の久野原《くのはら》の御田舞（和歌山県有田郡有田川町）が相次いでその幕を下ろした。その背景は明確で、少子・高齢化による担い手不足である。

　こうした事例は山間部の過疎地域だけではない。先述の大阪府泉州のだんじり祭りでも同様に２０１１年には春木大国町（岸和田市／春木地区）、２０１７年には積川町《つがわちょう》橋室（岸和田市／山直南地区）、２０１９年には池園町（泉大津市／曽根・助松地区）など相次いでだんじり祭りの休止や終了、そして保存団体の解散をしいられている。

　泉州を含めた大阪府のだんじり祭りは基本的に各町会単位で行われ、自主運営・自主警備が基本とされてきた。そのため、行政による調査も少なく、文化財指定も受けていないものがほとんどである。その背景には大阪という都市近郊部であるため、当たり前のように人が集まって祭礼を行うことが日常であって、「保護」する観点がまず生まれない環境にある。また、祭礼の日には中・高生が夜遅くまで祭りに出るため、大人に混じって酒や煙草を吸う行為も昭和の時代には多々あった。こうした行為が、学校等の教育現場から忌避され、参加をクラブ活動などで制限する動きも当時はあった。そのため、当時児童・生徒であった人たち（昭和40―50年代生まれ）の参加が減り、さらにその子どもたちの世代はなおさら参加する機会がおのずと制限されるという悪循環も生まれている。またその子どもたちにとっては、インターネットの普及等の影響によって祭礼への参加は多様化する娯楽のなかの選択肢の一つでしかない状況といっても過言ではない。

3

学校教育による地域文化の「再発見」

地域の祭り／祭礼の現状と「試行錯誤」

１９９８年の小学校・中学校学習指導要領および翌年の高等学校学習指導要領にて「総合的な学習の時間」が誕生する。[23]それが誕生する背景にはこれまでの「知識偏重」や「輪切り」といった知識量で形式的に測っていく学力の「見方」ではなく、その「質」や知識へ向かう「関心・意欲・態度」まで含めた実質的な「新しい学力への見方」の提唱であった。[24]当時は「ゆとり教育」として学力低下を危惧する声もあったものの、現在では数多くの成果が上がっており、とくに受動的学習から脱却したアクティブ・ラーニングがのちに発展するきっかけともなっていった。そのなかでは、地域や他者に対して具体的に働きかけることによって地域課題の解決まで見据えた取り組みも少なくない。

例えば先述の和歌祭では、和歌山大学紀州経済史文化史研究所と和歌祭実行委員会が中心となって、２０１５年以降毎年和歌山市内の小学校で「和歌祭芸能体験ワークショップ」を行っており、これまでに４校で実施してきた。とくに和歌山市立雑賀小学校では毎年４年生の総合学習の場として位置づけられており、ワークショップを体験した多くの児童が和歌祭に参加している。こうした取り組みは全国各地でも数多く行われている。このような取り組みにより、多くの児童・生徒が地域の祭礼に興味を持ち、参加することが増加しており、地域の娯楽のうちの一つではなく、地域文化として、また文化財としてとらえ直そうという動きも拡がりつつある。

その一つとして和歌山県指定無形民俗文化財の一ノ瀬大踊り（和歌山県西牟婁《にしむろ》郡上富田町）は、これま

和歌祭芸能体験ワークショップ（和歌山市立雑賀小学校）

運動会で演じられる一ノ瀬大踊り（上富田町立市ノ瀬小学校）

で盆踊りの踊りとして伝承されてきたが、同地区の盆踊りが開催されなくなり、市ノ瀬小学校の運動会で毎年披露されている。同小学校では、一ノ瀬大踊保存会の有志が小学校で出前授業を行い、児童に継承している。こうした取り組みは本来の盆踊りの行事としての信仰とは関係なく、地域文化として貴重な文化財を子どもたちに継承する有意義な取り組みだといえよう。

また大学教育でもその動きは多々見られ、民俗学ゼミやサークル活動が主となり、祭礼に参加する

和歌祭御船歌

和歌祭唐人

ことも増加している。事例としては以下のものが挙げられる。

・祇園祭

　祇園田楽←帝塚山大学（学内サークル：田楽座）

　鷺舞←同志社大学（学内サークル：舞踏研究会）

　綾傘鉾←佛教大学（教養科目「地域活動1」／インターンシップ研修生）

・神田祭←日本女子大学／昭和女子大学／共立女子大学など

　こうした活動は地域の祭り／祭礼継承に大きな影響を与えている。和歌山大学でも和歌祭で1980年に断絶していた2010年の御船歌の復興に参画したことがきっかけとなって、2011年までの御船歌参加者募集と育成、2012年以降の和歌祭全体への参加者募集を紀州経済史文化史研究所のボランティアや教養科目「民俗芸能論」（担当：吉村旭輝）、「日本事情」（担当：長友文子）、教育学部科目「地域コミュニケータ論」（担当：海津一朗・吉村旭輝）などで行い、毎年100名程度の参加者を出している。[25] この活動は単なる人足としてではなく、地域の人たちとの交流やそこでの共同学習を主眼に置いている。また2017年には授業で留学生によって装束考証を行い、352年ぶりとなる唐人の復興を果たした。[26] こうした活動も地域に刺激を与え、和歌祭実行委員会では2022年の和歌祭四百年式年大祭にむけて、その前年に棒振り、獅子、童子の復興を果たし、また2024年には猿引の復興も果たしている。[27] こうした活動も含め、地域内外の学校が地域に果たす役割も重視されるようになり、重要な担い手のツールとなっているのも確かだといえよう。

企業によるさまざまな取り組み

　学校教育の現場での取り組みだけでなく、近年、全国各地で担い手を養成する仕組みが生み出されつつある。例えば東京出身の大原学氏によって2016年に設立された一般社団法人マツリズムでは、航空会社や保険会社と提携し、全国から参加者を募ってさまざまな祭礼に担い手を派遣する業務を行っている。[28] また、2015年に加藤優子氏によって設立された株式会社オマツリジャパンでは、さまざまな地域祭礼の「補助金採択支援・実施支援」、「観光コンサルティング」、「インバウンド集客・受け入れのコンサルティング」、「企業協賛金の受け入れ」などの業務を主体としている。[29] こうした企業の需要が今後増えることも想定される。また、インバウンドの増加により、文化財行政や観光行政など、行政機関による地域文化支援の増加にも期待したいところである。

おわりに――アフターコロナによる地域アイデンティティの「再発見」とその未来

2020年に日本で猛威をふるったコロナ禍（COVID-19による感染症の流行）では、多くの人びとがその影響を受け、多くの活動が休止状態に追い込まれた。しかし、オンラインやオンデマンドなどの配信技術が発展し、多くのコンテンツを生んだことも確かである。奈良県奈良市の春日大社では毎年12月に行われてきた春日若宮おん祭をYouTubeで生配信を行ったことも有名になった。[30] その後も公式非公式を問わずさまざまな人たちによって生配信が行われている。またこうした配信は全国各地の祭り／祭礼でも行われ、どこにいても生放送で祭り／祭礼を観ることができるようになった。

2023年、新型コロナウイルス感染症の5類感染症移行にともない、コロナ禍がひと段落したといえよう。以降、それまでため込んでいたものが爆発したかのように各地の祭り／祭礼は盛大に行われ、多くの若者たちが参加している。2023年の和歌山大学の教養科目「民俗芸能論」で和歌祭を募集した際には、コロナ禍よって高校3年間でクラブ活動ができず、後輩にいろんなものが継承できなかった。そのため、和歌祭に参加してしっかりと祭礼の継承の一翼を担いたかったという和歌祭参加学生からの感想もあった。コロナ禍によって祭礼参加希望の若者は皮肉にも増えたことも現在の祭礼の爆発力のもとになっていることも考えられよう。また、コロナ禍以前よりも外国からのインバウンド客の増加もその動きに拍車をかけているといえる。しかしながら、人口減少や少子・高齢化は確実に進行している。現在のこうした社会の動向もふまえ、「地域文化」としての祭り／祭礼の今後向かうべき新たな「価値付け」やそれに基づいたしかるべき「活用」が必要になっていると考えられる。

注（URL確認：いずれも2024年5月27日）

1 内閣官報局編（1898）『法令全書』内閣官報局
2 有吉佐和子（1959）『紀ノ川』中央公論社
3 文部科学省「学校基本統計」HP（https://www.mext.go.jp/b_menu/toukei/chousa01/kihon/1267995.htm）
4 総務省統計局「人口推計」HP（https://www.stat.go.jp/data/jinsui/index.html）
5 小沢昭一（1996）『放浪芸雑録』白水社
6 菅原憲二編（2005）『丹後国田辺城下平野屋町文書目録（京都府舞鶴市字平野屋）』千葉大学文学部史学科菅原研究室
7 渡辺保（2012）「助六「助六由縁江戸桜」」『増補版歌舞伎手帖』角川ソフィア文庫
8 南海道総合研究所編（1978）『南海鉄道案内全（上下巻）（復刻版）』南海電気鉄道株式会社（宇田川文海（1899）初出）
9 米田頼司編（2010a）『和歌祭関係資料―明治～戦前昭和期新聞記事』私家版
10 吉村旭輝（2014）「十市のだんじり」奈良県教育委員会編『奈良県の民俗芸能（奈良県民俗芸能緊急調査報告書）』奈良県教育委員会
11 山中啓祐己（1986）『堺・布団太鼓盛衰記』私家版
12 吉村（2020a）「泉州地域におけるだんじり祭りの現在―少子・高齢化と用具の変容」『近畿民具』42、近畿民具学会
13 安藤耕己（2019）『近現代における青年団の結合原理をめぐる言説とその実態―青年団論の分析と地域青年団をめぐる社会教育史的研究』（https://tsukuba.repo.nii.ac.jp/record/50774/files/DB02919.pdf）
14 早稲田大学坪内博士記念演劇博物館編（2014）『寄らば斬るぞ！ 新国劇と剣劇の世界』早稲田大学坪内博士記念演劇博物館
15 文部科学省「学制百年史 資料編」HP（https://www.mext.go.jp/b_menu/hakusho/html/others/detail/1317930.htm）
16 鈴木昂太（2019）「民俗芸能研究を広げるための一試論―芸北神楽のGHQ神話の検討を通して」『民俗芸能研究』67、民俗芸能学会
17 米田頼司（2010b）『和歌祭―風流の祭典の社会誌』帯伊書店
18 註13参照

19 岸和田市青年団協議会２０１９年総会アンケート調査結果より
20 岸和田市「【統計情報】学校の状況」ＨＰ（https://www.city.kishiwada.osaka.jp/soshiki/63/opendata-toukei-gakkou.html）
21 地域伝統芸能等を活用した行事の実施による観光及び特定地域商工業の振興に関する法律（平成４年６月26日法律第88号）(https://elaws.e-gov.go.jp/document?lawid=404AC0000000088)
22 大河内智之（２０２３）「盗まれる仏像—その背景と現状」学校法人奈良大学編『文化財学入門』ナカニシヤ出版
23 文部科学省「旧学習指導要領」ＨＰ（https://www.mext.go.jp/a_menu/shotou/cs/index.htm）
24 大橋隆広（２０１９）「総合的な学習の時間の変遷—「学力論」との関係から」『広島女学院大学人間生活学部紀要』6、広島女学院大学人間生活学部
25 吉村（２０２０ｂ）「大学博物館による地域研究と祭礼の担い手の変化—和歌祭御船歌と唐人の「復興」・「継承」をとおした実践活動と学生教育」『近畿民具』41、近畿民具学会
26 吉村（２０１７）「東照社祭礼の創始と芸能—和歌祭唐船・唐人を中心として」東悦子・藤田和史編『わかやまを学ぶ　紀州地域学　初歩の初歩（和歌山大学フィールドミュージアム叢書④）』清文堂出版
27 吉村（２０２１）「東照宮（社）祭礼の祭式と渡御行列の渡物—和歌祭の復興芸能（棒振り・獅子・童子）を中心として」『和歌山大学Kii-Plusジャーナル』1、和歌山大学紀伊半島価値共創基幹 Kii-Plus
28 一般社団法人マツリズムＨＰ（https://www.matsurism.com/）
29 株式会社オマツリジャパンＨＰ（https://omatsurijapan.com/）
30 YouTube春日大社チャンネル（https://www.youtube.com/channel/UCnfMJUZYIQcnJB6vvfa-fBg）

2 暮らしのなかの表現空間

新藤 浩伸（東京大学大学院教育学研究科准教授）

本書は郷土芸能の保存継承を呼びかける本ではない。また、地方への回帰を呼びかけるものでもない。変貌する社会の中で、豊かな暮らしを営むべくどのような努力がなされているか、という問題意識のもと、「地域文化」をキーワードに各地の表現活動とその空間を追った。そこから見えてきた可能性と課題は何だったのか考えてみたい。

表現が人を変え、関係を変え、地域を変える

表現活動は一人ひとりの内発的な欲求にねざして行われる。そこに強制が許されないのはもちろんだが、完全な孤独の中で行われるものでもない。孤独な営みのつもりでも、人や物との対話のなかで創造性が触発されて表現行為は生まれる。[1] その過程で、自分自身の新たな一面や世界の新たな姿を見つけ、新鮮な驚きを感じる。表現活動は自分が変わっていく営みであり、人やものとの関係を編みなおす営みといえるだろう。[2]

表現活動が営まれる場所として、地域というものがある。ここでいう「地域」は、居住地域の近隣からオンライン上のコミュニティまで重層的に広がる。理想主義的な美しい面だけでなく、しがらみや差別、利権や政治など負の部分も有している。近年の社会学研究が「地域」への視点を精緻化させ、[3] また「コミュニティ」の多義性を検討しつつ提起するように、「コミュニティ」とは重層的な意味をもつ。「かつてあったが消滅してしまったもの」でもあり、「いまはないけれどもこれからつくっ

ていくもの」でもあり、「いつもどこにでもある」ものでもあるのだ。[4]

本書執筆陣の多くは社会教育を専門としており、地域やコミュニティそのものの研究は本書の主眼ではない。表現活動を通じて、個人とその周囲の関係、そして地域のそれぞれが変わっていく営みを、これまでの地域における文化活動の実践研究の積み重ね[5]の上に探究してきた。

その共同的な研究を推進してきた北田耕也はかつて以下のように主張した。「美的連帯は、人間性の奥深さ、人の人らしさへの共感と加担という積極的なエネルギーを内包するものではなかったか。それは、人が人らしく生きることをさまたげるあらゆる障害をとり除き、人の人らしさの実現をめざす社会的な力としてはたらくだろう。美的連帯が、地域の変革を求める真に内発的な社会的力となる契機を、しっかり把握する必要がある」[6]。本書の探究課題は、北田が述べるように、地域文化が人をつなげ、それぞれの人間らしく生きたいという願いの実現に向けた力となり、そしてその力が地域を動かし、変えていくプロセスの検証にあった。

そのような視点から伝統文化や地域の変化ということを考えるとき、必ずしも伝統は重荷にはならない。むしろ柔軟に変えていくことで新たな価値を創り出す、創造の源泉としての役割を果たす。また、文化が継承されることは、停滞を意味しないのはもちろんのこと、社会の単純な発展や進歩のみも意味しない。これまでと同じ穏やかな生活を、明日も、来年も、未来も続けたいと願い、そのためにこそ変革に向けた行動を起こす。この意味で伝統とは保守の思想をもちながら、革新をめざす創造的な営みである。

「地域文化」のとらえ方

本書の「文化」の定義は広い。いわゆる郷土芸能や芸術文化だけでなく、衣食住や冠婚葬祭などの生活文化や、大衆文化、現代文化にまで広がる。３章で吉川徹氏がインタビューで端的に語るように、生活や労働のすべてを包み込むものである。この幅広さは、文化をめぐって常にいわれる定義の困難さにもつながる。しかし、いずれの「文化」も、人々の生活を豊かなものにしてくれている、という意味で共通している。そして、そのような理解や情熱を共有する人々の輪によって担われている。吉川氏が思いを寄せる平和が文化の根本にあることも、文化の重要な側面である。

かつて社会教育において地域の文化といえば、芸術文化活動の支援が謳われた一方で、１章の千野陽一氏のインタビューにみられたように、伝統的な生活慣習はむしろ克服すべき対象としてネガティブな評価を与えられてきた。冠婚葬祭の簡素化などをめざし行われてきた生活改善運動はその一つの例だろう。郷土芸能の保存継承活動は根強く続けられてきた一方で、封建制度の名残り、西洋文化に比べて「遅れたもの」という明治以来の発想が支配的であっただろう。保存継承が積極的に行われるようになったのは、１９６８年の明治百年を過ぎ、無形文化財保護制度が整備され、「地方の時代」「文化の時代」が官民様々に叫ばれていった１９７０年代以降だといえるだろう。

しかし、２０００年代以降、特に東日本大震災を経た２０１０年代以降、状況は変わってきているように思われる。かつての脱亜入欧タイプの文化観はすでに過去のものとなり、古今東西の多様な文化を柔軟に楽しむことができる素地のうえに、地域の中では多様な活動が展開している。特に、こうした活動に取り組む子どもたちの感性は大人の想像を超え、新たな文化と社会を創り出していく期待を感じさせてくれる。地域の歴史が子どもや若者にとって身近な存在となり、郷土芸能などの担い手となることで成長していく実態も指摘されている。[7] 都市への一極集中は止まらない一方で、このような着実な活動が各地で生まれているのも確かである。

活動の場所をつくる

私たち執筆者はこうした理解の上にたち、日本各地、時には海外の、地域の中で営まれるさまざまな文化活動の拠点と、そこに集う人たちへのルポを重ねてきた。そして、文化活動を支えた職員へのインタビューから、戦後日本の地域における生活と文化の位置づけについて考えてきた。ここから見えてきた面白さは以下の点にあった。

第一に、本書に紹介する多くの方々がもつ、文化をより深く楽しみ味わいたいという願いの切実さである。文化をつくるのは人である、という平明な事実は、スタートでもありゴールでもある。

第二に、地域文化のもつ柔軟さである。文化の伝承、担い手の育成というと、若い世代には荷が重く感じる部分もあるだろう。しかし、全く同じ形での伝承が必要なジャンルもある一方で、地域文化の重要な性格は、前述の通り、歴史あるものでも、時代や担い手とともに変化していくところにある。

第三に、都市のなかにある文化の存在である。地域文化を探るには必ずしも地方に出かける必要はない。東京のような大都市でも、一本路地を入れば、自治会や集会所があり、祭礼があり、生活がある。本書のルポは少なからず都市部の活動も紹介しているが、少し目を凝らすだけでも、どのような場所にも暮らしがあり、そこを原風景にして育っていく子どもや暮らしている大人がいる、という当たり前のことに気付かされる。

第四に、その願いが結ばれる空間の存在感の大きさである。オンライン上でつながれば場所など要らないという考えもあるかもしれない。しかし、プラットフォームという仮想空間がなければ集まれないし、プラットフォームという言葉自体も、高台や舞台、乗降場といった物理的な意味をバーチャルにずらしたものである。やはり人が集まるためには何らかの空間が必要なのだ。

暮らしのなかの表現空間

地域文化は私たちの暮らしのなかで人々をつなぎ、歴史と自分をつなぐ。未来も幸福な暮らしが続くことへの祈りがそこには込められているし、遊びの要素がかかわる人々の絆を深めてくれる。文化が媒体となって、孤立へと陥りがちな私たちを他者や歴史とつないでくれる。そして、つながっていることで安心して一人になることもできる。一人になって自分自身の表現を見出すことで、初めて他者とつながることができる。[8]

優れた表現に触れ、自分もそれを成し遂げたいと願い努力をしたり、あるいは応援したり、さまざまな形で地域文化に触れることは、自分自身とその生活を見つめ直すことにもなる。表現や鑑賞、参加を通じて自分にしか過ごせない時間が流れることで、充足や幸福の感覚を味わうこともできる。

地域は時に抜け出したいしがらみにもなれば、ノスタルジーの対象にもなる。偏狭な排他性やナショナリズムにもつながる危うい共同幻想を創り出す母体にもなりうる。しかしそれでもなお、かつて和辻哲郎が「風土」という語で注目したように、地域は私たちが生きる時間と空間の結節点である。そして生活と創造の源泉でもある。そしてそこで営まれる表現活動のためには、つくり支える人と空間が必要となる。

人の活動、そこで育まれる文化、そのための空間は、地域のなかで多様に広がる。地域文化にかかわることの喜びは、一人ひとりのよりよい生への希求がよりあわさって大きな力になり、他者や歴史につながっていくことにある。本書に登場する文化を楽しみ学ぶ人たちが、そのことを雄弁に語っている。

注

1 石黒千晶・横地早和子・岡田猛編著（2023）『触発するアートコミュニケーション―創造のための鑑賞ワークショップのデザイン』あいり出版

2 北田耕也（1999）『自己という課題―成人の発達と学習・文化活動』学文社

3 川野英二（2024）「21世紀の都市・地域の社会学に向けて―わかりたいあなたのためのブックガイド」岸政彦・川野英二編『岩波講座 社会学2 都市・地域』岩波書店、245―275頁

4　祐成保志・武田俊輔（2023）「はじめに」同編『コミュニティの社会学』有斐閣、ⅱ頁

5　本書の著者の多くがかかわってきた以下の書籍も参照。本書はこれらの探究の延長上にある。北田耕也・朝田泰編（1990）『社会教育における地域文化の創造』国土社、北田耕也・草野滋之・畑潤・山﨑功編（1998）『地域と社会教育―伝統と創造』学文社、畑潤・草野滋之編（2007）『表現・文化活動の社会教育学―生活のなかで感性と知性を育む』学文社、北田耕也監修、地域文化研究会編（2016）『地域に根ざす民衆文化の創造―「常民大学」の総合的研究』藤原書店

6　北田耕也（1990）「人の人らしさへの共感と加担」北田・朝田編、前掲書、14頁

7　佐藤一子（2016）『地域文化が若者を育てる―民俗・芸能・食文化のまちづくり』農山漁村文化協会

8　佐藤学（1995）「『表現』の教育から『表現者』の教育へ」佐伯胖・藤田英典・佐藤学編『表現者として育つ』東京大学出版会

おわりに

本書は、日本全国に及ぶ地域の人々が暮らしの中で継承・創造してきた、地域に根づいた表現文化などのさまざまな事例の記録である。新たな地域づくりやまちづくり、その地域やまちの「らしさ」を模索した文化活動やイベント、そして伝承と創造の営みを、現場の取材や実践者の記録、インタビューなどをもとに紡がれたものである。

これらの営みの中には、趣味・遊びと思われる記録もある。だがこれらの過程で織りなす創作活動（自己表現）、そしてそれらを鍛錬して他者へメッセージとして普遍化を試みる共同作業は、「美的共同」、つまりは想像力の共有と場づくりともいえるだろうか。従来社会教育の世界では、お茶、お花、お茶などはお稽古事やたかが趣味・道楽のたぐいと考えられていて、それらは絵画・音楽などにも当てはめられていた。これらも別の視点で見つめれば、自己表現の場でもある。

文化（カルチャー）という観点からすると、この趣味・道楽というたかが「遊び」が人間形成には欠かせない。Ｊ・ホイジンガは『ホモ・ルーデンス』で「遊技は文化よりも古い」と記して、遊技が文化の機能として不可欠なものとして扱っている。また、「カルチャー」は、農耕の「耕す」を表し、人間が自然に働きかけ創り出した生活様式全体を意味し、衣食住すべての生活の総称でもある。

これらが人間の生活する一定の空間・広がりをもつことにより、それが地域として認識されるのである。また見方を変えれば、人間が生活する上での知恵は自然との折り合いでもある。特に農耕を主として生活をしてきた我々の祖先は、生産への祈りを神に期待した。まさに神社における神楽舞や太神楽などは、遊びと祈りの空間でもある。その意味では地域文化の源流は、「聖なる空間」にある。聖なる空間は神社だけではなく、寺や生産現場である田畑や、能などの舞台などさまざまに広がる。この本が新たな地域の再創造に生かされれば幸いである。

山崎　功

謝辞

本書は、多くの執筆協力者を得て刊行をみた。一人ひとりのお名前を挙げると大変な人数となる各項目の執筆者、そして各地で調査にお力添えをいただいたすべての方々に感謝申し上げたい。本書をきっかけに、地域文化に思いを寄せる人の輪ができたことを嬉しく思う。

一方で、本書の出版に向けての歩みは遅く、企画段階で会議を重ねるばかりの日々が続いた。出版事情は年々厳しくなり、紙の本を出す困難さを痛感した。そのようななかで、本書のルポとしての面白さを見出してくださり、さまざまなアイデアを惜しみなくご提供いただいた水曜社の仙道弘生社長に心からの感謝を申し上げる。しかも「文化とまちづくり」叢書の一冊として本書を刊行していただけたことを、編者一同心から嬉しく思う。そして、当初の連載を『月刊社会教育』で掲載していただいた旬報社の木内洋育社長、担当編集者の熊谷満さん、再掲をおゆるしいただいた編集委員会に御礼申し上げる。原稿の整理にあたっては、地域文化研究会の胡子裕道さんと相馬直美さんに多大なお力添えをいただいた。途方に暮れるほどの膨大な原稿が形になったのは、まぎれもなくお二人のおかげである。

もう１つの困難は、地域文化研究会の仲間で、小平市で社会教育職員をしてこられた穂積健児さんの訃報であった。本書の刊行をまたず２０２３年秋に亡くなられた穂積さんの足跡は、ご家族の快諾によって本書にインタビューとルポとして掲載されている。穂積さんへの感謝と惜別の念をここに記す。

最後に、社会教育研究会全国集会「地域文化の創造と社会教育」分科会と地域文化研究会を永年支えてこられた北田耕也先生（明治大学名誉教授）について触れておきたい。２０１９年に急逝される直前、２つの共同研究のテーマを編者に話してくださった。１つ目は、戦後の社会教育実践を担ってきた職員への聞き取り。２つ目は、都市の中にある空間の魅力についてである。先生ご自身も体感した戦前期、各地の神社仏閣は人々が集う重要な拠点であった。戦争と戦後の都市化を経て見えにくくなったが、今も各地の寺社は祭礼などで賑わっている。それは人々にとっては「聖なる空間」であり、その実態を調査してみてはどうか——という提案だった。その提案を正面から受け止め深めていくのは今後の課題として残されたが、本書の試みを通じて北田先生の宿題に少しでも応えることができたなら、これほど嬉しいことはない。

編者代表　新藤　浩伸

執筆者・インタビュー語り手一覧

（50音順・氏名の後の＊印は編者）

飯塚 哲子＊（いいづか・ひろこ）東京都立大学健康福祉学部准教授
胡子 裕道（えびす・ひろみち）地域文化研究会
大串 隆吉（おおぐし・りゅうきち）東京都立大学名誉教授
北島 高行（きたじま・たかゆき）大分県日田市公民館主事
草野 滋之（くさの・しげゆき）千葉工業大学工学部教育センター特任教授
久保田 正明（くぼた・まさあき）はこべの会 事務局
佐々木 孝嘉（ささき・たかよし）大崎市西古川地区公民館事務長兼館長補佐
佐藤 一子（さとう・かつこ）東京大学名誉教授
四宮 嵩世（しのみや・たかよ）元福岡県北九州市社会教育主事
新藤 浩伸＊（しんどう・ひろのぶ）東京大学大学院教育学研究科准教授
杉浦 ちなみ（すぎうら・ちなみ）法政大学現代福祉学部専任講師
相馬 直美（そうま・なおみ）地域文化研究会
武政 文彦（たけまさ・ふみひこ）土澤アートクラフトフェア実行委員会 実行委員長
武政 美紀子（たけまさ・みきこ）土澤アートクラフトフェア実行委員会 事務局長
田所 祐史＊（たどころ・ゆうじ）京都府立大学公共政策学部准教授
千野 陽一［故人］（ちの・よういち）東京農工大学名誉教授
福持 昌之（ふくもち・まさゆき）京都市文化市民局文化財保護課
藤田 秀雄（ふじた・ひでお）立正大学名誉教授
藤田 ゆり（ふじた・ゆり）元日野町地域おこし協力隊
穂積 健児［故人］（ほづみ・けんじ）元東京都小平市社会教育主事、社全協三多摩支部会員
堀本 暁洋（ほりもと・あきひろ）東京大学大学院教育学研究科博士課程
松浦 敏枝（まつうら・としえ）一般社団法人ＡＣＴ石巻理事
森田 はるみ（もりた・はるみ）北海道・置戸町立図書館
森屋 雅幸（もりや・まさゆき）淑徳大学地域創生学部准教授
山﨑 功＊（やまざき・いさお）元東京都昭島市社会教育主事、『月刊社会教育』編集委員会
吉川 徹（よしかわ・とおる）前多津衛民芸館長
吉村 旭輝（よしむら・てるき）和歌山大学紀州経済史文化史研究所准教授
林 忠賢（りん・ちゅうけん）宮崎国際大学国際教養学科講師

地域文化の再創造
――暮らしのなかの表現空間

発行日　2024年12月7日　初版第一刷

編　者　山﨑 功・新藤 浩伸・田所 祐史・飯塚 哲子
発行者　仙道 弘生
発行所　株式会社 水曜社
〒160-0022 東京都新宿区新宿 1-31-7
TEL.03-3351-8768　FAX.03-5362-7279
URL suiyosha.hondana.jp

装幀・DTP　小田 純子
印　刷　株式会社 丸井工文社

ISBN 978-4-88065-572-7　C0036